PREMIER

CONGRÈS de l'HABITATION

Du 9 au 12 Octobre 1919

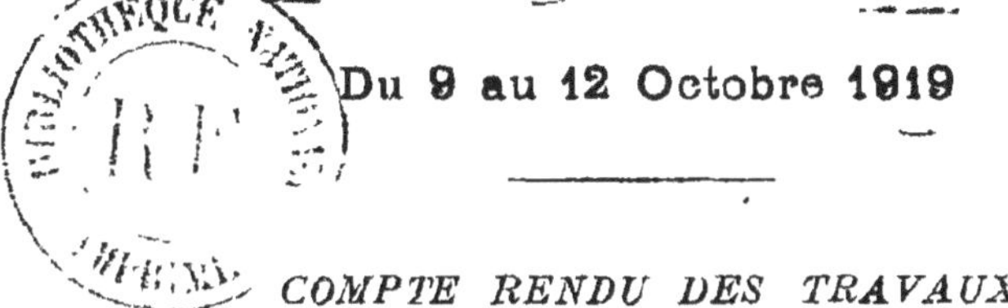

COMPTE RENDU DES TRAVAUX

Préface de M. Edouard HERRIOT

Député, Maire de Lyon

Ancien Ministre

LYON

IMPRIMERIE NOIRCLERC & FÉNÉTRIER

3, rue Stella, 3

1920

PRÉFACE

Mon ami M. Gabriel Rambaud auquel m'unissent, depuis longtemps, les liens d'une étroite collaboration, me demande quelques lignes de préface pour ce livre dont il a réuni les éléments. Je me rends compte qu'un technicien comme lui serait plus apte que moi-même à dégager les conclusions de notre premier Congrès de l'habitation. Mais je cède volontiers au plaisir de remercier les nombreuses personnes qui, répondant à notre appel, sont venues, sous l'autorité de M. Villemin, Président de la Fédération nationale du Bâtiment et des Travaux Publics, étudier avec nous ce grave problème.

La question de l'habitation est, en effet, une des plus graves questions nationales. Elle se pose, au lendemain de la guerre, dans tous les pays. En plein conflit, on la discutait en Allemagne. Aujourd'hui, elle préoccupe profondément la Grande-Bretagne où des discussions publiques, auxquelles prit part M. Lloyd Georges ont été instituées jusqu'au centre du Parlement. Le roi d'Angleterre a montré, dans un message, l'importance qu'il y attachait.

Quelles sont les causes exactes de cette soudaine inflation des populations urbaines si manifeste dans toute l'Europe ? Je ne me flatte point de le déterminer. Il semble que la *guerre ait accentué cette concentration dans les villes si souvent déjà signalée ? En tout cas, la solution du problème intéresse gravement l'ordre social. On envisage avec angoisse les conséquences possibles de ce surpeuplement. La tranquillité publique, la défense de l'hygiène, la cause si urgente de la repopulation exigent que les hommes publics donnent, — ainsi que le fait M. le Ministre Breton, — toute leur attention à la difficulté qui se pose si brutalement.*

Pour sortir de l'impasse dans laquelle nous sommes engagés, il est nécessaire, de toute évidence, de faire appel à la science souveraine, à la technicité moderne, de rechercher, par une sincère collaboration entre les ouvriers et les patrons de nouvelles méthodes. Ce fut l'objet de notre premier Congrès. Il ne se flattait pas de trouver, du premier coup, le remède ; il a seulement voulu indiquer avec force les éléments essentiels de la question. Il a été lui-même une préface. Nos délibérations ont été exemptes de toute préoccupation d'intérêt personnel. Il s'agissait seulement pour nous d'apporter, au sens vrai de cette expression, notre pierre à l'œuvre de reconstruction nationale. Puisse notre initiative, puisse l'effort que nous allons poursuivre nous-mêmes provoquer l'élan des bonnes volontés ! En tout cas, nous avons rassemblé dans cet ouvrage des matériaux qui seront utilement consultés.

Depuis notre premier Congrès et aux termes des vœux qui y ont été émis, une commission permanente des congrès d'habitation a été instituée à Lyon. Elle s'est mise à l'œuvre et a créé l'Office central de l'habitation et de la construction, organe de renseignement. Elle a aussi préparé l'organisation d'un laboratoire d'essai de matériaux, pareil à ceux que nous avons pu visiter en Angleterre, et, en particulier, à l'Université de Manchester.

Nous avons donc fait œuvre modeste mais œuvre pratique et, nous l'espérons, utile. J'appelle sur ce livre l'attention bienveillante de tous ceux qui voudront nous aider dans l'accomplissement d'une tâche difficile mais nécessaire.

HERRIOT.

PROGRAMME DU CONGRÈS
ET EMPLOI DU TEMPS

Ce Congrès comprendra :

1º Une série de Conférences contradictoires sur l'Habitation et le Bâtiment ;

2º Une Discussion sur les Causes de la Crise du Bâtiment.

PREMIÈRE PARTIE

CONFÉRENCES CONTRADICTOIRES
SUR L'HABITATION ET LE BATIMENT

JEUDI 9 OCTOBRE, à 9 heures

SÉANCE D'OUVERTURE

sous la Présidence de M. E. HERRIOT

MAIRE DE LYON, SÉNATEUR DU RHONE

qui fera à ce sujet un exposé des Grandes Directives administratives de l'Urbanisme.

Les Séances suivantes seront présidées par M. VILLEMIN

PRÉSIDENT DE LA FÉDÉRATION NATIONALE DU BATIMENT ET DES TRAVAUX PUBLICS

A 10 h. 30

L'URBANISME AU POINT DE VUE TECHNIQUE ET AU POINT DE VUE ARTISTIQUE

Conférence de M. JAUSSELY

GRAND PRIX DE ROME, ARCHITECTE EN CHEF DU GOUVERNEMENT

A 14 h. 30, **DISCUSSION**

JEUDI, à 20 h. 30

COMMENT CONSTRUIRE A BON MARCHÉ

Conférence avec projections par **M. Georges BENOIT-LÉVY**
SECRÉTAIRE GÉNÉRAL DE L'ASSOCIATION DES CITÉS-JARDINS DE FRANCE

VENDREDI 10 OCTOBRE, à 9 heures

L'ORGANISATION de la CONSTRUCTION en GÉNÉRAL

Conférence par **M. Victor CAMBON**
INGÉNIEUR DES ARTS ET MANUFACTURES

et par **M. André MICHELIN,** INDUSTRIEL

A 10 heures

LES LIANTS HYDRAULIQUES
ET LEUR NOUVELLE RÉGLEMENTATION

Conférence par **M. COUIBES**
PRÉSIDENT DE LA CHAMBRE SYNDICALE DES FABRICANTS DE CHAUX HYDRAULIQUE
ET CIMENTS DU SUD-EST

A 11 heures

BANQUE POUR L'ENTREPRISE

Conférence par **M. BORDEREL**
PRÉSIDENT DU GROUPE DES CHAMBRES SYNDICALES DU BATIMENT

A 14 h. 30

COOPÉRATIVES D'ENTREPRISES ET D'ACHAT DE MATÉRIAUX

Conférence par **M. BURNS-DEMAY**
ENTREPRENEUR

A 16 heures

LE STATUT LÉGAL ET LE ROLE ÉCONOMIQUE
ET SOCIAL
DES OFFICES PUBLICS D'HABITATION A BON MARCHÉ

Conférence par **M. P. PIC**
PROFESSEUR A LA FACULTÉ DE DROIT DE LYON, PRÉSIDENT DU COMITÉ DE PATRONAGE
DES HABITATIONS A BON MARCHÉ DU DÉPARTEMENT DU RHONE

DEUXIÈME PARTIE

SAMEDI 11 OCTOBRE à 9 h.

DISCUSSION OUVERTE

sous la Présidence de M. E. HERRIOT

MAIRE DE LYON

SUR

Les Causes de la Crise du Bâtiment et les moyens de l'enrayer

ET SUR

La Question de l'Apprentissage

A 14 heures, Continuation, s'il y a lieu, de la **DISCUSSION**

A 20 h. 30

SÉANCE PLÉNIÈRE DE CLOTURE

DIMANCHE 12 OCTOBRE

VISITE DE LA VILLE ET DE LA FOIRE DE LYON

PREMIER CONGRÈS de l'HABITATION

Tenu à Lyon du 9 au 12 octobre 1919

SOUS LE

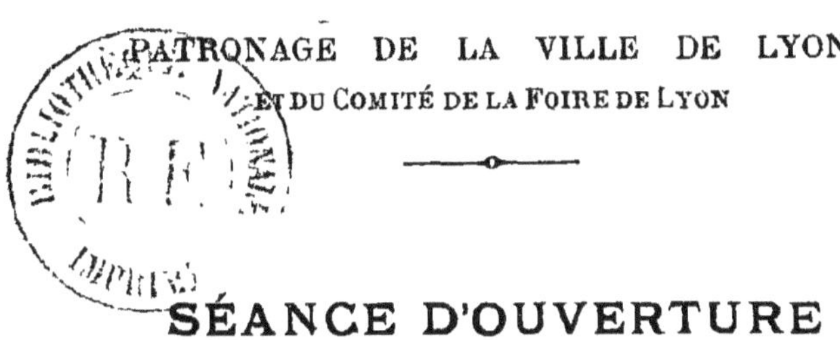

PATRONAGE DE LA VILLE DE LYON
ET DU COMITÉ DE LA FOIRE DE LYON

SÉANCE D'OUVERTURE

La séance d'ouverture a eu lieu le jeudi 9 octobre, à 9 h. 30 du matin, dans la salle des fêtes du Conservatoire, quai de Bondy.

M. Achille Lignon, président de la Société de la Foire de Lyon, présidait, entouré de :

MM. Villemin, président de la Fédération Nationale du Bâtiment et des Travaux publics, délégué de l'Office du Bâtiment et des Travaux publics pour la reconstruction des immeubles détruits dans les régions libérées ;

Rambaud (Gabriel), adjoint au maire, architecte, président du Comité d'organisation du Congrès ;

Berlie, président de la Fédération des Chambres syndicales patronales du Bâtiment et des Travaux publics de l'Est et du Sud-Est de la France, vice-président ;

Clet, président de la Chambre syndicale des Entrepreneurs de bâtiment et de travaux publics de Lyon et de la région, vice-président ;

Tallins, ingénieur, directeur du *Journal du Bâtiment*, secrétaire général ;

MM. Cortot, ingénieur au Service municipal de la voirie ;

Victor, industriel, adjoint au maire, administrateur délégué de la Société « La Foire de Lyon » ;

Brizon, industriel, délégué de la Chambre de Commerce de Lyon ;

Chamonard, président de l'Union des Chambres syndicales lyonnaises ;

Delzeux, président de l'Alliance des Chambres syndicales patronales ;

Giroud, président de la Société Académique d'Architecture de Lyon ;

Thoubillon, président du Syndicat des Architectes de Lyon ;

Fougère, conseiller général, président de l'Association industrielle, commerciale et agricole ;

Couibes, président de la Chambre syndicale des Fabricants de chaux hydrauliques et ciments du Sud-Est de la France ;

Dubois, délégué du Syndicat des Entrepreneurs de travaux publics de province ;

Martin, président de la Chambre syndicale de la Propriété Immobilière de Lyon ;

Pichon, président du Syndicat des Géomètres experts du Rhône ;

Chalumeau, ingénieur en chef de la Ville de Lyon ;

Meysson, architecte en chef de la Ville de Lyon ;

Renbeau, contrôleur des travaux communaux, membre du Comité d'organisation.

Dans la salle, de nombreux représentants des organisations techniques (architectes et ingénieurs) patronales et ouvrières avaient pris place.

SÉANCE DU JEUDI 9 OCTOBRE 1919

La séance est ouverte à 9 heures 35.

M. Lignon prononce l'allocution suivante :

Messieurs,

Je déclare la séance ouverte.

Tout d'abord, j'ai à vous présenter les excuses de M. Herriot, sénateur, maire de Lyon, qui a été appelé inopinément à Paris et m'a chargé d'exprimer ses regrets de ne pouvoir présider la séance d'ouverture du Congrès. Vous ne serez cependant pas privés longtemps du plaisir de l'entendre. Il reviendra avant la fin du Congrès et vous goûterez le charme et la valeur de sa parole et de son talent. J'ai aussi à vous présenter un certain nombre d'excuses de personnes qui, pour des raisons diverses, ne peuvent pas prendre part à nos travaux.

C'est au nom de l'Administration de la Foire de Lyon que je viens ouvrir cette réunion qui promet d'être extrêmement intéressante. Ce Congrès pratique vient à son heure à Lyon et l'Administration de la Foire l'accueille avec un vif plaisir et une profonde gratitude. La question de l'habitation nous préoccupe tout particulièrement à Lyon. La disette du loge-

ment chez nous est presque à la famine ; donc consommateurs et producteurs doivent se joindre pour résoudre le plus
vite possible cet angoissant problème.

Nous assisterons ici à une grande leçon de choses et les uns
et les autres donneront des exemples utiles. Dans le milieu
où nous sommes, on reconnaît et on pratique la loi du travail, à un moment où en maints endroits on a tendance à en
méconnaître l'importance et la pressante utilité.

Par nos relations avec les industriels de notre région, nous
pouvons vous dire que ceux-ci sont prêts à suivre vos conseils, vos avis. La guerre a fait développer et multiplier les
usines, et nos industriels se rendent parfaitement compte
que, parmi leurs besoins immédiats, celui de l'habitation
ouvrière doit tenir une grande place.

Le jour où vous aurez donné le moyen, par vos travaux, de
rendre possible la réalisation de la construction des bâtiments que tout le monde attend, le patronat et le travail sauront s'entendre pour trouver les modalités de réalisation.

Et, au point de vue de l'intérêt général, c'est le cas de rappeler la parole familière d'un de vos illustres collègues, Martin
Nadaud : « Quand le bâtiment va, tout va ». Nous espérons
que vous saurez donner au bâtiment l'essor qui entraînera
tout le reste.

Je suis heureux de saluer, au nom du Comité de la Foire
de Lyon, M. RAMBAUD, adjoint au maire ; MM. les Congressistes qui ont bien voulu se rendre à notre invitation ; M. VIL-
LEMIN, qui est à la fois un drapeau, une haute référence et
une haute compétence, et les autres éminents conférenciers
dont j'ai la liste sous les yeux : M. JAUSSELY, l'urbaniste auto-
risé, dont le nom seul indique l'intérêt que vous aurez à l'entendre ; M. Victor CAMBON, un de nos compatriotes, qui, dans
ses nombreux et persévérants écrits, a donné de lumineux
conseils malheureusement peu écoutés, mais qui, aujour-
d'hui, a la bonne fortune d'être reconnu prophète en son
pays ; M. BURNS-DEMAY, un collaborateur immédiat de
M. VILLEMIN ; M. PIC, éminent juriste et sociologue ; M. BENOIT
LÉVY ; M. BORDEREL. Je salue enfin les représentants des Fédé-

rations et Organisations patronales et ouvrières, et je suis heureux de constater leur collaboration réciproque et confiante à l'œuvre que nous poursuivons. (*Applaudissements.*)

M. Rambaud, adjoint au maire, président du Comité d'organisation : Messieurs, je n'ajouterai rien aux paroles de bienvenue qui viennent de vous être adressées par M. le Président de l'Assemblée. Les idées qu'il a exprimées sont celles de l'Administration de la Ville.

M. le Maire a regretté infiniment de ne pouvoir assister à cette première séance. Ce Congrès est un peu son œuvre. La crise du logement est une des questions qui le préoccupent le plus; il aurait été heureux de présider l'ouverture du Congrès.

J'ai le devoir de vous faire connaître de quelle façon nous avons l'intention de diriger nos travaux. Ainsi que cela est indiqué dans le programme que vous avez entre les mains, l'ordre du jour se divise en deux parties. La première partie comprend une série de conférences, la deuxième, la discussion sur les sujets qui auront été développés. Nous avons décidé que la discussion serait ouverte en comité restreint, ce comité étant formé de deux délégués pris dans chacune des organisations représentées ici. Si toutefois, certains congressistes isolés, ne représentant aucune organisation, désiraient prendre une part effective à la discussion, nous leur demandons de vouloir bien se faire inscrire préalablement au secrétariat du Comité d'organisation.

Nous aurons enfin à la fin de nos travaux une séance plénière. Sur la demande de M. le Maire, qui tient à la présider lui-même, cette séance aura lieu samedi, à 20 heures 20, au lieu de 14 heures 30, comme cela avait été annoncé. Toutes les discussions pourront donner lieu à des résolutions et à des vœux.

M. Lignon : Je passe la présidence à M. Villemin.

M. Villemin, président : Messieurs, je donne la parole à M. Jaussely, sur la question de l'Urbanisme au point de vue technique et au point de vue artistique.

Conférence de M. JAUSSELY

M. Jaussely : Messieurs, on ne discute plus aujourd'hui l'intérêt qui s'attache à la transformation des villes, à leur plan d'extension et à ce qu'on dénomme en général l'urbanisme.

Les villes sont parvenues à un point de leur développement exigeant absolument leur transformation. Contrairement à l'opinion qui a cours, depuis un certain nombre d'années, particulièrement en France, celle-ci ne s'est jamais désintéressée de la question. Il est certain que les pays étrangers nous ont dépassés quelque peu, mais en réalité, depuis toujours, depuis la Renaissance, depuis le xviiie siècle surtout, l'Ecole française de l'Urbanisme a toujours dominé, et la meilleure preuve, c'est que les villes capitales étrangères, comme Vienne, Berlin, se sont transformées à la fin du xixe siècle ou au commencement de ce siècle-ci en prenant exemple sur ce qu'on pourrait appeler l'« Urbanisme parisien ». Mais cet urbanisme qui date de trente ou cinquante ans a-t-il produit des œuvres complètes, des œuvres entièrement réussies ? Evidemment, nous ne pourrions pas l'affirmer.

Il est certain que nous critiquions parfois les transformations qui se sont opérées, particulièrement dans nos villes provinciales, parce que ces transformations en ont déformé le caractère architectural, la physionomie, l'individualité qu'elles possédaient. Nous connaissons tous quelques exemples d'erreurs commises dans ce sens.

Cependant ces transformations opérées vers la fin du xixe siècle ou plutôt depuis le milieu du xviiie siècle jusqu'à la fin du xixe ont eu un intérêt remarquable qu'il ne faut pas

nier. Par ces transformations, par les travaux urbains qui ont
été accomplis, adduction d'eau, création de réseaux d'égouts,
etc., la mortalité et la maladie qui décimaient particulièrement les villes est descendue à un taux infiniment bas. Si
nous remontons seulement à vingt-cinq années, nous cons-
tatons que dans les villes françaises provinciales et même à
Paris, la mortalité atteignait 27 o/oo des habitants, elle est
aujourd'hui de 21 et même de 20 o/oo.

L'effort n'est cependant pas suffisant et ce taux de la mortalité doit descendre encore plus bas. Des villes étrangères de
Suède, de Suisse, Zurich notamment, on a pu faire descendre
les taux de la mortalité jusqu'à 13 o/oo, grâce aux applications de l'urbanisme moderne. Nous ne pouvons nier cependant que les travaux urbains jusqu'à la fin du xixᵉ siècle
aient produit de grands bienfaits. Ces bienfaits sont si tan-
gibles que le législateur français s'est préoccupé du moyen
d'obliger les villes de plus de 10.000 habitants à dresser un
plan général d'aménagement, d'embellissement et d'extension qui doit être accompagné d'un programme extrêmement
important déterminant les conditions d'hygiène, d'archéologie, d'esthétique, d'alimentation en eau potable, d'évacuation
des eaux usées auxquelles doivent répondre les agglomérations modernes.

Cette opportunité de dresser de tels plans d'aménagement
et d'extension peut être examinée sous trois aspects :

1° Au point de vue économique ;

2° Au point de vue social ;

3° Au point de vue de l'état de la science de la construction des villes que l'on appelle l'urbanisme, auquel mot
j'ajoute celui de technique.

Au point de vue économique, nous sommes à un tournant
du progrès qu'il est inutile d'essayer de démontrer. Les villes,
surtout les villes capitales, qui sont devenues comme Lyon
de véritables régions urbaines, s'étendant sur des surfaces
considérables, ont besoin de se transformer parce qu'elles
concentrent en elles les éléments essentiels non seulement
de la vie locale, mais même de la vie régionale et de la vie

nationale. Elles sont des organismes essentiels de l'outillage national; cet outillage n'est pas au point pour l'époque. Par conséquent, il est nécessaire à ce point de vue d'étudier les plans d'aménagement et d'extension qui comprennent la ville comme un organisme d'ordre économique où l'outillage doit être parfaitement organisé, afin que le rendement économique soit maximum.

Le principe est simple : il s'agit de transporter à pied d'œuvre, sans manutention inutile, les matières premières, de reprendre à l'usine les matières ouvrées pour les exporter; il s'agit pour la consommation d'une ville de se procurer ce qui lui est nécessaire avec le minimum de manutention. Il s'agit en somme d'une taylorisation en grand.

Au point de vue social, je ne m'étendrai pas outre mesure, ce point de vue touchant d'une manière absolue le point de vue économique. L'un et l'autre se tiennent. Si le rendement économique d'une cité est supérieur, l'organisation sociale deviendra plus intéressante et plus facile. D'ailleurs, toutes les lois votées par le Parlement dans ces dernières années, loi Beauquier, loi sur les habitations à bon marché, loi Ribot sur les biens familiaux, lois d'hygiène, n'auront leur efficacité que traduites sur les plans d'aménagement et d'extension. Nous savons que, jusqu'à présent, elles n'ont produit que des résultats anodins. En ce qui concerne les habitations à bon marché, le législateur n'a vu que la maison : ce qu'il fallait voir, c'était le groupe, le plan général d'ensemble. Il y a donc opportunité et obligation sociale absolue de créer des plans d'aménagement, d'embellissement et d'extension. D'ailleurs, l'absence de confort des villes mal bâties a une répercussion sur la santé morale; inutile de parler de la santé physique. Les villes bien bâties, au contraire, claires, saines, propres, rendent l'homme gai et meilleur.

Le troisième aspect de la question est celui-ci : Est-on parvenu à une doctrine telle, si absolue, si définitive, dans la construction des villes, qu'il soit opportun d'étudier d'une façon pratique et intéressante les plans d'aménagement et d'extension ?

Il est certain qu'il y aurait quelque présomption à dire que cette science est arrivée à son terme. Si une science évolue, c'est bien celle-ci. Si elle était arrivée à un point terme, il faudrait en conclure que la cité est, elle aussi, arrivée à un point terme qui ne peut plus changer. Cela est impossible. La transformation des villes est continue, perpétuelle. Nous ne pouvons pas dire que la science de l'urbanisme est arrivée à un point terminus. Telle qu'elle est, ne peut-elle rendre les services économiques, sociaux, pratiques de toute nature qu'on est en droit de lui demander ? On peut affirmer sans crainte qu'au point de vue science de construction des villes, le moment est particulièrement favorable pour dresser les plans d'aménagement et d'extension, et ce moment se révèle en même temps qu'il est nécessaire que nos villes se transforment économiquement et socialement. Je parle donc ainsi de la sûreté des bases de la science actuelle sans penser que cette science n'évoluera pas, puisque, au contraire, je pars du principe qu'elle évoluera constamment.

Je vais essayer de déterminer les progrès réels réalisés sur l'état ancien et les bases essentielles de la construction des villes. Il s'agit de choses certaines.

Réclamer plus d'air dans les centres urbains, des cours et des jardins plus vastes pour les habitations, des espaces libres obligatoires; rapprocher dans les villes l'homme autant qu'il se peut de la nature, en encadrant sa vie laborieuse de parcs, de jardins, de voies plantées, en faisant effort pour entourer même s'il se peut, d'arbres, de plantes, de fleurs sa demeure ; préconiser l'habitation familiale, interdire, en tout cas, la maison caserne — nous n'entendons pas par maison caserne la maison à loyer habituelle quand elle est bien comprise, celle-ci ne peut être prohibée dans l'état économique actuel de la civilisation de bien des pays, mais celle où le nombre des habitants et des familles étant très élevé, il y a par le fait de la disposition des logements une promiscuité dangereuse pour la moralité et la santé des occupants, — vouloir l'habitation claire, spacieuse, ensoleillée et même moins coûteuse, étendre les villes au lieu de les bâtir en hauteur puisque les moyens de locomotion de jour en jour moins coûteux et plus rapides le permettent, créer des évacuations d'eaux usées et d'immondices très pratiques ; par tous ces moyens éloigner les épidémies, les maladies collectives et particulières, diminuer la mortalité, ce sont là des progrès sinon complets et définitifs, du moins indiscutables en qualité, en valeur, et l'on peut affirmer sans crainte, qu'en les appliquant, et c'est une partie importante de la doctrine de la construction des villes actuelles, on ne saurait errer.

Jusqu'à présent les économistes, les sociologues, les hygiénistes, les ingénieurs, les architectes, ont, chacun de leur côté, étudié cette question, avec les idées et les vues propres à leur art. Mais aujourd'hui, il est nécessaire que toutes ces vues s'associent, se groupent, se concentrent et c'est pourquoi le technicien urbaniste, s'il ne doit pas tout savoir et être parfaitement conseillé, doit cependant se pénétrer de toutes ces vues afin que son tracé ne soit pas incomplet, insuffisant et risque de donner dans son application des résultats insuffisants. Celui qui est chargé d'un plan de ville doit trouver l'équilibre de toutes les obligations de l'hygiène, du trafic, du commerce, de l'industrie, de l'habitation, des aspirations artistiques. Son esprit et son savoir doivent être en mesure d'apprécier et d'interpréter les divers degrés de la question au moment du tracé des plans et être assez souples et assez libres pour ne pas écarter les conseils que les spécialistes dans une matière pourront lui donner.

Ainsi le sociologue pourra lui conseiller tel ou tel type d'habitation pour tel ou tel quartier, tel ou tel désir de la population à satisfaire, etc., et son plan devra adopter ces vues, en exprimer la réalisation future ; l'hygiéniste lui dira que son plan n'aura de valeur que s'il contient en même temps que de beaux tracés telles conditions définies d'espaces libres, d'exposition et d'orientation, de défense contre certains vents, etc... L'économiste lui demandera si la valeur des terrains est proportionnée au caractère du quartier et des édifications prévues, comment il a été pourvu à la vie propre de cette ville ou d'un quartier; comment telle industrie, tel commerce pourront se développer, comment les matières pour l'industrie parviendront et repartiront ouvrées avec un minimum de frais accessoires, etc... L'ingénieur voudra savoir dans quelles conditions pourront être établies les évacuations des eaux de pluie, des eaux ménagères et industrielles, si les pentes seront suffisantes et pratiques pour l'établissement du réseau d'égouts, si les tramways n'auront pas de trop fortes rampes à gravir, si les tracés laisseront des réalisations possibles pour les futurs développements des gares et des voies ferrées, etc., etc.

Vous voyez que le programme auquel a à faire face l'urbanisme est très considérable et il n'y a jamais pour lui de problème simple.

Si toutes ces vues se faisaient jour successivement, l'une amenant l'autre, il n'y aurait pas de résultat possible ou alors ce résultat serait très éloigné de ce que chacun attendrait dans sa partie de la perfection prévue.

Il faut que le technicien dûment averti par des programmes particuliers bien définis et des conseils qualifiés, possède toutes ces questions à la fois, car il doit y être répondu pour ainsi dire d'un coup, sur les tracés des plans.

Le plan de ville très réussi, beau et pratique, à la fois, ne peut être atteint qu'ainsi. Cette opinion n'est qu'un reflet des préoccupations de notre époque.

Mais ne poursuivre que les questions pratiques sans point de vue d'art serait aussi faire œuvre incomplète. Comme la palette du peintre, que celui-ci doit posséder à fond, le technicien, pour donner de l'harmonie à son œuvre, ne doit en ignorer aucun des éléments. Il doit se faire une loi de résoudre avec tout l'art possible les nécessités imposées, s'en servir au lieu de les éviter, connaître toutes les particularité et en profiter, ainsi il n'y aura pas de divergence entre son plan et la nature des choses et la réalisation deviendra facile, parce que son œuvre sera vraie, vivante et caractéristique.

Le nouvel art public se différencie de celui du xix° siècle en ce que plus complet et plus attaché à toutes les satisfactions pratiques, il apporte aussi un intérêt primordial aux questions d'art dans la ville. Le constructeur moderne de villes ne doit pas voir tout déterminé par un simple trait de règle ou un coup de compas, et en s'appliquant à résoudre sans parti pris toutes les conditions du problème posé il pourra plus naturellement en développer tous les avantages. Il doit être dans la transformation de nos villes et dans leur reconstruction un artiste sachant sentir et vivre le présent, évoquer le passé, devancer l'avenir en le portant en lui comme s'il eût été accompli.

La reconstruction des villes sur les bases que fournit la science actuelle donnerait une impulsion nouvelle à leur prospérité d'avant-guerre.

Les améliorations apportées et leur bonne organisation sociale et économique pourraient permettre à nos malheureuses populations dévastées de se récupérer plus rapidement des pertes qu'elles ont subies. Mais quelle que soit la valeur du technicien chargé d'étudier les plans d'aménagement et d'extension, il est dans l'impossibilité d'entamer son travail s'il n'a pas établi un programme préalable et ce programme est d'une importance extrême. Comme dans la construction des édifices, des hôtels, des maisons particulières, il est nécessaire de donner à l'architecte le programme qu'il devra suivre pour établir ses plans, il sera nécessaire de donner au technicien, en ce qui concerne la construction des villes, l'énoncé du programme qu'il devra suivre pour répondre aux désirs de la collectivité. Ce programme, qui ne peut être établi que par les municipalités, doit donner tous les renseignements possibles sur l'état actuel de la ville et sur son développement. Il doit aussi exprimer les vues d'avenir, d'un avenir urgent, pour ainsi dire immédiat, et pour un avenir plus ou moins lointain que l'on calcule généralement pour les plans d'extension, d'une durée de vingt-cinq à trente années. Ce programme doit contenir :

1° Des données climatériques, géologiques, hydrographiques, topographiques, etc., de la ville, de la contrée. Ces données sont primordiales.

2° Des données historiques sur le passé de la ville, sa fondation, sa formation, ses développements successifs au cours des siècles, son histoire, son action dans la région, ses coutumes et traditions locales, l'histoire des industries locales et son passé économique, les points historiques conservés : places, édifices, sites, etc.

3° Des données sur son développement moderne, dans le cours du dernier siècle ou des cinquante dernières années; sur sa physionomie actuelle, accroissements ou décroissements de la ville dans son ensemble et par quartiers précisés par les données statistiques et démographiques, les raisons générales et particulières de ces phénomènes, les tendances nouvelles qui se font jour, les mœurs et coutumes actuelles; sur le développement commercial et industriel de la ville et de la région, celui des affaires, pourquoi il s'est porté sur tel point ou sur tel autre; sur le casier sanitaire de la ville, le degré de vétusté des habitations, les points surpeuplés, les améliorations désirables, sur les moyens actuels d'approvisionnements; sur les édifices et services publics, leur suffisante ou insuffisante importance; sur le trafic des chemins de fer, ports, canaux, rivières, en voyageurs et en marchandises, etc.; sur l'intensité du trafic urbain et des charrois, sur l'hygiène actuelle de la ville, son réseau d'égouts, ou les moyens d'évacuation des eaux pluviales et ménagères et des immondices, etc. En quelques mots sur tout ce qui peut faire connaître jusque dans le plus profond les qualités et les défauts de la ville actuelle et les desiderata d'amélioration.

4° *Un énoncé des réalisations futures* (programme proprement dit) : *a)* urgence à apporter dans tous les ordres d'idées ; *b)* correspondant à un développement plus ou moins éloigné.

Ces renseignements peuvent être fournis par des sociétés ou des personnalités locales, médecins, savants, historiens, archéologues, administrateurs' municipaux, etc., dûment qualifiés pour cela.

Des enquêtes publiques générales dans la ville donneraient l'indication des desiderata généraux de la population (par exemple création d'un parc, aménagement d'une promenade, construction d'une gare, d'un marché, etc.).

Dans les grandes villes ou les régions urbaines, des enquêtes par quartiers ou groupes de quartiers donneraient ceux d'une partie de la ville (par exemple marché à créer ou à déplacer, jardins pour les enfants, industries gênantes, moyens de communications insuffisants, etc.).

Généralement, et cela se comprend, des enquêtes sont à vues courtes, mais elles donnent de bonnes indications pour les besoins immédiats à satisfaire.

Les vœux des chambres de commerce, ceux des sociétés industrielles et commerciales, des syndicats patronaux et ouvriers, des sociétés corporatives telles que les associations d'architectes et d'ingénieurs, les syndicats de propriétaires, etc., prendront sans conteste plus d'envergure et avec des vues plus larges iront plus au delà dans l'avenir.

L'homme de l'art devra se conformer autant que possible à ces indications dont quelques-unes sont impératives et d'autres sont moins essentielles. Dans le cours des études il verra lui-même des objections imprévues s'opposer à la réalisation intégrale du programme ou bien il sentira le besoin de quelques modifications; la souplesse de son talent ne pourra pas toujours venir à bout de difficultés insurmontables; il fera effort pour s'y conformer et ne s'en éloignera que pour des raisons très motivées et avec la plus grande circonspection.

Il est difficile dans une vue générale d'analyser quel sera le travail du technicien dans des cas particuliers impossibles à préciser par avance. Nous nous bornerons à en donner une idée générale.

Le technicien devra entreprendre l'amélioration totale de la ville et la reconstruction de certaines parties en se basant sur le programme préalablement établi dont nous venons de parler. Il se préoccupera tout d'abord *de l'organisation de l'outillage économique* de la cité, voies ferrées, canaux, gares, ports, etc., qui formeront l'armature essentielle de son plan et de ses développements. Il ne tracera les *nouvelles voies* qu'après en avoir défini le but. Toutes ces *transformations* seront conformes aux données nouvelles sur l hygiène; il recherchera avec soin *les emplacements pour les édifices et services publics* et ceux pour *les espaces libres* en tenant compte *des conditions financières et économiques,* de la *commodité d'accès* et de *l'utilité;* il proposera au besoin des réformes à introduire dans les *règlements locaux de voirie et de construction;* il s'assimilera les *désirs de la population et les tendances locales* dans ce qu'elles ont de bon incontestable ; il respectera le *caractère local et régional de la ville* et de la contrée, particulièrement les *aspects archéologiques et les beautés naturelles* qui sont à conserver comme un patrimoine, les *caractères dominants* des divers quartiers et leurs *tendances propres* ; il appropriera les îlots au genre d'édification; *il ne perdra pas de vue que le passage des parties anciennes aux parties nouvelles, réformes ou extensions,* ne doit pas être brutal, mais sans soudure apparente et que l'ensemble devra présenter une certaine homogénéité telle qu'on la découvre, par exemple, dans la plupart de nos édifices historiques où les siècles ont ajouté et juxtaposé leurs architectures tout en leur laissant une nette physionomie d'ensemble équilibré; il se préoccupera *que dans les diverses étapes par lesquelles devra passer fatalement* la réalisation, la ville ne reste pas, en cas d'arrêt imprévu dans son développement, un organe incomplet; qu'elle soit au contraire entière dans tous ses services et dans sa physionomie ; il s'ingéniera pour que son plan, par ses dispositions, équilibre le développement futur de la ville, il fera en sorte que ses *conceptions* puissent se réaliser autant que possible avec des *matériaux du pays* et des *moyens locaux;* il ne négligera jamais de donner un aspect de beauté à toutes ses solutions; il n'oubliera pas que son plan doit être à la fois une œuvre d'art, une *œuvre de précision* et une *œuvre de facile réalisation.*

Voilà résumé dans quel état d'esprit le technicien doit entreprendre l'œuvre qui lui est tracée.

J'ai dit que le technicien doit assouplir son esprit et ses idées générales aux conditions locales, aux caractères particuliers de la région et de la ville à l'étude.

En effet, il faut bien se persuader que chaque ville est un organisme qui diffère essentiellement du voisin, sinon par des lois générales, par ses conditions propres. S'il est une obligation qui devient un devoir après l'expérience d'uniformisation internationale à outrance que nous venons de traverser, c'est celle du respect des caractères locaux. Des erreurs colossales ont été commises qu'il nous est aujourd'hui loisible de ne pas renouveler. Afin qu'il n'y ait pas confusion, nous entendons dire de suite qu'il ne peut s'agir d'archéologie urbaine et de copies et d'imitations d'œuvres anciennes.

Le respect des traditions et conditions locales ne saurait aller jusqu'à craindre de les redresser lorsque cela paraît désirable.

Ce respect devra être apporté surtout dans les transformations des vieux centres, tracés de réformes : nouvelles voies, percements, élargissements, places, espaces libres, qui affectent les parties anciennes de la ville surtout si ces dernières ont un caractère historique ou artistique marqué. Il semblera souvent inutile, par exemple, que de nouvelles voies de grande largeur aboutissent ou traversent des centres historiques dont elles déformeraient le caractère; elles devront alors passer à côté.

Une question se pose dans les régions libérées, question qui a déjà provoqué et provoquera encore bien des discussions. Doit-on rétablir les édifices détruits dans leur ancienne architecture, réédifier les places détruites, dans leur ancien aspect ?

Doit-on rétablir, par exemple, la place d'Arras et son ancienne cathédrale? Vous savez que la question a été extrêmement controversée. Sans vouloir faire de l'archéologie urbaine une règle, il semble que, lorsqu'il s'agit d'une partie d'un élément essentiel de la physionomie de la ville qui caractérisait les paysages urbains, que l'on doive faire un effort particulier pour arriver à redonner à la ville que l'on reconstruit un peu de ce qu'elle a perdu, un peu de son âme. Il faut que le technicien urbaniste ait constamment présent à l'esprit ce caractère particulier. Dans les transformations des centres, des cités, on a vite tracé une ligne rouge sur le plan de la ville, qui indiquera la nouvelle voie, mais auparavant il y a à analyser bien des considérations, à peser bien des intérêts généraux et particuliers (loi de l'expropriation par zones de novembre 1918). C'est surtout au moment des expropriations ou à la revente des terrains pour les nouvelles édifications que se font jour les difficultés, car les acheteurs ont vite aperçu les inconvénients des parcelles et le coût onéreux des opérations qui leur sont offertes, et quelquefois on a vu naître des inconvénients plus graves que ceux auxquels on voulait parer. Les parcelles à bâtir se trouveront très améliorées par les nouvelles dispositions de la loi qui permet l'expropriation non seulement de la voie comme autrefois, mais de deux zones profondes.

Il serait désirable que le parcellement ou remembrement urbain ne fût pas uniforme mais obéît à une recherche d'aspect qui est en principe tout entière dans la main de l'Administration municipale au moment de l'opération. Que de choses ne pourrait-on faire alors avec un peu d'adresse et un peu de sollicitude et d'amour pour sa ville et la nouvelle œuvre qui devra ajouter à son aspect. Malheureusement les municipalités croient leur tâche accomplie avec la démolition des anciennes constructions, puis la revente des terrains, alors qu'elle ne devrait que commencer et qu'il suffirait de quelques recherches pour ajouter à la beauté de la ville, c'est-à-dire à son patrimoine, un plan de ville n'est pas un plan qui s'élabore simplement et rapidement.

Ne s'est-on pas aperçu, au début de cette guerre, pour ne pas chercher bien loin nos exemples, du prix que représentait tout à coup Nancy menacée, non pas comme grande ville seulement, mais comme centre urbain d'un art remarquable. N'avons-nous pas souffert comme si quelque chose se fût déchiré en nous à la ruine et à la disparition de l'Hôtel de Ville et de la place d'Arras, à celle des halles d'Ypres, au bombardement de la cathédrale de Reims. Notre époque est capable aussi de grandes choses.

Les exemples du passé devraient enfin dessiller les yeux de nos municipalités et parvenir à leur faire comprendre que faire œuvre utile sans art comme elles font toutes, hélas, ou presque toutes chez nous, et même les plus grandes et les plus riches, c'est faire œuvre incomplète et d'une bien piètre économie.

Si la conception purement et strictement utilitaire de ces dernières années avait dominé au cours des siècles, que seraient nos villes d'aujourd'hui?

De même que nous recherchons l'art et le bien-être dans la maison, il faut le rechercher pour la demeure collective des citoyens qu'est la ville.

Cependant dans bien des cas il faudra moderniser avec le minimum de frais.

Dans bien des cas, plutôt que par élargissement des voies, la ville ou les parties de ville pourraient être reprises par l'introduction de nouveaux règlements spéciaux de voirie et de construction qui limiteraient la hauteur des maisons, imposeraient un minimum de hauteur aux étages, augmenteraient la proportion des cours et jardins par rapport à la superficie des propriétés, rendraient obligatoires des cours ou jardins communs centraux. Nos règlements sont à peu près partout pour ne pas dire partout, insuffisants et un grand progrès pourrait être fait d'un seul coup, d'emblée, par cette revision des règlements de construction des villes, dont l'urgence s'impose. Nous reviendrons un peu plus loin d'une manière générale sur cette question.

Si le quartier est central, d'affaires, d'administration, par exemple, comme la valeur du terrain peut être assez grande, on voit de suite avec quelle circonspection il faudrait encore toucher au règlement de hauteur des édifices, mais si la réduction de hauteur des maisons devient impossible, il faudra alors, sans tergiversations, élargir les voies. Dans certains cas où les rues actuelles et les îlots de maisons sont très étroits, il deviendra préférable de grouper des îlots et de les remembrer, ce qui permettrait de créer quelques larges voies par élargissement et d'améliorer le régime des cours intérieures presque partout déplorable.

Tant de cas particuliers peuvent se présenter qu'on ne peut instituer des solutions par avance. Ce qui conviendrait à une ville ne conviendrait certainement pas à une autre; dans une même ville ce qui conviendrait à un quartier pourrait ne pas convenir à un autre. C'est une question d'espèces à déterminer selon les endroits.

Comme les plans d'extension, les plans de réforme doivent favoriser l'édification et le genre d'édification qui est le mieux approprié au quartier, les règles des plans d'extension convenablement amendés par les raisons économiques particulières aux lieux, y trouvent leur emploi ; les voies doivent être placées pour *favoriser les courants de circulation dans les villes et dans les quartiers*, et pour dominer le trafic à son moment maximum et quelquefois exceptionnel ; la circulation doit y être facilitée, les constructions doivent y être proportionnées *aux voies ou les voies aux constructions*, l'orientation, la topographie, les sites peuvent y jouer un rôle ; les espaces libres, les squares, les jardins qui ont une si grande influence hygiénique et morale y seront le plus possible introduits tout au moins les *places* qui sont un des éléments les plus caractéristiques de la beauté et de la commodité des villes et dont l'hygiène n'a pas à être démontrée.

La construction des *monuments et édifices publics*, surtout de ceux situés dans le centre des villes, est un point qui devra retenir particulièrement l'attention des autorités.

Laissons à part les édifices historiques et archéologiques dont nous avons déjà parlé ; nous espérons qu'on mettra suffisamment d'amour dans la tâche de les préserver et d'en aménager convenablement les alentours dans une harmonie d'ensemble.

En général, les *édifices publics*, conçus et construits à des époques où les besoins étaient beaucoup plus limités qu'aujourd'hui sont devenus très insuffisants comme espace et ne répondent plus aux besoins nouveaux. Il y a eu des évolutions considérables, le but souvent n'a pas changé, mais le programme est tout autre ; celui de l'hôpital, de l'école, de l'Université actuels, etc..., celui en un mot de tous les édifices publics et administratifs, de tous les services publics, est radicalement différent du programme d'hier.

Même on a aujourd'hui des données précises sur les emplacements qui leur conviennent le mieux, et l'on écrit encore que les exigences croissantes que l'on ne précise pas toujours mais que l'intuition sent, prévoit, devine, fait un devoir, *souvent économique*, d'assurer les développements futurs.

Pour certains édifices, tels que mairie, hôtel de ville, centres universitaires, écoles spéciales, etc... qui ont dans le centre une place fréquemment consacrée et traditionnelle, on ne doit y toucher qu'avec une grande prudence. Cela ne veut pas dire qu'il n'y ait pas à y revenir, nous avons vu à Toulouse changer de quartier sans inconvénients, et au mieux des intérêts de la science, le centre universitaire scientifique.

Mais un hôpital, un abattoir, une caserne, etc..., un cimetière parfois situés dans le cœur de la ville doivent être déplacés au mieux des intérêts de tous et des établissements mêmes et reportés hors des agglomérations ou dans des parties limitrophes et peu denses de la ville et devant rester telles.

Il y a là pour les municipalités tout un programme à définir, quelquefois pensé et non résolu, qui prendra toute sa portée lorsqu'il trouvera sa place dans le plan d'extension désirable dont il pourra déterminer le premier mouvement.

L'éloignement du centre de certains services qui n'y ont pas leur place marquée donnera très souvent de beaux terrains de valeur considérable qui permettront de réaliser bien des améliorations dans les aménagements intérieurs de la ville en fournissant des emplacements pour l'édification et l'agrandissement d'autres édifices publics ou d'autres services de la collectivité ou même seulement en les utilisant pour des espaces libres. Ces emplacements sont d'autant plus nécessaires qu'il faut dans une limite raisonnable prévoir encore le développement futur de tous les services publics.

Nous insisterons sur l'opportunité de définir une telle tâche au moment de l'application de la loi Cornudet sur les plans des villes, parce que nous avons à présent, sur les besoins publics en général, des données certaines et des prévisions possibles pour une certaine période.

Comme les villes, les services publics subissent la loi de l'évolution dans le sens de l'extension, on l'a vu, relativement en peu d'années, ils se sont augmentés considérablement et même pour les villes stationnaires, ils réclament plus de place. Quant à celles qui, comme Lyon, sont en accroissement et prennent la forme de capitale régionale, on a constaté qu'ils ne se sont pas amplifiés en rapport arithmétique seulement avec l'accroissement mais, pourrait-on dire, en progression géométrique.

On voit par là que l'analyse critique des services et édifices publics dans leur état actuel, importance suffisante ou insuffisante, conservation ou déplacement, bon ou mauvais état, etc... s'impose. Elle devra être faite avec le plus grand soin, de même que les prévisions pour l'avenir devront être étudiées avec beaucoup d'attention.

Dans les mains de l'urbaniste, ces indications pourront donner lieu à des recherches d'emplacements pour la beauté de la ville, qui trouveront tout leur fruit au moment où les architectes constructeurs édifieront. Le soin à apporter au choix des terrains et édifices publics et à l'architecture collective des villes est de la plus grande utilité pour leur hygiène et pour leur aspect ; c'est en outre le meilleur moyen de provoquer l'émulation dans l'architecture privée.

Un des points les plus remarquables de la construction des villes est l'harmonie qui doit exister entre le caractère des quartiers et la construction des édifices publics et privés.

Cette vérité est le plus souvent inobservée, ainsi que le démontrent de nombreux exemples. Elle est cependant très désirable et essentielle et elle offre un grand intérêt au point de vue économique, social et de l'art des villes.

En permettant de circonscrire d'avance, d'une manière large et non pas rigoureuse, la place de tel ou tel quartier, ou zone spéciale, commerce, affaires, habitations de luxe, bourgeoises, ouvrières, industries, cultures, etc..., en permettant de préciser le caractère de telle ou telle voie ou place, l'étude critique de la ville actuelle avec ses tendances et ses désirs, jointe aux considérations pratiques indispensables, fera situer avec certitude les points préférables pour les spécialisations indiquées ou d'autres si elles étaient nécessaires. Cela avec autant d'importance pour les plans de réformes que pour ceux d'extension.

Mais dire quartier ou zone ou voie caractérisée veut dire règlement de construction approprié, car le seul moyen que l'on ait d'obtenir cette caractérisation est d'élaborer des règlements de voirie et de construction spéciaux au genre d'édification préférable. Ainsi l'on combattra plus efficacement l'uniformisation envahissante des villes.

Mais on ne doit pas tomber dans l'excès que pourrait devenir la trop grande uniformisation d'une partie étendue. Il serait bon que dans chaque ville, et cela n'est pas impossible, on peut y parvenir, le quartier ait sa physionomie générale, et dans chaque quartier, la rue, la place aient la leur propre.

On conçoit parfaitement que l'on ne puisse faire un règlement pour chaque voie. Dans notre état d'esprit actuel, il y aurait, semble-t-il, quelque injustice, aussi quelque complication, mais la compénétration mesurée prévue des divers règlements par une même région de la ville qui aurait cependant sa dominante propre, quelques obligations pour des points marqués dans les places, aux abords des jardins publics et promenades sans conteste, et dans quelques voies, tout cela limité, pondéré, équilibré et enfin en harmonie avec les combinaisons du plan, on aboutira à des solutions heureuses.

Autant il faut être prudent dans la refonte des règlements de construction des anciens centres et en circonstancier les changements, autant on peut et on doit se montrer divers dans ceux qui intéressent des quartiers et faubourgs peu bâtis et des parties du plan d'extension.

Il faut poser en principe, même en obligation, que chaque ville devra remanier et moderniser ses règlements en les rendant plus conformes à l'hygiène générale et particulière et aux besoins et caractères locaux : région, ville, quartiers.

Il ne doit donc pas être établi de règlement passe-partout.

Si l'on a eu égard au côté économique dans la confection des règlements, les restrictions toutes naturelles apportées n'atteignent pas les intérêts de la spéculation qu'il n'est d'ailleurs pas mauvais de voir régulariser pour assurer partout la modération des loyers, sans détriment pour les propriétaires. Appliqué sur des terrains dont la valeur primitive n'aura pas été négligée, en faisant connaître par avance la destination des lieux, toute surprise sera écartée; ce serait, au point de vue moral, après la fièvre de spéculation de ces dernières années, qui menaçait de tout envahir, un résultat très appréciable. En outre, les tracés des plans et les catégories ou places de construction doivent être combinées de manière à permettre le passage d'une classe inférieure, c'est-à-dire d'une classe de moindre densité d'édification, dans une classe supérieure ou de plus grande densité, sans difficulté pratique, les conditions d'hygiène de la classe dite supérieure étant toujours intégralement sauvegardées. De cette manière les plus-values des terrains par le développement des quartiers centraux sont sauvegardées.

Les règlements nouveaux devront être, sous le rapport de l'hygiène, dans un progrès marqué sur les anciens; il serait inadmissible qu'il en fût autrement. Ils devront donc augmenter la superficie libre des cours et jardins en appliquant un *pourcentage maximum de construction* aux propriétés et en rendant les cours communes obligatoires. Ce procédé assez généralisé à l'étranger, dont l'expérience est faite et qui a donné les meilleurs résultats, est malheureu-

·sement négligé chez nous. Il serait à introduire dans la plupart de nos règlements. Contrairement à ce qui se fait actuellement où les *conditions hygiéniques des cours sont moindres que celles des rues*, il est nécessaire *que les règlements sur cours soient plus sévères* et que, pour une hauteur de maison donnée le rapport de la largeur de la cour à cette hauteur soit toujours supérieur à celui de la largeur de la rue à la hauteur des maisons qui doit, lui aussi, être réglementé.

Les catégories de construction seront formées en passant par degrés du système de construction le plus dense de la ville, habituellement le système dit *fermé* (le plus en faveur dans nos grands centres et qu'il faut résolument améliorer) à celui dit *ouvert* des quartiers d'habitations isolées que nous pensons qu'il serait heureux de voir étendre à toutes sortes de catégories de personnes. Parmi les systèmes intermédiaires sont ceux dits *demi-ouverts* et par groupes de maisons qui peuvent comme les précédents être combinés avec des habitations d'un plus ou moins grand nombre d'étages. Il faut ajouter les quartiers industriels.

La hauteur minimum des étages devrait être réglementée dans chaque catégorie. On en aperçoit tout de suite l'intérêt dans les quartiers d'usines et ouvriers.

En résumé, les règlements basés sur les considérations précédentes devront comprendre :

1° La fixation de la catégorie de construction et dans chaque catégorie;
2° La fixation du pourcentage afférent à la superficie construite et à la superficie libre d'édification;
3° La fixation de la hauteur des étages;
4° La fixation de la hauteur maximum de la maison par rapport à la catégorie et à la rue, ou bien, système que nous préconisons, en combinant cette hauteur maximum avec un nombre maximum d'étages autorisés.

Cette réglementation moderne qui est appliquée presque

universellement à l'étranger où elle produit des bienfaits considérables pour l'amélioration de l'état hygiénique des villes, est complètement inconnue en France, ou plutôt inappliquée. Les facilités que la loi Cornudet offre vont permettre aux municipalités de créer en même temps que les plans d'aménagement et d'extension, des règlements modernes que l'on appelle règlements par zones et qui sont du plus grand intérêt pour l'avenir des villes.

Je ne parle pas des servitudes spéciales que l'on peut appliquer à certaines voies et promenades, autour des places publiques par exemple, de façon à leur donner un caractère architectural.

Quant à la hauteur des maisons par rapport aux voies, s'il faut mettre en avant cette théorie qui se fait jour depuis quelque temps qu'elle ne pourra jamais être plus grande que leur largeur, on doit en même temps la combattre en ce qu'elle a d'uniformisateur et en ce qu'elle n'a pas de scientifique, parce qu'elle ne tient pas compte de la latitude de la ville, surtout à cause de l'ensoleillement et de l'orientation des voies, éléments négligés jusqu'à aujourd'hui, mais qui sont primordiaux de détermination.

Cette formule ne présente qu'une amélioration sur certains règlements et il faut bien se garder d'en tirer des conclusions absolues, surtout pour les nouveaux quartiers des plans d'extension.

Pour si peu que le mouvement industriel se dessine dans la ville, ou bien s'il y a déjà une industrie développée, il deviendra nécessaire de créer des quartiers industriels spéciaux de plus ou moins d'importance, avec règlements propres et intéressant l'habitation.

Ces quartiers requièrent des conditions particulières d'établissement. Leur organisation sera d'une grande valeur dans l'avenir économique de la ville. Ils doivent d'abord, par rapport à la ville, être placés dans la direction opposée aux vents régnants. Pour l'économie et la production. ils doivent être en contact direct avec la voie ferrée. La proximité des gares de marchandises n'est pas suffisante ; des voies industrielles doivent être prévues sur les plans.

Les voies industrielles pourraient suivre des rues spéciales, comme le service des marchandises des usines, fermées au trafic ordinaire de la ville, les établissements ouvrant leurs entrées principales sur d'autres voies publiques.

Ce que nous venons de dire pour le chemin de fer, nous le répéterons pour le canal, le port. Selon les cas, des bras de canaux industriels pourraient jouer un très grand rôle dans l'économie de la production.

En Allemagne, en Angleterre, des zones industrielles considérables ont été créées. Venise depuis l'année dernière a également sa zone industrielle. Ces zones demandent un aménagement particulier qui permette d'amener dans l'usine même les matières premières à travailler et d'enlever également à l'usine les matières ouvrées.

Il ne faut pas confondre la zone industrielle avec la zone des établissements classés ; ceux-ci évidemment doivent aussi être placés dans la zone industrielle et nécessiter un aménagement spécial.

En somme, voie ferrée, canal ou rivière canalisée ou port de mer, il faut que ces quartiers industriels soient disposés de manière à être par des moyens appropriés en contact absolu direct avec eux, sans interposition quelconque. Ces éléments pouvant se présenter en même temps dans une ville, ils devront être reliés entre eux par des voies ferrées de raccordement et des places de transbordement spécialement aménagées et outillées. La matière à ouvrer doit être apportée directement dans l'usine et la matière ouvrée doit y être prise avec le minimum de frais, tel est le problème posé. C'est sa solution, réalisée ailleurs avec envergure, qui a été un des facteurs de la puissance industrielle et commerciale de notre ennemi.

Si ces choses sont difficiles et souvent impossibles à établir dans des parties déjà édifiées, elles doivent être obligatoires dans les quartiers nouveaux.

Les autres conditions pour les quartiers industriels sont le morcellement par grandes superficies ou grands îlots, leur orientation générale, les facilités d'évacuation des eaux usées et des détritus de toutes sortes, l'absence de relief du sol, car il ne doit pas comporter de fortes pentes, la valeur des terrains qui peut prendre un certain poids pour diverses industries.

La création de quartiers ouvriers sera souvent la conséquence des précédents s'ils prennent du développement.

En principe, les quartiers ouvriers ne devront pas être très éloignés de ceux industriels et reliés à ces derniers par des voies directes ou assez directes, agréables comme promenade, ensoleillées l'hiver, ombreuses l'été, des tramways, des trains spéciaux.

Il ne devra pas y avoir contact entre les deux quartiers et une zone plantée séparative pourra être d'un certain intérêt pour la rentrée et la sortie des usines.

Ils devront aussi être reliés commodément aux autres parties de la ville avec laquelle il est très essentiel, sociologiquement et artistiquement, qu'ils forment un tout. Les maisons-casernes telles que nous les avons définies y seront interdites. Dans la mesure que les moyens économiques offriront on se rapprochera de l'idéal de l'habitation familiale entourée de jardins, lorsqu'on pourra l'atteindre, ce sera parfait ; le prix du terrain jouera donc là aussi un grand rôle.

L'édification des faubourgs-jardins et de cités-jardins dans la proximité des grandes villes est au plus haut point désirable, les quartiers ouvriers ne devraient être qu'une variante de ce genre si éminemment moralisateur que développera M. Benoît-Lévy.

Si la ville présente depuis des années le phénomène d'un accroissement très rapide, mettons anormal, dont les causes définies permettent de prévoir la continuation, il sera bon de ne pas négliger les grandes lignes d'une extension de l'extension projetée. Nous voulons indiquer par là le tracé de quelques voies régulatrices largement vues sur lesquelles s'appuieront par la suite les nouveaux développements, et qui, dès le début, rendront de très grands services si elles se rapportent à la liaison commode des pays environnants avec la ville et entre eux.

On ne peut faire que montrer l'intérêt d'une telle prévision sans envisager les principes généraux pour de tels tracés car c'est là particulièrement question d'espèces que les circonstances locales seules permettent d'approfondir. C'est le cas de la région urbaine de Lyon qui doit se préoccuper d'un problème intercommunal.

Des servitudes appropriées devraient faciliter l'avenir. Des exemples récents nous ont montré combien l'imprévoyance de telles voies était fâcheuse. Dans l'art des villes, il est de la plus grande importance que toutes les mesures soient prises à temps, ce qui veut dire *longtemps avant qu'elles donnent leur plein effet*. Si l'on avait toujours agi ainsi, bien des difficultés dans lesquelles se débattent nos Municipalités auraient été évitées.

Ces tracés complémentaires pourraient être liés à l'ensemble du système des réserves d'espaces libres.

Les réserves d'espaces libres ne doivent pas se borner aux jardins et promenades situés dans l'intérieur des agglomérations. Ceux-ci sont, sans conteste, au point de vue de l'hygiène et de la beauté de la ville, les premières et les plus désirables, mais la création de grands parcs dans les parties limitrophes de la ville, ou même de la réserve de bois, de forêts, d'étendues d'eaux, de beaux sites dans des localités plus éloignées, seront aussi très utiles sur la santé et la beauté générale des agglomérations pour le repos dominical et des jours de fête des populations.

L'étranger est entré dans cette voie et certaines grandes villes capitales lui ont donné une solution grandiose, sous la forme plus ou moins vaste, dénommée aujourd'hui *de système de parcs*, c'est-à-dire de parcs intérieurs et surtout extérieurs à la ville, reliés entre eux et avec les agglomérations par des promenades spéciales.

Toutes proportions gardées, ces réserves de systèmes présentent le même intérêt pour les agglomérations moindres.

Il y a donc là un *programme à définir* avant toute étude du plan d'extension et peut-être avant celle de la vieille ville, ce serait préférable même dans ce dernier cas.

Ces réserves créées à temps pourraient se constituer souvent à bien peu de frais, moins sensibles encore par des opérations financières à longue échéance, auxquelles pourraient coopérer plusieurs communes intéressées aux mêmes parties. Il ne s'agit pas pour celles extérieures, de parcs, de coûteux établissements et d'onéreux entretien, mais de sites naturels intéressants à préserver qui pourraient être très simplement aménagés.

Les voies-promenades de liaison dont nous avons parlé seraient spécialement conçues en avenues-jardins autant que possible, et, selon leur importance ou leur intérêt, pourraient être formées d'allées indépendantes pour les tramways, les bicyclistes, les cavaliers, les voitures et de larges trottoirs, pour les piétons, encadrés d'arbres et de plantations.

Le déclassement des fortifications, dans bien des cas, procurera des réserves toutes trouvées situées le plus favorablement puisque limitrophes des agglomérations et aux meilleures conditions.

Les terrains de jeux et d'exercices pour enfants, grands et petits, et même pour les adultes, ne doivent pas être négligés, de même les terrains de sports, au dedans et au dehors de l'agglomération urbaine. C'est là un programme social complément du précédent qui sera certainement compris en ce jour de renaissance de l'éducation physique et qui a déjà été compris à Lyon. Nous devons faciliter les exercices physiques en multipliant les terrains propices même à l'intérieur des villes. Chaque square ou jardin, ou parc intérieur de quartier devrait en contenir de plus ou moins grande importance selon le centre desservi. Les grands parcs devraient recevoir des places pour exercices d'ensemble.

Si les espaces libres étaient multipliés comme on le doit ce serait très facile, surtout si la répartition par quartier était assez régulière. C'est par quartiers et non par rapport à l'ensemble de la ville, comme à Paris ou ici, qu'il faut comparer les espaces libres aux parties agglomérées et examiner si la proportion des premiers sera suffisante. Là encore de la petite agglomération à la plus ou moins grande ville, il y a un rapport extrêmement variable ; le caractère du quartier joue aussi un rôle. Si l'on entendait cependant posséder une base moyenne, nous indiquerons en particulier pour les quartiers d'habitation une proportion de 10 à 12 % minimum comme devant être observée. Il est bien entendu que cette proportion ne s'applique pas aux voies et places ordinaires utilisables par le trafic, de même que les cours et jardins des habitations n'y sont pas compris.

Il devient superflu de parler, parce qu'unanimement appréciée aujourd'hui, de la réelle beauté qui est un des côtés de la physionomie nouvelle de nos villes, que procurent à nos agglomérations urbaines les promenades, les jardins, les parcs, les plantations de toutes sortes, savamment distribués et aménagés. Introduire l'arbre, le bouquet, la masse d'arbres dans la ville, c'est lui ramener la nature dont elle est éloignée, et les spectacles de ce genre, comme ceux ouverts sur les beautés naturelles, sont les plus sains, les plus réconfortants et les plus beaux, et aucune architecture ne saurait rivaliser avec eux.

Dans l'établissement des promenades, il ne faut pas négliger les conditions climatériques, insolation à diverses époques de l'année, vents et autres que l'on voit oublier à peu près toujours. Ceci provoque une critique générale des dispositions adoptées pour les profils transversaux des voies.

Ils sont habituellement disposés systématiquement par rapport à l'axe de la voie, c'est très souvent une erreur pratique. Prenons pour exemple le cas très simple d'une rue de direction est-ouest, ses édifications auront une exposition nord et sud. Il faudra bien peu de réflexion pour voir tout l'intérêt qu'il y aura à élargir le trottoir nord exposé au sud où se portera dans nos régions la circulation presque autant d'été que d'hiver, et qu'il y aura intérêt encore, si l'on peut planter une ligne d'arbres, à la mettre de ce même côté.

Nous ne dirons pas que le profil transversal des voies doit toujours être asymétrique, mais l'étude et l'analyse logique des conditions des lieux, largeur des voies, orientation, exposition des édifications, exigences de la circulation, caractère

du quartier, etc... amèneront fréquemment l'asymétrie. On
s'assurera, par ce procédé de recherches, des solutions parfois curieuses, surtout dans les plantations d'alignement, dont
la beauté et la commodité de la ville profiteront.

L'évacuation des eaux usées, matières, ordures, immondices et détritus de toutes sortes doivent être l'objet d'une étude
spéciale au moment de l'établissement des plans.

Les municipalités ne doivent pas continuer comme elles le
font, pour la plupart, à se contenter de solutions provisoires
et précaires, il faut qu'elles cherchent les solutions larges,
d'ensemble et définitives, et qu'elles prévoient, dès l'établissement des plans, comment cette évacuation se fera.

Nous signalerons certaines choses que l'on oublie fréquemment lorsque l'on dresse des plans d'aménagement et d'extension, parmi lesquelles est le choix des emplacements pour
les écoles ordinaires, groupes scolaires, marchés, etc... Pour
y remédier par la suite au petit bonheur des occasions et des
dispositions budgétaires, on achète des terrains où l'on construit des édifices très souvent dans les plus mauvaises conditions pour les enfants, le public et le voisinage. Il n'est pas
rare dans les grandes villes de voir des cours d'écoles totale-
ment fermées, entourées de hautes maisons, ne recevant pas
le soleil, sans aucun intérêt d'aspect, par suite de leur situation pour la ville ou pour le quartier.

Que des erreurs de ce genre se présentent dans les vieilles
villes, sans plan d'aménagement et de réforme, cela peut être
possible, mais dans un plan d'extension elles seraient inad-
missibles. Les écoles devraient être toujours près d'espaces
libres et les marchés situés dans des endroits très aérés.

Les bains publics, les églises, enfin tous les édifices propres à rehausser une place, une voie, et par conséquent à
ajouter à la beauté de la ville devraient être déterminés à
l'avance et compris dans la réserve d'espaces pour services et
édifices publics.

On atteindra ce résultat désirable en établissant le programme des édifices pour la ville d'abord, puis par quartiers
de la ville, ce qui ne laisserait plus au seul hasard des cir-

constances, de conditions momentanées, improvisées, difficiles, coûteuses, toujours insuffisantes, le choix des emplacements. On pourra obtenir ainsi des groupements heureux
d'édifices qui, par leur physionomie particulière, peuvent
tant contribuer à la beauté des voies. Et puisque les programmes actuels semblent assurer une certaine durée, une certaine stabilité, ce serait de la stricte économie.

Indiquons en dernier lieu qu'il serait bon, et c'est le programme local qui le déterminera, de prévoir les emplacements suffisants et convenablement choisis pour expositions,
concours régionaux ou locaux, agricoles ou industriels, foires, concours de gymnastique, etc., qui pourraient souvent
être englobés dans des parties de parcs publics ou y être
annexés.

De même y aurait-il lieu fréquemment d'envisager, dans
un temps plus ou moins long, l'amélioration ou la transformation des moyens de transports urbains et intercrurbains et
leur adoption dans les agglomérations qui en sont actuellement dépourvues.

Nous devons nous mettre bien en garde contre le danger
des oublis et des imprévisions au moment de l'étude des
plans, mais un plan de ville, quel qu'il soit, doit être plus
encore qu'un plan sans oubli, il doit être un plan de prévoyance raisonnée, c'est pourquoi nous avons insisté et insis-
tons encore sur l'établissement d'un programme préalable à
tout tracé, complet, analytique et d'avenir, sans lequel l'œuvre pourrait être vaine et inadéquate. Si ce programme découle, comme nous le demandons, d'une analyse bien faite
de la ville, avantages et défauts s'éclairciront et dans bien des
cas les remèdes à ces derniers seront au bout de l'analyse.

Au moment où la loi Cornudet oblige les villes à établir
de nouveaux plans d'aménagement et d'extension, les municipalités doivent penser que c'est là une tâche que le législateur leur a imposée qui est de la plus grande importance. Elle
est importante, non seulement pour l'avenir de leur ville,
mais pour la prospérité générale de la nation. Les travaux
urbains n'ont pas seulement des répercussions locales, mais

aussi très lointaines. Pour des villes comme Paris, Lyon et d'autres encore, elles dépassent même la région. Ces répercussions peuvent, par l'entreprise de grands aménagements économiques, ordonnés et coordonnés, par les dits plans, s'étendre sur le marché mondial. Bien appliquée, dans une conception large, adéquate à l'époque, elle sera un facteur assuré de la prospérité future économique de la nation. (*Applaudissements.*)

M. Villemin, président : Messieurs, vous venez d'entendre M. Jaussely dans son exposé extrêmement clair sur l'urbanisme. Je ne me permettrai pas de le compléter. Le rapport de M. Jaussely est si documenté et si complet que je ne vois pas bien ce que je pourrais y ajouter. Je le prie d'accepter nos remerciements les plus sincères pour cet excellent travail. M. Jaussely mérite d'autant mieux nos remerciements qu'il n'a pas craint, malgré un état de santé laissant à désirer, de venir au milieu de nous, nous apporter l'appui de ses connaissances et de son autorité. (*Très bien !*)

Si vous le voulez bien, Messieurs, je vais ouvrir la discussion. Quelqu'un d'entre vous demande-t-il la parole sur la question ?

M. Deveraux, *architecte à Lyon :* Messieurs, vous me permettrez une remarque relative à l'urbanisme.

Dans une ville il est bon de grouper certains éléments.

A Lyon, par le fait de la composition du sol, l'élément industriel se groupe lui-même. L'élément formé, d'un autre côté, par l'enseignement universitaire, continue à se grouper.

Mais les éléments actuels composés des locaux commerciaux et des habitations ouvrières restent encore réunis.

Cette situation est particulièrement défectueuse au bon rapport du bâtiment.

Contre ce défaut notre ville pourrait adopter certains règlements en usage dans les Etats-Unis, entre autres ceux autorisant les constructions avantageuses de grande hauteur dans la partie réservée au commerce et à la vie hôtelière.

Les habitations ouvrières se trouvent ainsi éloignées du centre commercial, mais par une distance d'autant moins grande que les bâtiments commerciaux sont plus élevés.

Cette idée demande un commentaire et une bonne traduction, trop longue pour aujourd'hui, mais que je pourrais vous faire quand vous le jugerez bon.

Il est temps, Monsieur le Président, de vous exprimer mes compliments, et Messieurs, de vous présenter mes respects.

Un congressiste : En somme, ce que demande M. Deveraux, c'est l'application à Lyon de certains règlements des Etats-Unis permettant le développement en hauteur des maisons.

Nous savons que le gouvernement des Etats-Unis fait tous ses efforts pour faire appliquer dans toutes les villes de son territoire une réglementation par zones, réglementation qui permettrait le développement en hauteur des maisons dans certaines d'entre elles. Le règlement de New-York qui a été édicté l'année dernière est intéresant, nous n'en doutons pas.

Mais la question qui nous préoccupe le plus en France, c'est la construction de zones familiales comprenant des maisons de peu de hauteur ; c'est de cette question que nous devons surtout nous préoccuper. Il est évident que dans les quartiers industriels et commerciaux, la construction en hauteur pourrait être autorisée.

M. Julien : Le plan d'extension que nous a décrit avec tant de talent, M. Jaussely, nous plaît beaucoup, et nous sommes certainement tous désireux de le voir se réaliser. Cependant, nous ne pouvons moins faire que de penser au prix de l'opération. Les terrains coûtent cher, les prix des matériaux de construction vont sans cesse croissant, le coût de la vie en général devient un problème troublant. Dans de telles conditions, comment feraient les entrepreneurs pour construire des maisons à un prix tel que les logements soient accessibles aux bourses moyennes ? Avant la guerre on avait déjà de la

peine à faire rapporter 4 % au capital engagé dans la construction. Je pose la question, vitale pour notre industrie.

M. Rambaud : C'est une autre question de notre programme, nous l'étudierons à son heure.

La question des causes de la crise du bâtiment et des
moyens de l'enrayer est à l'ordre du jour (deuxième partie);
elle viendra en discussion samedi.

J'ai été heureux d'entendre M. Jaussely dans l'exposé de
son rapport. J'ai eu la satisfaction de constater que, des réformes importantes qu'il a énumérées, quelques-unes avaient
déjà été réalisées à Lyon. En effet, M. le Maire de Lyon, dont
vous connaissez l'activité débordante et l'esprit d'initiative,
eut, dès son arrivée à l'hôtel de ville, le souci de réformer les
règlements de voirie. Aujourd'hui, en ce qui concerne les
saillies sur la voie publique et la façon de construire, les
architectes ont une latitude beaucoup plus grande qu'avant
la réforme, cela cependant n'est pas suffisant, et je voudrais, pour ma part, quitte à paraître draconien, que l'on
modifiât les règlements de voirie dans un sens qui nous per-
mît de lutter contre ce que j'appellerai l'enlaidissement des
rues. Je comprends que l'on ne condamne pas tel ou tel système architectural, mais il faut pourtant bien que l'on puisse
empêcher la construction de ces maisons horribles pêchant
plutôt par l'abondance d'une décoration de mauvais goût.
Dans cette intention, je voudrais que l'on donnât aux municipalités la faculté de créer une commission qui serait composée de gens compétents et qui aurait le pouvoir, le cas
échéant, de refuser l'autorisation de construire des immeubles de caractère douteux, voire abominable.

En l'état actuel des choses, les municipalités sont absolument liées. Tout à l'heure, j'entendais dire : les municipalités
devraient faire ceci, elles devraient faire cela. Il ne faut pas
oublier que les villes, en France, sont des mineures. Que de
fois leur initiative a été paralysée par le pouvoir central. Certaines d'entre elles qui ont voulu devancer le législateur en
décidant l'exécution de grands projets, n'ont jamais pu les

réaliser, la loi ne le leur permettant pas. Il est regrettable de constater qu'en France — pays de liberté — les villes ne jouissent pas de l'indépendance que certaines villes de l'étranger possèdent. Cependant à Lyon, nous n'avons pas attendu la loi pour établir un plan d'extension. Dès 1912, celui-ci a été entrepris et, en 1914, il figurait à l'Exposition. Ce plan fut conçu par une commission extra-municipale, nommée par M. le Maire, et qui comprenait des architectes, des artistes, des techniciens. Dans l'établissement de ce plan, on a si bien tenu compte des besoins présents et futurs de la ville que nous avons été accusés de voir trop grand. On nous a fait la même réflexion lorsque, dernièrement, nous avons exposé ce projet qui nous est cher, du prolongement de la rue de la République jusqu'à la Croix-Rousse. Si une accusation doit être faite, c'est à nos devanciers qu'elle doit s'adresser, car eux, ont vu trop court. Mon avis est que l'on doit voir grand. (*Très bien !*) Si nos devanciers avaient vu grand, ils n'auraient pas toléré la construction de cette gare de Perrache qui coupe la presqu'île en deux. Sans la gare, ce quartier de Lyon aurait pu devenir une merveille. D'ailleurs, en général, les gares de Lyon ont toutes été mal conçues.

Jadis, la science de l'urbanisme n'existait pas, on croyait avoir résolu le problème par la construction des quartiers en damier exemple, le quartier des Brotteaux. Longtemps, les villes, Lyon en particulier, furent paralysées par la législation. Combien de temps n'a-t-il pas fallu au Parlement pour faire sortir de ses cartons cette fameuse loi sur l'expropriation qu'il vient à peine de voter? Avant cette loi, les villes n'avaient le droit d'exproprier que juste les propriétés nécessaires aux percées qu'elles avaient l'intention de faire. Qu'arrivait-il ? Les travaux d'édilité étaient très coûteux et la collectivité ne profitait pas de la plus-value que prenaient les délaissés. Les particuliers et les agences d'expropriation seuls en bénéficiaient. La loi ne permettant l'expropriation que du terrain nécessaire à la voie publique, il n'était pas possible aux municipalités d'envisager la création de groupes scolaires ou autres monuments publics à proximité de cette voie. La loi nouvelle

est venue heureusement modifier cet état de choses et aujour-
d'hui que les villes ont le pouvoir d'exproprier par zones, elles
ont la faculté de réserver les terrains nécessaires à l'édification
de bâtiments publics et de revendre avec plus-value, au profit
de la collectivité, ceux qui ne lui sont pas nécessaires. Une
opération de voirie faite dans ces conditions est donc moins
onéreuse pour une ville. Il faut bien le dire, le Parlement n'a
voté cette loi que sous la pression des municipalités qui la
désiraient et la sollicitaient depuis fort longtemps.

La question fluviale est aussi une de celles qui nous préoccupent le plus. Il n'y a pas, à proprement parler, de réseau
fluvial en France, et le peu qui existe a été rendu inutili-
sable. Exemple le canal de Givors à Saint-Etienne qu'on a
laissé s'ensabler. Cette question des voies fluviales est de
nouveau à l'ordre du jour. Elle intéresse particulièrement
Lyon qui occupe une situation privilégiée, tant au point de
vue topographique qu'au point de vue commercial. Ainsi
que l'a si bien dit M. le Maire de Lyon, notre cité est une
véritable plaque tournante. Une commission extra-municipale a été également nommée pour l'étude d'un grand port
fluvial moderne. Un projet est déjà sur pied. On a envisagé entre autre la construction d'un canal de ceinture.
Vous voyez, Messieurs, qu'en ce qui concerne les voies fluviales la ville de Lyon a fait quelque chose.

On a parlé tout à l'heure d'entraînement physique. Il
s'agit là de la régénération de la race. Au lendemain de la
guerre cette question est devenue capitale. Aussi Lyon ne
s'en est pas désintéressé et un de nos confrères, ici présent,
M. Tony Garnier, a conçu le Stade merveilleux qui est sur
le point d'être achevé dans le quartier de la Mouche, et que
je vous engage à aller visiter.

Le problème du *tout à l'égout* est aussi un de ceux qui
nous tient à cœur et notre grand fleuve, le Rhône, nous sera
d'une grande utilité pour résoudre le problème. Les projets
entrepris dans ce sens sont très avancés et ils sont prêts à
entrer dans le domaine de la réalisation.

En résumé, la ville de Lyon a fait déjà de grands progrès.

dans la voie exposée avec tant de talent par M. Jaussely, et je suis heureux de le constater. (*Applaudissements.*)

M. Brizon : Messieurs, lorsqu'on revient des villes reconquises, lorsqu'on revient notamment de Strasbourg, de Metz et de Colmar, on apprécie mieux le projet d'aménagement exposé par M. Jaussely. A Colmar, les maisons familiales sont entourées de jardins, les avenues sont plantées d'arbres, l'air, la lumière pénètrent partout. A Strasbourg, le spectacle est magnifique. Lorsqu'on arrive dans cette ville, la vue de ces admirables avenues nouvellement créées produit le plus heureux effet. La transition entre ces villes et la nôtre, après cette visite, nous apparaît plus forte.

A Lyon nous pourrions faire quelque chose de semblable dans le quartier des Brotteaux. Dans cette partie de la ville, les Hospices de Lyon possèdent beaucoup de terrains, sur lesquels, malheureusement, sont construites des masures. L'Administration des Hospices, dont je fais partie, a décidé de vendre le moins possible de terrains et de les louer de préférence à long terme — quatre-vingt-dix-neuf ans au besoin. Dans des conditions semblables, l'obstacle de la cherté du terrain souligné par M. Julien, n'existerait pas, en ce qui concerne du moins les constructions à édifier sur les terrains hospitaliers. La longue durée du bail — quatre-vingt-dix-neuf ans — permettrait aux propriétaires d'amortir le prix de leurs constructions.

Il est vraiment regrettable de voir dans ce quartier, à côté du magnifique boulevard des Belges, des rues mal pavées, bordées de masures basses et malpropres. Je crois qu'il y aurait quelque progrès à réaliser dans le sens que j'indique. J'émets l'idée qu'une étude de la question soit entreprise. Si l'on voulait bien édifier sur ces terrains, à 3 ou 4 mètres en arrière de l'alignement actuel, des maisons d'habitation nouvelles, on réaliserait une opération de voirie intéressante De 14 mètres les rues passeraient à 20 ou 22 mètres, l'air et la lumière, en circulant plus librement, assainiraient le quartier.

On a parlé de l'étroitesse des cours des habitations. J'ai
le devoir de dire que les règlements des Hospices imposent
aux entrepreneurs qui construisent sur les terrains hospitaliers l'aménagement de grandes cours. La plupart des maisons sur terrains des Hospices possèdent de vastes cours; il
est donc possible, en réduisant leur surface, de construire
les maisons nouvelles en arrière de l'alignement actuel et,
par conséquent, d'élargir les rues. Devant ces maisons nouvelles, particulières ou à étages, on pourrait alors planter
des arbres, aménager des jardinets.

Voilà, Messieurs, mon idée qui sera, j'en suis sûr, celle
aussi de mes collègues du Conseil d'administration des
Hospices. Nos architectes seront, eux aussi je l'espère, de
notre avis. Ce que je viens de dire s'applique au quartier
des Brotteaux, entre les cours Morand et Vitton et le parc.

M. CALZAN, secrétaire général de l'Union Confédérale des
locataires de France et des Colonies : Messieurs, il semble
bien que c'est à l'étranger que nous devons attribuer le
mérite d'avoir systématisé l'urbanisme. C'est l'Allemagne,
l'Autriche, la Suisse, qui ont fait de l'urbanisme une science.

En ce qui concerne Lyon, M. Rambaud me permettra bien
de lui dire qu'il a été un peu sévère pour nos devanciers.
Au xviiie siècle, les hommes qui ont tracé les quartiers Perrache et Morand ont fait, je crois des œuvres remarquables.
Si ces quartiers se sont enlaidis, c'est parce qu'ils ont été
massacrés par ceux qui sont venus après eux. Je n'en veux
pour preuve que le cours Morand qui était parfait. Il a
perdu de sa beauté par la création du cours Vitton, qui est
plus étroit.

L'urbanisme est devenu une question scientifique. Pour
l'étude d'une question scientifique, il faut quelque chose de
scientifique. Or, M. Rambaud dit que M. le Maire a créé
une commission du plan d'extension. C'est vrai et j'en fais
partie. On a réuni dans cette commission des compétences,
des bonnes volontés, mais on a négligé de lui donner ce
qu'il fallait pour travailler utilement.

Cette commission n'a même pas un local pour se réunir, pour étudier et travailler. Depuis longtemps on demande qu'il soit mis à la disposition des villes et de tous ceux qu'intéresse la question de l'urbanisme, quelque chose qui leur permettra de travailler utilement. Un de nos amis, M. Cuminal, a récemment et très heureusement trouvé ce qu'il fallait pour cela; c'est ce qu'il désigne sous l'expression « Institut d'urbanisme ».

Je crois qu'en ce sens les Parisiens ont devancé les Lyonnais. Ils ont créé cet organisme scientifique qui doit être à la base de la création du plan d'extension.

Vous avez raison, Monsieur Jaussely, de dire que le plan d'extension doit dépasser de quelques années nos vues. Je me permettrai même de vous faire ce petit reproche : je crois que vous ne voyez pas assez loin, vingt-cinq, trente ans, c'est peu. Je verrai volontiers porter cette période à soixante, à cent ans même.

Je voudrais que l'on créât de partout, à Lyon en particulier, cet Institut d'urbanisme qui réunirait tous les documents qu'il lui serait possible de réunir et qui prêterait le concours de sa science à l'établissement du plan.

A cet Institut, il lui faudrait évidemment un local, des fonds, une dotation.

M. Villemin, *président :* Messieurs, en l'absence de M. le Maire, M. Rambaud nous a exposé les idées générales de l'Administration de la Ville en ce qui concerne l'urbanisme. M. Jaussely nous a fait de la question un exposé admirable. Estimez-vous, étant donné le caractère extrêmement général de la question, qu'il y ait lieu d'en reprendre la discussion cet après-midi, à 14 heures 3o, ainsi que cela était prévu au programme de nos travaux?

Plusieurs voix : Non.

M. Villemin, *président :* Si vous estimez que cette question pourra être solutionnée à la fin du Congrès, par une résolution, nous pourrions décider, si vous le voulez bien, de suspendre nos travaux cet après-midi.

(Cette proposition est adoptée.)

Avant de lever la séance, je vous demanderai cependant la permission de résumer la question. Quelqu'un a dit, certain jour, qu'en ce monde il n'y avait d'absolu que le relatif. Il est évident que cet axiome se rattache d'une façon absolue à ce qu'a dit M. Jaussely. Dans le plan très vaste, très large, de l'urbanisme scientifique, technique et pratique qu'il a exposé, il n'a pas envisagé spécialement l'application de son programme à la ville de Lyon ou à la ville de Paris. Il a posé la question d'intérêt général simplement. Il a situé la question d'une façon extrêmement vaste, en laissant à chaque ville, suivant sa physionomie et ses besoins, le soin d'étudier son plan particulier d'extension.

Procéder ainsi, c'est évidemment logique. Au cours de son exposé, M. Jaussely a dit quelque chose qui m'a particulièrement frappé et qui résume la question de l'urbanisme. Il a dit qu'il fallait faire la ville vivante. Qu'est-ce qu'une ville, en effet? C'est un organisme vivant qui obéit aux lois mécaniques, physiques, économiques, et qui doit tenir compte des lois sociales. Si la ville est réellement un organisme vivant, que lui faut-il? Il lui faut de la chaleur, de la lumière, de l'air; c'est ce qu'a indiqué M. Jaussely. Il a dit que les plans futurs devaient être conçus de telle sorte que la lumière, que l'air, que la vie, en somme pénètrent dans tous les pores, dans toutes les cellules de la ville. Il a déterminé quelles étaient les règles générales auxquelles devait satisfaire le plan; il n'a pas été question de règles particulières. Les lois générales sont extrêmement simples, il faut avoir de l'air, du soleil. Il faut aussi, pour vivre, que ces cellules soient alimentées de la façon la plus simple, la plus économique. Par conséquent, nécessité de créer des voies d'accès fluviales, ferroviaires, etc. Les villes, dans l'établissement de leur plan, doivent s'inspirer de ce principe, afin d'éviter des fautes comme celles signalées par M. Rambaud concernant les gares de Lyon. Il faut que les villes puissent aller chercher, au plus près, par les moyens les plus courts, les moins onéreux, tout ce qui est nécessaire à leur alimentation. Elles devront penser ensuite à rechercher les moyens d'évacuer les matières usées. Il devra donc être tenu compte, dans l'établissement du plan, de cette question d'évacuation.

En résumé, pour l'établissement de leur plan, les villes auront à tenir compte de leurs besoins économiques, en partant des besoins de l'individu, pour passer aux besoins de la cellule familiale, puis enfin à cette autre immense cellule, qui est la ville.

Voilà, résumé, ce qu'a dit M. Jaussely. Il a dépeint la question d'une façon magistrale. Il est entré dans des détails intéressants qui pourront être choisis et retenus par ceux qu'ils pourront intéresser. Son travail est, en quelque sorte. un vade-mecum, un aide-mémoire; nous l'approuvons dans son ensemble.

Quand nous rédigerons les conclusions, nous tiendrons compte de l'observation de M. Rambaud, qui nous a dit que les municipalités avaient toujours été jugulées, et nous demanderons, pour elles, une plus grande décentralisation et une plus grande liberté.

SÉANCE DU SOIR

La séance est ouverte à 20 h. 45, sous la présidence de M. VILLEMIN.

M. VILLEMIN : Messieurs, M. Georges Benoit-Lévy, secrétaire général de l'Association des cités-jardins de France, va traiter aujourd'hui devant vous d'une question difficile entre toutes, à savoir comment on doit construire pour construire à bon marché.

La causerie de M. Benoit-Lévy sera accompagnée de projections qui nous intéresseront tous. Nous tirerons de cette conférence des éléments d'enseignement qui nous seront très utiles pour nos discussions de demain. Je le remercie chaleureusement d'avoir bien voulu se mettre à la disposition du Congrès et je lui cède la parole.

Conférence de M. Georges BENOIT-LÉVY
(Secrétaire général de l'Association des cités-jardins de France)

M. GEORGES BENOIT-LÉVY : Monsieur le Président, Messieurs, vous me permettrez, tout d'abord, de vous soumettre quelques vues.

L'opérateur projette quatre tableaux sans qu'aucun commentaire les accompagne. Le conférencier rompt ensuite le silence et commence ainsi :

L'APRE CRI DES MÈRES

Messieurs, toute la question sociale est dans les quatre projections que vous venez de voir.

La première de ces figures représente une mère allaitant son enfant. Qu'y a-t-il de plus saint, de plus admirable, de plus sacré qu'une mère?

La deuxième représente des mères avec leurs bébés élevés dans des conditions saines, dans un milieu sain.

La troisième représente une malheureuse femme dans un taudis. La porte est ouverte. Elle est ouverte sur la révolution.

La quatrième montre la révolution en marche. Ces femmes descendues dans la rue, clament leur droit.

Ces tableaux symbolisent en effet à la fois l'idéal dont devrait s'inspirer la société de l'éloignement où nous nous trouvons de cet idéal.

La femme, la femme-mère, nourricière du genre humain, au lieu d'avoir sa place au foyer des joies humaines, n'a aucun foyer. Ce que notre civilisation a su offrir à la femme dans nos villes et même dans nos campagnes n'est rien autre que *le Taudis*.

Si celle qui préside aux destinées de la famille, et on peut bien le dire, de la Nation, n'a même pas une habitation digne de ce nom où elle puisse trouver les commodités les plus essentielles, où il lui soit possible d'élever ses enfants dans de bonnes conditions, comment pourrons-nous lutter contre la désagrégation de la famille, cellule essentielle du corps social, et comment osons-nous espérer résoudre les problèmes dont dépend la prospérité du Pays.

Je n'insisterai pas. Nous savons tous que la plupart de nos habitations sont d'un autre temps, qu'en dehors même des régions dévastées par la sauvagerie boche, la plus grande partie de notre territoire est à reconstruire, et à ceux qui douteraient encore, je leur recommande la lecture d'une brochure de 75 pages de M. Augustin Rey, architecte : « Le cri de la France : des logements! » J'ajouterai que cette crise des logements n'est pas spéciale à la France. Le monde entier en souffre et a besoin de faire peau neuve. Mais alors que nous hésitons, que nous nous bornons à des œuvres philanthropiques, il y a des pays où l'on a recours aux solutions radicales, les vraies, les seules. La Grande-Bretagne, même avant la guerre, a montré, à toutes les nations, le chemin de la réforme de l'habitation.

FIG. 1

Ce lotissement commencé avant la Guerre, par l'*Urban Realty Improvement* Cᵒ, montre ce que l'on peut attendre d'une initiative privée intelligente. La largeur des rues est obtenue grâce aux accotements spacieux, gazonnés et plantés, et non par d'immenses chaussées coûteuses. Le lotissement est établi en terrasses à pentes douces sur une différence de niveau de 60 m. pour 100 hectares.

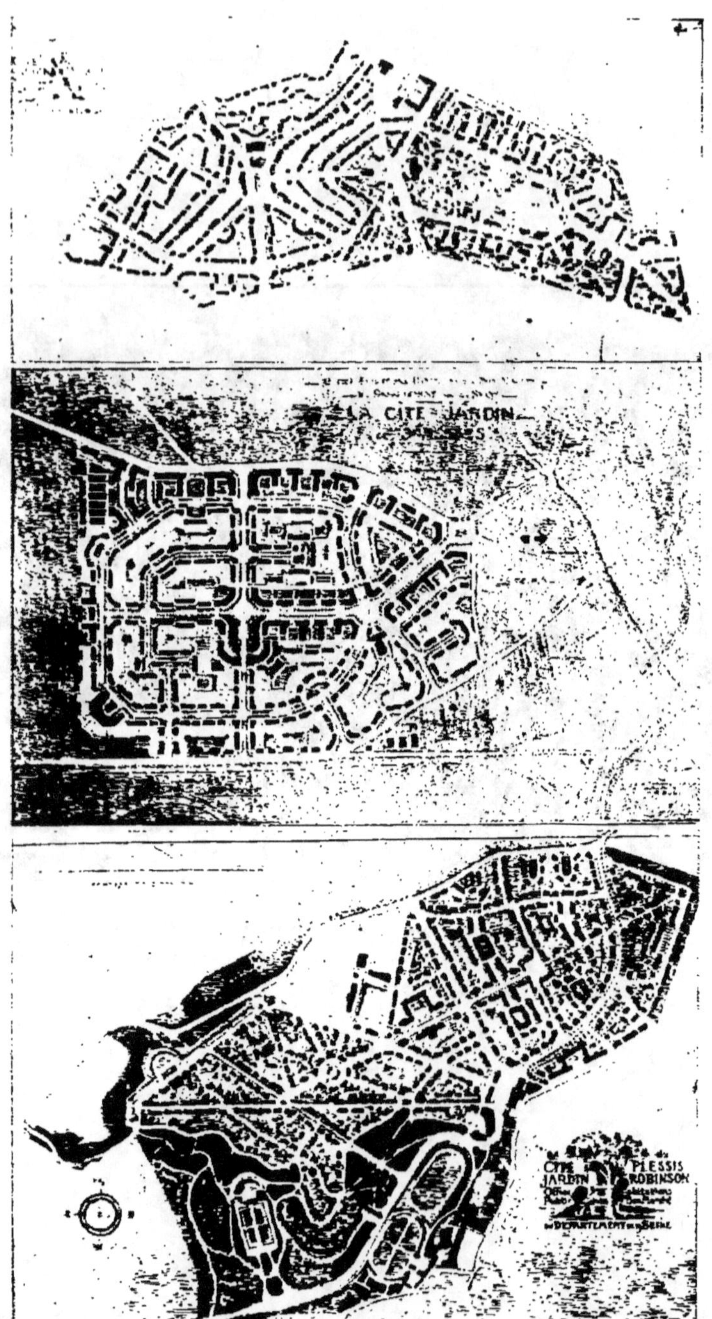

FIG. 2, 3 ET 3 bis

DE L'ESPACE

De l'air, de l'air, de l'air! Aérons les cœurs, les esprits, les maisons : je nie la haine entre les ouvriers et les industriels ou entre les différentes classes. Elle ne peut exister, car nous sommes tous interdépendants et si chaque groupe a ses déchets, si l'on trouve le patron routinier, le paysan rétrograde, l'ouvrier radoteur, ce sont les exceptions, les chardons isolés qui n'empêchent pas les belles moissons.

Or, voulez-vous savoir pourquoi cela va mal? Je répondrai par un seul mot : *Congestion*. Mésentente de familles entassées dans une ou deux pièces insalubres. Mésentente entre patrons et ouvriers, travaillant dans des usines trop à l'étroit. Mauvaise hygiène des gens vivant dans des quartiers resserrés et insalubres. J.-J. Rousseau l'a dit : l'homme est de tous les animaux celui qui peut le moins vivre en troupeaux. Au lieu d'étendre nos villes à l'infini, limitons le nombre de leurs habitants à celui qu'elles peuvent décemment contenir et en construire d'autres un peu ou beaucoup plus loin, là où le terrain est bon marché, où se trouvent des réseaux de communication routiers, fluviaux, ferroviaires, et en prenant toutes mesures pour éviter l'encombrement. C'est précisément l'expérience qui fut tentée il y a une quinzaine d'années, à Garden City.

Des industriels anglais, des syndicalistes, des coopérateurs s'étaient unis et avaient formé une société immobilière, acheté des terrains et construit entièrement une ville nouvelle. Cette ville n'est ni radicale, ni socialiste, ni anarchiste, elle est tout simplement une ville bien construite. Ses caractéristiques sont les suivantes : inaliénabilité du sol qui appartient à la commune; limitation du nombre des habitants à 35.000; réserve d'espace libre autour de cette ville atteignant les deux tiers de sa superficie; ces espaces libres en l'espèce sont des champs, des terrains de culture, d'élevage dont les produits alimentent la portion urbaine. Dans l'édification de cette ville, les choses se sont déroulées comme elles avaient été prévues par les fondateurs. Une place fut

réservée aux industriels, des terrains de récréation furent
aménagés, des moyens de locomotion furent créés, bref, la
ville fut aménagée de toutes pièces.

Résultat : Les industriels, en raison du prix peu élevé
des terrains en ont acheté de grandes quantités afin de
réserver l'avenir. Les ouvriers travaillant dans des usines
bien installées font de la meilleure besogne. Ils habitent
des maisons saines et agréables, ayant chacune un jardin.
La vie est mieux organisée à Garden-City que partout ailleurs. L'état sanitaire y est parfait; les relations sociales y
sont excellentes. Et maintenant que ce premier essai a donné
d'aussi bons résultats, il va se créer une deuxième Cité-
Jardin à 20 kilomètres de la circonférence de la première et
on prévoit la création de cent Cités-Jardins pouvant loger
chacune 5o.ooo habitants, c'est-à-dire 5 millions dans l'ensemble. La dépense serait de 10 milliards, soit la moitié du
coût de la reconstruction de nos départements dévastés.

Que cette somme est minime à côté de celles qui ont été
et pourraient être encore employées à replâtrer nos villes
existantes ou à les agrandir, hors de toute proportion raisonnable, sur du terrain cher.

Et j'en viens alors aux conditions essentielles pour construire sinon à bon marché, du moins à meilleur marché.

LE TERRAIN DOIT ÊTRE BON MARCHÉ

M. Avenic, dans une brochure publiée par le *Moniteur
du Bâtiment ;* M. Daudé-Bancel, dans une étude de la
Grande Revue, ont montré les fléaux engendrés par la spéculation, de par le monde, et les bienfaits résultant des
taxes sur la plus-value des terrains, ou mieux, de leur com-
munalisation.

Comment! Pendant la guerre, et même avant, des spéculateurs ont raffié tous les terrains disponibles à 10 ou
20 kilomètres de Lyon ou d'autres grandes villes. Du fait
du développement de ces villes, de leurs moyens de transport, de leurs constructions, ces terrains deviennent indis-

pensables et ce sont MM. les spéculateurs qui, en vrais parasites, pour ne pas employer un terme plus fort, vont bénéficier de l'activité de la communauté, en faisant leurs prix, prix injustifiés et injustifiables.

Une première mesure immédiate s'impose : la taxation des terrains destinés à la création ou au développement des villes.

Une deuxième mesure non moins urgente est l'achat de ces terrains, au taux taxé, non par l'Etat, ce qui signifierait une spéculation d'un autre genre, mais par la commune, ou mieux par des offices fonciers communaux.

Une troisième mesure sera une servitude de non-construction établie sur ces terrains de façon à former une zone isolante, comme à Garden-City, autour de la ville ayant atteint un certain développement.

Une quatrième mesure, consécutive à la troisième : création à une certaine distance des grandes villes, d'autres villes secondaires, qui feront des Paris, des Marseille, des Lyon, des Bordeaux, n° 1, n° 2, n° 3, etc..., et dont la population sera limitée à environ 5o.ooo habitants; création de ces villes dans les conditions indiquées précédemment, à propos de Garden-City.

La Cité métropole : urb, entourée de ses villes-jardins satellites, constituera une région économique autrement naturelle, vivante et vivace qu'aucune création administrative.

Vous voyez bien qu'en envisageant ce qui touche à l'habitation nous mettons en jeu toute l'organisation sociale, tellement cette dernière en dépend. La loi anglaise de 1919 permet au Ministère de la santé publique d'autoriser les autorités locales à exproprier, *dans un délai de quatorze jours,* autant de terrains qu'il leur est nécessaire pour réaliser des projets d'ensemble, le prix de l'expropriation devant être réglé par la suite, suivant les estimations des spécialistes du Ministère. Je demande seulement au nouveau Parlement de la troisième République de faire autant, à ce point de vue, que le Parlement du royaume de Grande-Bretagne.

LOTISSEMENTS SCIENTIFIQUES

Même avec du terrain bon marché les constructions seront cher, si dans une création de ville, de village ou de quartiers, les frais de voirie sont excessifs. Ceci semble tellement élémentaire qu'il ne devrait pas y avoir besoin de donner de références. Cependant, je donne les miennes, je les donne une fois pour toutes, estimant que si j'ai développé moi-même dans mon livre *La Cité-Jardin* (on lira avec profit les ouvrages de M. Georges Benoît-Lévy sur les cités-jardins et l'aménagement des villes. L'auteur y a résumé d'une façon pratique et utile avec de nombreux plans et photographies les observations recueillies au cours de ses voyages sur la construction des villes et l'aménagement des maisons. Ces ouvrages ne sont en vente que chez M. Claude Surion, 167, rue Montmartre. L'Association des Cités-Jardins de France, dont M. G. Benoît-Lévy est le directeur, a réuni des milliers de photographies et plans sur ces questions) les notions contenues dans ce paragraphe et dans les suivants, elles ont surtout été mises en valeur dans les ouvrages suivants : « Livre de Raymond... Publications du Ministère de la santé, du Ministère de l'intérieur et du Ministère de l'agriculture de Grande-Bretagne; rapport du Comité des femmes au Ministère de la reconstruction en Angleterre, rapport du Comité d'Ontario, études de lord Leverhulme, études de Kilham, Nolen, Robinson, de MM. Mutphy et Dana, de M. Atterburg, de M. Kilham, études de Thomas Adam, publications de la National Monsing Association, d'Architectural Record, de Landseape Gardening, d'American City, du magazine *The Garden-City*, de la Torm Planning Review, de la U. S. Housing-Corporation, de la Lindad Lineal de Madrid.

Je ne citerai plus individuellement mes auteurs. Il était bon de les signaler parce que l'on y trouvera des développements que je ne peux entreprendre dans ce résumé et aussi parce que c'est une question d'honnêteté de remercier les pionniers qui vous ouvrent le chemin.

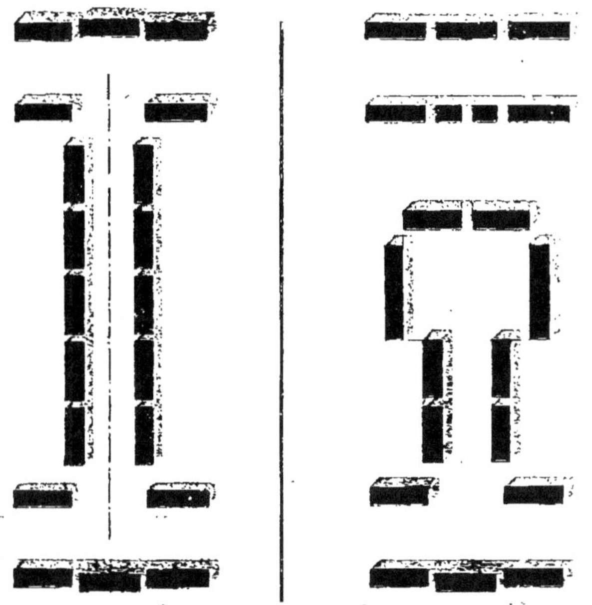

ASSOCIATION des CITÉS-JARDINS
DE FRANCE
Deux Groupements d'Immeubles
Celui de droite seul en comportant autant de surface en jardins offre plus d'espaces libres
et réalise une économie de voirie.

FIG. 4

FIG. 8 — LES NOUVEAUX VILLAGES-JARDINS DE LA Cie DE DOURGES

Chaussée étroite et peu coûteuse. Trottoirs larges plantés et gazonnés. Pas de murs devant les maisons. Courbes agréables. Rien de la Cité ouvrière.

Les lotissements modèles existants dont je m'inspirerai sont : Garden-City, la banlieue-jardin d'Hampstead en Angleterre et celle de Minlanino en Italie, les villages-jardins créés par lord Leverhulme à Port-Sunlight, par M. Georges Cadburg à Bourneville, par MM. Rovontree à Earswick en Angleterre, et par la Compagnie des Mines de Dorages, à Ménin-Liétard, en France.

Pour l'économie et pour l'hygiène ou pour ces deux raisons à la fois :

Limitation des maisons à 15 à l'hectare à raison de 500 mètres carrés par maison et jardin et de 166 mètres carrés pour la voirie et la part des petits espaces libres afférents. Ces calculs s'entendent pour la maison familiale d'environ 50 mètres carrés au sol et à un étage. Ils auraient lieu d'être modifiés proportionnellement aux dimensions des surfaces construites.

De cet espacement des maisons, il ne s'en suit pas une augmentation des frais de voirie, car : *a*) notre terrain est bon marché; *b*) nos voies de grande circulation sont réduites au minimum; *c*) elles sont construites de telle façon que des élargissements sont possibles sur les accotements; *d*) les maisons situées le long des voies secondaires ou tertiaires sont disposées autour de pelouses gazonnées servant de terrains de jeux, de réservoir de verdure, d'isolant des poussières et du bruit. A Garden-City nous avons de haie à haie les trois largeurs : 18 m. 60, 11 m. 75, 6 mètres. Il faut y ajouter l'espace obtenu par les jardins de devant les maisons, celles-ci étant à un certain retrait.

Implantation des maisons et orientation des rues de façon à obtenir le maximum d'insolation.

L'agglomération étant construite suivant un plan général, le sous-sol est aménagé avant aucune construction, d'où économie de pose des différentes conduites.

Economie de canalisation par leur achat en gros et la standardisation des calibres, des raccords et des dispositifs. Par exemple, par le branchement d'une dizaine de maisonnettes sur le même égout secondaire au lieu de raccordements individuels à l'égout principal on estime réaliser une économie de 25o francs par maison.

Tenir compte des courbes de niveau. Eviter ainsi des frais de voirie considérables et des rues d'un accès difficile. Eviter que les maisons s'obstruent la vue les unes les autres sur un terrain de courbes rapprochées.

Ménager des vues aux angles des rues pour la circulation de l'air et pour une meilleure circulation générale.

Du Manuel du L. G. B., j'extrais l'exemple suivant (voir figure et sa légende).

ORGANISATION DE LA MAISON

La maison existe pour ses habitants et non ceux-ci pour la maison. Une grande économie de travail serait réalisée pour la ménagère si la maison n'était constituée que par un rez-de-chaussée légèrement surélevé. En coûterait-il beaucoup plus? Je crois que la différence serait minime, surtout en comparaison des avantages de la maison sans étage. Construira-t-on la maison isolée? Oui, s'il est possible d'arriver au prix fixé, non, si l'on veut aller à l'économie.

Mais avant de rechercher les économies, voyons ce dont il est besoin dans une maison, car ce qui domine, avant même l'établissement des prix, c'est la détermination des choses essentielles, luxe à part, au confort des habitants.

1° *Une famille de cinq personnes* doit avoir au minimum: Une chambre à coucher de 10 mètres carrés, une de 9 mètres carrés et une de 6 mètres carrés. Une grande salle (pièce où l'on se tient et où au besoin on peut faire la cuisine sur le fourneau qui chauffera la maison) de 12 mètres carrés. Une laverie de vaisselle avec lessiveuse fixe et réchaud à gaz, de 7 mètres carrés. Un garde-manger et une remise à charbon respectivement de 2 mètres carrés et un mètre carré, si c'est à la ville, et du double si c'est à la campagne.

2° *Ventilation, aération.* Si l'on veut des pièces assez larges, il faut réduire sur la hauteur, de façon à avoir à la fois le cubage nécessaire et la possibilité de laisser pénétrer l'air et le soleil. On estime qu'une hauteur de 2 m. 42 est suffisante. Mais il faut avoir soin que les fenêtres soient au moins à o m. 75 du sol, à pas plus de o m. 15 du plafond et aient une superficie minime d'un dixième du sol de la pièce à éclairer. En poussant les cadres des fenêtres le plus possible vers l'extérieur du mur on gagnera de la clarté. Pour la laverie, mettre la fenêtre à 1 m. o5 du sol et pour les W. C. à 1 m. 36 et pas au-dessus du siège.

Cette hauteur de 2 m. 42 peut être discutée. Cependant il faut remarquer que l'augmentation de hauteur au-dessus de ce chiffre accroît le cubage plutôt au détriment de l'hygiène : tout l'air vicié monte dans l'espace compris au-dessus des portes et des fenêtres comme dans une poche où il devient stagnant.

Une hauteur de 2 m. 15 pour une porte est suffisante, et si l'on a soin d'élever la fenêtre jusqu'à o m. 15 du plafond, les pièces des proportions indiquées ci-dessus auront le maximum de ventilation, d'éclairage et d'ensoleillement.

Pour assurer une ventilation parfaite, il est de nombreux moyens connus des gens de l'art : cheminées, prises d'air, etc. Je recommanderai surtout : les vasistas, les carreaux chevauchant, les carreaux troués au moins dans un des panneaux supérieurs.

« Housing » estime qu'une augmentation de o m. 15 de hauteur pour les pièces d'un seul étage représente 175 francs en plus pour un cottage en briques.

A la fois pour faciliter le nettoyage et pour mieux laisser entrer la lumière, monter les vitres sur cadres d'acier comprimé, ce qui souvent sera aussi plus économique, vu le prix du bois, d'une part, et la possibilité de fabriquer facilement en série des portes en acier et des cadres de fenêtres en acier; c'est ce qu'emploie F.-H. Critall, métallurgiste, dans la maison dont je reproduis le plan.

L'emplacement respectif des portes et des fenêtres est important. Voir légendes de la figure.

3° *Plan*. Cela n'a l'air de rien, mais c'est autrement calé de trouver un plan convenable pour une maisonnette que de construire un immeuble de dix étages ou un édifice.

Le plan de la maison ! Mais il variera avec chaque famille, chaque groupe de familles; avec chaque commune, chaque région. Néanmoins il est un certain nombre de choses essentielles qui doivent se rencontrer dans chaque maison, arrangées de façon différente suivant les besoins.

Pour fixer les idées, raisonnons sur une maisonnette suburbaine à un étage et pour six personnes, de la contenance indiquée précédemment :

Employer tous moyens mécaniques pouvant diminuer le travail de la ménagère.

Prises de courant électrique pour adaptation d'appareils à repasser, à balayer, à chauffer, à éclairer, etc.

Cuisine et chauffage au gaz autant que possible.

Une salle de bain; chambre séparée pour parents et enfants de sexe différent; plomberie sanitaire; bonne eau à boire ; W. C. à chasse et évier reliés à l'égout ; armoires bien disposées; pièces indépendantes les unes des autres; évacuation des buées de la cuisine et de la buanderie; de quoi étendre le linge; emplacements pour chaque chose prévus à l'avance.

Exemple : A. Le long des maisons, surtout à la campagne, prévoir le recueillement de l'*eau de pluie*. En Angleterre, on estime qu'un toit de 66 mètres carrés peut fournir 125.000 litres par an.

B. L'aménagement de la houille blanche permettra d'avoir l'*électricité* à bon marché. Les inventeurs devront s'ingénier à trouver des appareils d'un rendement économique. Une commission nommée par le Gouvernement anglais a publié sur ce sujet un rapport du plus grand intérêt. Nous y relevons, entre autres, que les seules fumées de charbon produisent des dégâts d'environ 25 millions par an à Manchester.

Remarquez, en passant rue Saint-Jacques, à Paris, les façades du lycée Saint-Louis, entièrement rongées par les fumées de la Sorbonne. Donc : *électricité* aussi bien au point de vue des économies domestiques que municipales.

FIG. 9 ter

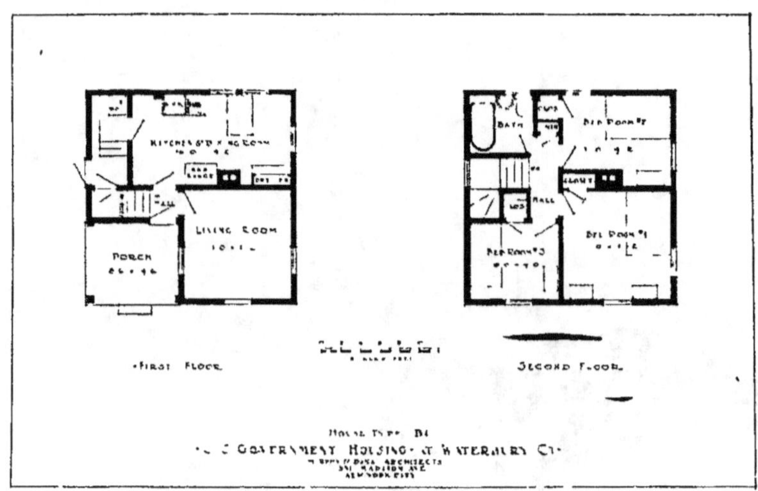

FIG. 11

FIG. 12

Association des Cités Jardins de France ... à la Charité

HOUSE-PLANNING.

Sometimes internal comfort has to be sacrificed to external beauty, and this is the cause of some slight inconvenience—
when the Plumber comes into your bedroom to examine
the cistern at 6.30 a.m.   when the Bath-room and the Scullery are combined;
when the Dustman's only way lies through the Drawing-room;
when the beautiful lines of the picturesque Study get in your way; and when the Larder window faces South.

By special permission of the proprietors of "Punch." Designed by Geo. Morrow.

Extrait du Punch par Gordon Allen —
"Q.q. erreurs dans le plan d'une maison"

FIG. 13

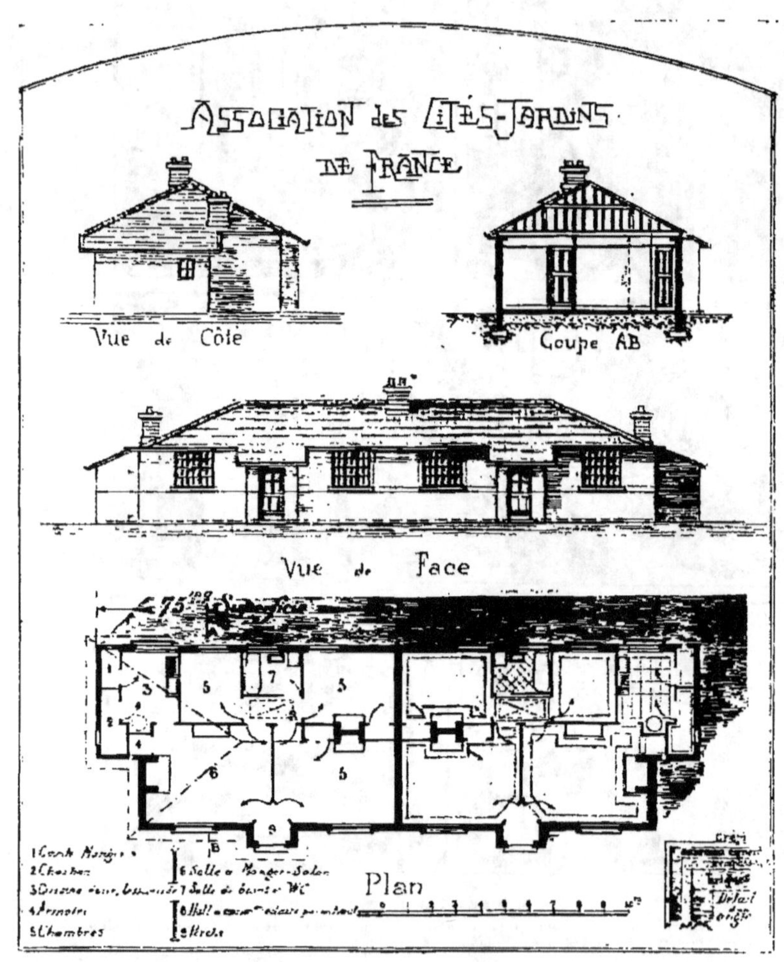

FIG. 14

C. Combiner le chauffage de l'eau au fourneau ou au gaz suivant les raisons et les besoins. Il faut autant de feu, sur un fourneau, pour chauffer 4 litres d'eau que 40. D'autre part, il y a économie à avoir *un chauffe-eau au gaz à deux réservoirs*, l'un pour les petites quantités (vaisselle, etc.), l'autre pour bain, lessives, etc. Le petit réservoir fournit 5 litres d'eau bouillante en huit minutes pour moins de o fr. 07, et le plus grand, 37 litres à o fr. 25 en trente minutes.

D. Une bonne largeur pour un fourneau de cuisine est 1 mètre. La hauteur doit être de o m. 80; celle de l'évier de o m. 90 afin d'éviter à la ménagère d'être courbée pour cuisiner et laver la vaisselle.

E. Dans ses études sur le Taylorisme, M. Le Châtelier, de l'Institut, montre l'emplacement que doit avoir chaque objet dans une cuisine pour éviter des pas inutiles. J'ai vu aux Etats-Unis *une armoire de cuisine* qu'il serait facile d'introduire en France. Toutes les denrées usuelles y sont à leur place dans les tiroirs. Au milieu une table-tiroir pour préparer les aliments. Fixés sur les côtés des hachoirs et passoires mécaniques. Dans le bas : l'emplacement de la vaiselle en terre et des choses les moins usuelles.

F. Comme essentiel dans la cuisine : deux étagères en bois ou en ciment à une hauteur permettant d'atteindre les objets sans avoir à monter sur une chaise. Casier à égoutter les assiettes. Main-courante garnie de crochets à suspendre les casseroles. L'évier doit avoir robinets d'eau chaude et d'eau froide, assez hauts pour que l'on puisse placer dessous les seaux à remplir. Une planche de part et d'autre de l'évier.

G. Tout espace disponible à utiliser comme armoire. Les armoires à habits : o m. 55 de profondeur. Sous la banquette, dans l'encastrement de la fenêtre de la pièce commune, un coffre à serrer jouets et traîneries.

H. Une cave n'est pas nécessaire du moment qu'il y a des resserres à charbon, à vivres, à outils. Mais avoir soin de bien isoler le plancher du sol et de revêtir les assises de briques d'une couche d'isolant à o m. 20 du sol.

I. Revêtir les murs d'enduits ou de papiers lavables ne produisant pas une condensation excessive, de façon à éviter l'humidité intérieure.

Services Communaux relatifs à la Maison

A. *Chauffage*. — On peut imaginer un chauffage central à bon marché en se servant de l'eau chauffée par la cuisinière ou le chauffeur à gaz pour alimenter des radiateurs.

Mais quelle simplification d'avoir une distribution d'eau chaude pour radiateurs et pour usages domestiques, fournie par une station centrale; plus de charbon à manipuler, plus de feux à allumer. La récupération de la chaleur des gaz et des vapeurs de certaines usines, voire de la station d'électricité, peuvent fournir l'eau chaude à bon marché. Je citerai une telle adaptation dans le lotissement fait par MM. Murphy et Dana, pour les usines de produits chimiques Roessler.

Dans le rapport de M. Seller, du Conseil général de la Seine, pour l'établissement d'une Banlieue-Jardin au Plessis-Robinson, l'architecte, M. Peyret-Dortail, calcule que la distribution du chauffage et de l'eau chaude coûterait environ une centaine de francs par maison au maximum par an.

B. *Lessivage*. — Jour de lessive! Quelle perturbation pour toute la maison et surtout pour la ménagère! Pour 2 francs par semaine, les spécialistes du L. G. B. calculent que les habitants d'un village-jardin peuvent non seulement avoir l'eau chaude à domicile, mais leur linge blanchi.

Le Comité féminin d'investigation commis par le Gouvernement anglais a étudié l'aménagement de blanchisseries municipales fonctionnant entièrement à l'électricité. Il n'en coûterait que o fr. 75 pour faire lessiver chaque semaine 150 pièces de linge. Celles-ci sont enfermées dans un sac individuel, prises et rapportées à domicile, séchées, mais encore assez humides pour être repassées.

Qu'attendons-nous?

C. *Cuisines communales*. — Celles-ci libéreraient aussi

la femme d'un dur esclavage. L'essai a été tenté à Garden-City et a parfaitement réussi. Dans un quartier, des habitants ont groupé leurs maisons autour d'un bâtiment central où l'on peut aller prendre des repas et d'où l'on peut faire venir des aliments à volonté. On y trouve également des services communs pour la simplification du ménage, etc. L'expérience a même été tentée en 1919, dans de grandes villes comme New-York, où une société livre à domicile des repas choisis d'avance sur un menu établi pour la semaine. J'ai vu fonctionner l'essai de Garden-City; j'ai pris plusieurs repas à ce groupement coopératif; j'en conserve le meilleur souvenir. Oh! je vois d'ici une objection : « Et alors que restera-t-il à faire à la femme? » Réponse : à élever ses enfants auxquels elle poura mieux se consacrer, à avoir une bonne alimentation à son retour si elle travaille au dehors, à avoir aussi quelques loisirs qui lui sont dus plus qu'à tout autre, puisqu'en dehors des soucis de la vie quotidienne, elle assume les charges et les dangers de la maternité.

D. *Terrains de jeux.* — Nous avons vu, sous la rubrique lotissements, que par la disposition des maisons autour de petits parcs intérieurs, les mères avaient la possibilité de laisser leurs jeunes enfants jouer ensemble, sous leurs yeux, sans danger.

LE COUT DE BIEN FAIRE

Ne me demandez pas ce que cela coûte, mais si tous les éléments que je viens d'énumérer — et combien n'en manque-t-il pas — qui sont ou non indispensables pour assurer à une maison un minimum de confort?

Néanmoins, je peux vous donner quelques chiffres. Marphy et Dana construisent aux Etats-Unis, à New-Britain, des maisons, terrain compris, dont le prix de vente est de 23.000 francs : 48 mètres carrés de superficie au sol, un étage, cinq pièces et accessoires, caves; cette maison, comme toutes celles choisies, ayant les différents éléments du confort moderne énumérés précédemment. Les mêmes à Water-bury, types équivalents, sur base de 42 mètres carrés, 18.000 francs, construction terminée le 1er avril 1919.

Types semblables, au nombre de 3.357, recensés par le Ministère de la santé en Angleterre, le 25 octobre 1919, coûtent en moyenne 14.000 francs, allant depuis 185 mai-sons de 10.000 francs à 13.000 francs pièce jusqu'à 124 attei-gnant 20 et 22.000 francs.

Voici résumés, conditions et chiffres, servant de base aux prêts de l'Etat d'Ontario en 1919.

Suggestions de prêts de l'Etat aux entrepreneurs ou socié-tés de constructions ordinaires.

1. Intérêt au taux courant minimum.

2. 70 % du projet approuvé pour être exécuté suivant les principes.

3. Coût du terrain et du lotissement ne pas dépasser 30 % de la valeur totale du prêt.

4. Terrain non hypothéqué.

5. Prix maximum du lot, de son lotissement et de la maison : 22.500 francs, à moins de diminution du coût de la construction.

6. Remboursable en dix ans.

7. Comptabilité standardisée et soumise à l'inspection.

8. Lotissement sujet à approbation.

Terrain de banlieue à 15.000 francs l'hectare coûterait loti 460 francs le mètre de façade. C'est-à-dire pour un total de 22.500 francs, le terrain peut entrer pour 6.750 francs ; le prêt serait de 15.750 francs. Si le terrain ne valait que 5.000 francs, une maison de 17.500 francs pourrait être construite. Les bénéficiaires ne doivent pas avoir plus de 15.000 francs de revenu.

A combien reviendrait en France actuellement une maison correspondant aux types précités ? Je me garderai bien de répondre de suite car la question est mal posée. Demandons-nous plutôt ce que nous pourrions faire pour

ASSOCIATION DES CITÉS-JARDINS
DE FRANCE
Façade
Vue postérieure
Echelle :
10 m
Cour cimentée
Salle
Chambre à coucher
Chambre
herbes
outils
cuisine
commune
pressoir
Hall
Salon
Chambre
bain
Rez-de-Chaussée
Etage
Détails
montrant l'utilisation du matériau

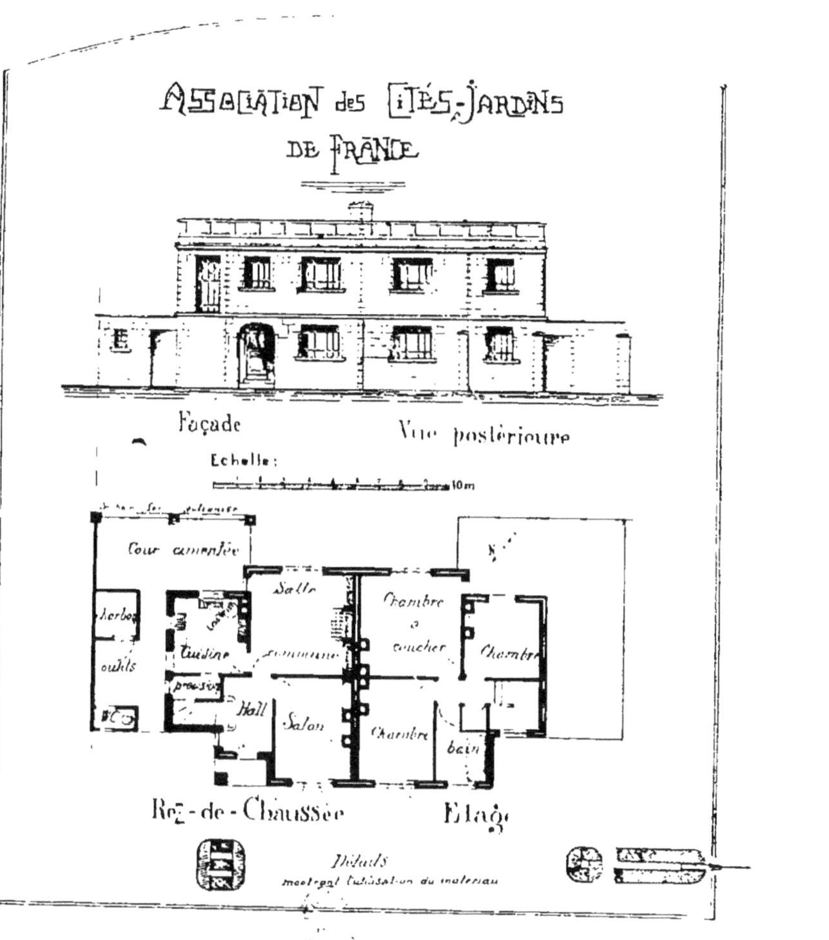

FIG. 16

ASSOCIATION DES CITÉS-JARDINS
DE FRANCE
Air, Soleil, Lumière, entrent à flots et à volonté
type
défectueux
Buffet type
fixe
bon
mauvais
bon
mauvais
Emplacements des portes par
rapport aux fenêtres et aux fourneaux

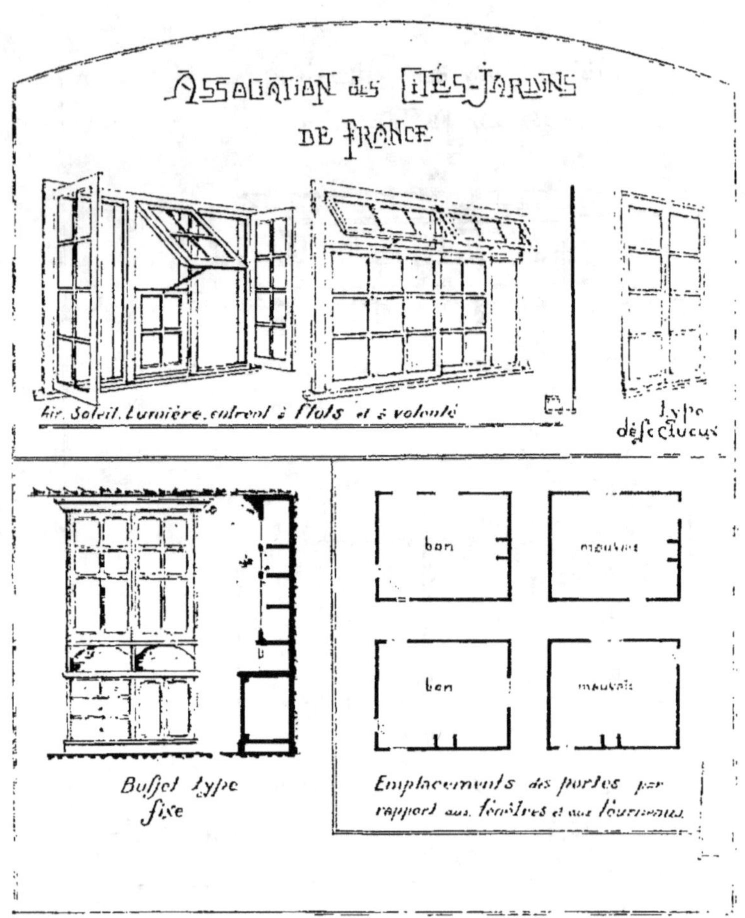

FIG. 19

réduire le prix de la construction qui, comme en Angleterre, aux Etats-Unis ou ailleurs, a bien augmenté au moins, de trois fois sur les prix de 1914.

LES ÉCONOMIES RÉALISABLES

Elles proviennent soit de l'esprit d'invention, soit de l'esprit d'organisation. Les économies réalisables du premier chef devraient être l'apanage de notre pays. Malheureusement, nous faisons les inventions et celles-ci sont exportées par manque d'encouragement. Y a-t-il un gouvernement qui ait mis au concours de nouveaux procédés de construction? Non. Les ministres vont inaugurer des expositions tapageuses où l'on voit de grands plans à effets, où l'on prononce d'admirables discours, pendant que les inventeurs trouvent les portes fermées. Ce que le gouvernement n'a pas fait, le Maire de Lyon l'a entrepris. Nous avons vu à la Foire d'automne 1919 un concours organisé sous les auspices de M. le sénateur Herriot, avec le concours de la Fédération du Bâtiment et de son président, M. Villemin. Résultat : mise au jour de nombreuses inventions intéressantes réduisant dans de grandes proportions les frais de main-d'œuvre et de matériaux, à tel point que le matériau 1er prix (voir les résultats du concours) réalise 40 % d'économie sur la main-d'œuvre. Au mois de mars, la ville de Lyon offrira aux visiteurs de la Foire de printemps le spectacle de la fabrication en grand des matériaux, dont on étalonnera la durée de fabrication et de pose. Rendons hommage, pour les travaux d'avant-guerre, à M. Delille, architecte, constructeur du premier village-jardin de France; dans ses constructions pour la Compagnie des Mines de Dourges, il apporte un génie inventif faisant le plus grand honneur à notre race.

Mais l'invention n'est rien là où il n'y a pas d'organisation. Organisation signifie :

1° CONCENTRATION : création de bureaux centraux, régionaux d'étude, de propagande, de réalisation, permettant la

fabrication en grand, une fois un type bien étudié et soumis à tous les essais.

2° UNIFICATION DES MÉTHODES DE COMPTABILITÉ ET D'ÉTA-
BLISSEMENT DES CAHIERS DES CHARGES ET DEVIS. (Voir la conférence de M. Borderel au Congrès de Lyon.)

3° UNIFICATION DES MESURES A EMPLOYER DANS LA CONS-
TRUCTION. F.-M. Crittall, métallurgiste, fabriquait, en 1914,
l'obus de 9 kilos au prix de 30 francs; en 1918, malgré une
augmentation de la main-d'œuvre de plus de 100 %, il par-
venait à fabriquer le même obus à 14 francs. Nous avons eu
de semblables réductions en France. Seulement, le ministère de la santé demanda à F.-M. Crittall, puisque la guerre
était finie, d'étudier la fabrication des maisons. Il y arriva
en réalisant une économie d'*au moins 30 %*, simplement
par l'unification des mesures. Il fabrique des matériaux en
dimensions données ou en fractions égales de celles-ci; les
ouvertures de fenêtres, de portes, etc., ont des mesures
telles que tous les châssis fabriqués en série seront inter-
changeables et s'ajusteront sans aucun déchet et sans aucune
perte de temps sur les constructions ayant une commune
mesure.

Ford, le roi de l'auto populaire, construit en ce moment
des milliers de maisons, pour ses ouvriers. Appliquant à la
construction de celles-ci les mêmes méthodes qu'à celle de
ses autos, il réalise des économies considérables.

« Wastenot, want not », tel est le titre d'une conférence
de lord Leverhulme. Je ne le traduis pas pour que vous
preniez le temps d'en chercher le sens dans un dictionnaire
et de méditer sur ces quatre mots : ils portent en eux le
secret du succès.

4. PLANS TYPES. — Etablis par professions, par régions,
par communes, par quartiers, ils répondront dans l'ensemble à tous les besoins, satisfaisant, par des retouches faciles,
aux désirs individuels. Nous aurons en même temps des
plans types au point de vue de l'hygiène, de la meilleure
utilisation des matériaux, des nécessités de la profession et
des maisons ayant bien un caractère personnel, une couleur

régionale d'un aspect particulariste nécessaire si nous voulons conserver à notre pays les aspects si variés de sa physionomie, c'est-à-dire tout ce qui en fait le charme.

5° EXEMPLES D'ÉCONOMIES. — A titre d'exemples et non d'énumération limitative :

A. *Mesures types* pour la coupe des charpentes suivant la meilleure utilisation des bois et la fabrication des poutrelles. Si par exemple les solives sont coupées sur 3 m. 6o habituellement, en donnant 3 m. 3o de largeur à une pièce, on pourra utiliser les solives actuelles sans déchets.

B. *Trous et logements* ménagés à l'avance pour passage des fils, tuyaux et conduites, au lieu de raccords coûteux après coup.

C. *Modèles en série* pour la plomberie, la serrurerie, les accessoires divers de la maison.

D. *Economie de bois.* — Linteaux, escaliers, corridors, autant de parties de la maison où le bois pourrait être remplacé par le ciment, moins cher et plus hygiénique au point de vue des possibilités de nettoyage. M. Delille, dans ses maisons d'Hénin-Liétard et dans leurs abords, a obtenu des effets fort heureux de l'emploi du ciment.

Avoir bien soin que le mortier de ciment n'entre pas en composition avec des éléments contenant des impuretés, du soufre par exemple, dans les résidus de hauts-fourneaux non épurés. Pour les murs en double paroi de ciment, que la paroi extérieure soit bien imperméable et la paroi intérieure assez poreuse et conductrice de chaleur pour éviter la condensation.

E. *Dans le choix des peintures.* — On peut réaliser des économies considérables, soit en étudiant celles qui conviennent le mieux à chaque cas, soit en ayant soin de choisir des produits de qualité inférieure. Il rappelle ce que savent bien les hommes de l'art mais que doivent comprendre aussi les intéressés : exiger les meilleurs colorants : oxyde de fer pour les rouges, oxyde de chrôme pour les jaunes, afin que la pigmentation soit bien absorbée. Mélanger le vernis à la dernière couche au lieu de la revêtir de vernis, autrement le vernis peut sécher plus vite que les couches du dessous et faire craquer la surface. Vernis de gomme de copal et d'huile de lin avec de bons siccatifs au lieu de vernis de gomme de qualité médiocre ou de résine.

F. *Economies résultant du plan de la maison*. — Suivant sa forme, l'escalier peut faire réaliser une économie de 186 francs. Groupement des cheminées. Emplacements respectifs des éviers, salle de bains et W. C. pour diminuer la longueur des conduites, etc., etc.

CE QUE PEUVENT CHIFFRER les ÉCONOMIES RÉALISÉES

Raisonnant toujours sur le même type de maison, nous relevons les chiffres suivants :

1° TERRAIN. — A 0 fr. 25 le mètre comme à Garden-City, ou mettons à 1 franc au maximum au lieu de 5 francs minimum dans les lotissements suburbains actuels. Pour 500 mètres carrés, économie 2.000 francs.

2° LOTISSEMENT. — Sur un groupe de 32 maisons un lotissement genre Cité-Jardin fait réaliser une économie de voirie de 20.000 francs, soit environ, 624 francs par maison.

Economie de réseau d'égout................ 250 »

Haies au lieu de clôtures grillages........... 15 »
par mètre linéaire.

3° MAISON.

Toit plat en ciment (prix d'avant-guerre). Economie de .... 375 »

Economie sur la forme de l'escalier........ 186 »

Hauteur des pièces réduites à 2 m. 40 par 0 m. 15 en moins qu'une plus grande hauteur en usage.... 125 »

Economies résultant des diverses dispositions énumérées au cours de cet exposé, au minimum........ 3.000 »

Soit au bas mot : 4.000 francs d'économie, qui paieront largement la plus-value des salles de bains et autres aménagements hygiéniques. Si nous estimons que le prix de la construction a augmenté de 3 fois sur l'avant-guerre, une

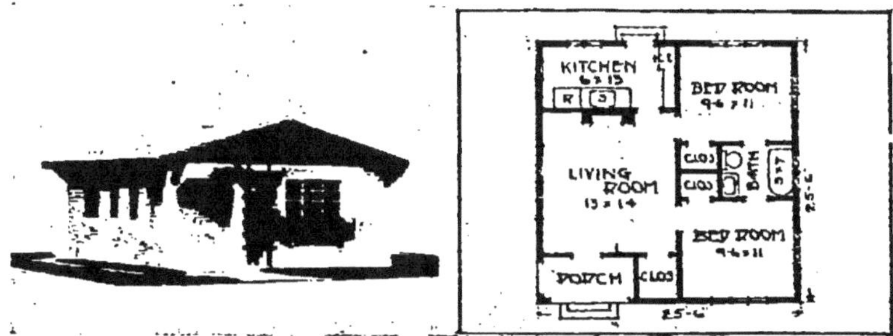

FIG. 22

Cette maison dessinée et exécutée par l'architecte Milton Dana Morrill,
avec des moules en ciment de son invention, a remporté le 1er prix au concours du Congrès international de la tuberculose. Son coût actuel est estimé
à 10.000 fr. Je tiens le cahier des charges à la disposition de mes lecteurs.

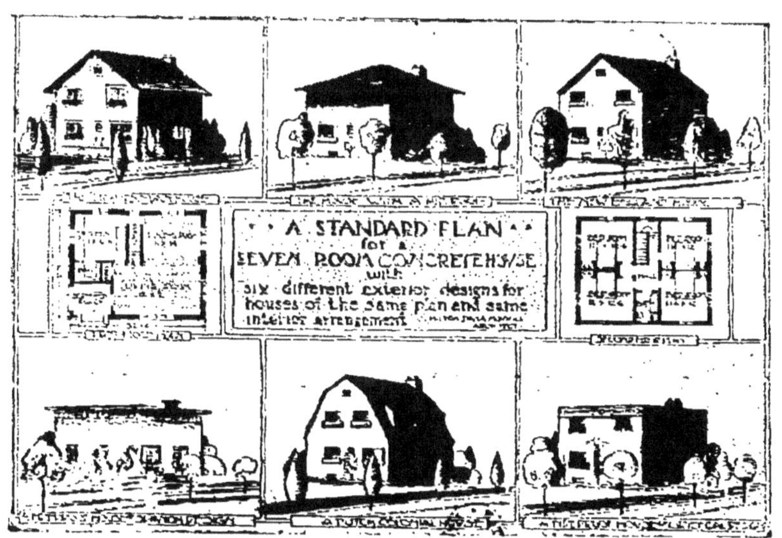

FIG. 23

Ces maisons construites sur les plans et avec le procédé de l'architecte
Milton Dana Morrill, reviennent de 20 à 25.000 fr., construites en série.
C'est un prix peu élevé étant donné leur contenance. Nous les reproduisons
pour montrer comment avec un plan unique on peut obtenir des variétés
de style très différentes.

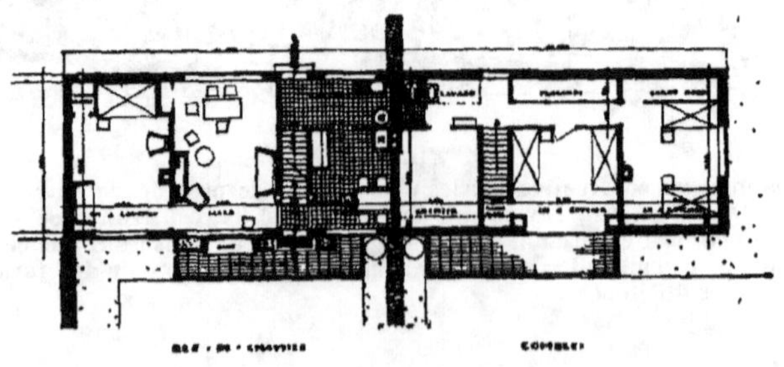
REZ · DE · CHAUSSÉE
COMBLES

maisonnette du type envisagé qui aurait coûté 9.000 francs au maximum en 1914 devrait valoir 27.000 francs. Avec nos réductions j'arrive à 23.000 francs. Si, d'autre part, nous employons des procédés qui réduisent le coût de la main-d'œuvre de 40 % et si celle-ci entre pour 35 %, disons 40 afin de faciliter nos calculs, dans le prix de revient d'une maison, nous avons une économie de 40 % sur 40 % de 23.000 fr. soit 19.000 francs en chiffre rond.

Si mon raisonnement par déduction est exact il doit cadrer avec les calculs de ceux qui ont étudié tous les moyens de construire l'habitation populaire moderne, à la fois confortable et le moins cher possible.

Mais il faut compter, en outre, que je fais un millier de francs d'économie sur mes frais de lotissement et 2.000 francs sur le prix de mon terrain, soit encore 3.000 francs à déduire de la somme globale.

Si bien qu'au lieu de payer 30.000 francs une maisonnette avec le confort moderne, son lot de 500 mètres carrés, son environnement agréable constitué par un lotissement modèle, le tout me reviendra à 20.500 francs, disons 20.000 francs en comptant le prix du lotissement afférent à la maison, à un millier de francs.

Je crois que mon raisonnement sur l'estimation de la maison penche plutôt vers un excès de prudence et que l'on peut réaliser pour 15.000 francs, des maisons du type indiqué, construites au moins par 100 à la fois.

Néanmoins, adoptons ce chiffre de 19.000 francs, soit 20.000 francs tout compris. A 10 % couvrant l'intérêt de l'argent et l'amortissement par dépréciation, réparations, etc..., ceci nous fait un loyer de 2.000 francs bien au-dessus des possibilités d'un ouvrier gagnant environ 15 francs par jour, soit 5.500 francs par an chiffre rond.

Si l'on estime que le loyer ne doit pas dépasser le sixième du salaire, un ouvrier gagnant 5.500 francs par an ne peut payer plus de 916 francs, représentant à 10 % une propriété de 9.160 francs. L'écart est énorme et la différence doit être payée soit par des subventions de l'Etat, comme en Angleterre, où celui-ci prend à sa charge pendant sept années (jusqu'à ce que le coût de la construction diminue) l'excédent de dépenses résultant de ce fait en plus des sacrifices que les municipalités s'imposent jusqu'à concurrence au moins de 40 centimes additionnels au principal des contributions immobilières. Seulement cette offre de l'Etat n'est valable que si le programme subventionné est exécuté dans une période de un à trois ans à dater de 1919. Les projets de construction doivent de plus correspondre aux desiderata que nous avons énumérés précédemment.

L'écart peut être payé aussi par des capitalistes généreux qui, comme une Fédération industrielle dont la communication figure au Congrès de Lyon, offre de l'argent à 6 %, dépréciations comprises, ce qui nous ramène le loyer de la propriété de 20.000 francs à 1.200 francs.

Si l'Etat augmentait ses prêts à 2 % consentis à la petite propriété et les consentait à des constructions atteignant ce maximum, en ajoutant 2 ou 3 % pour dépréciation, nous aurions de l'argent à 4 ou 5 %, soit un loyer de 800 à 1.000 francs.

En mettant le prix de construction à 15.000 francs et le prix de revient total à 16.000 francs avec un intérêt global annuel de 6 %, j'aurai un loyer de 900 francs, ce qui permettrait encore, en forçant un peu, de payer une prime d'annuité pour devenir propriétaire.

En combinant l'aide de l'Etat, des départements, des offices publics, des communes, des industriels et en demandant au locataire un certain effort, on peut arriver à payer ce qu'il faut pour avoir une habitation digne de ce nom, même au prix des valeurs actuelles.

Nous ne demandons pas l'aumône à l'Etat, mais une distribution plus intelligente de son argent. Son aide pour la construction d'habitations diminuera d'autant ses dépenses d'assistance de toutes sortes, y compris de chômage. Une enquête récente a démontré que l'habitation convenable tend à stabiliser les conditions du travail et par conséquent à réduire le chômage.

9° *Les chiffres* contenus dans le paragraphe 8 peuvent être sujets à discussion. Je les donne comme base d'appréciation, de raisonnement et non comme calculs absolus. Mais qu'y a-t-il d'absolu en ce monde et surtout en ce monde d'après guerre. Nos hommes d'Etat doivent être avant tout des réalistes et ceci doit être le caractère de tous ceux d'entre nous ayant une parcelle de responsabilité. *Militia est vita hominis :* la vie n'est que lutte continuelle. Agissons comme à la guerre où aucune situation n'est jamais désespérée tant qu'il y a un homme qui tient et où chacun doit analyser rapidement les situations et les solutionner.

Au lieu de déclarer qu'il y a crise et que nous ne pouvons en sortir pour telle ou telle raison, prenons notre loupe, analysons la crise et venons-en à bout.

Ou bien au lieu de dire que le fardeau est trop lourd, mettons-nous plusieurs à le porter, coopérons.

En un mot, soyons des optimistes, ayons confiance dans le génie de notre race. De la bonne humeur, de la bonne entente et du bon travail, voilà des éléments impondérables de succès. Les forces morales : voilà le trésor inépuisable de la France.

Des maisons sont détruites, d'autres à reconstruire, des villes sont à remanier, d'autres à créer. Qu'attendons-nous ? Nous discuterons, dans quelques années, au coin des foyers reconstruits sur les mérites ou les démérites de la République des Soviets. En attendant, retroussons nos manches et mettons-nous tous à l'œuvre pour édifier peut-être pas très bon marché, mais le moins cher possible, la véritable maison familiale.

JE DEMANDE L'INDULGENCE DES HOMMES DE L'ART

Je n'ai pas la prétention d'être architecte, ni ingénieur, ni même un soi-disant « urbaniste », suivant une terminologie ultra-moderniste. Je suis un modeste propagandiste qui vous rapporte très fidèlement ce qu'il a vu en laissant à votre expérience le soin d'apprécier ce qu'il peut y avoir ou non d'intéressant dans ces observations. Je suis l'humble pélerin qui a parcouru à peu près toutes les routes de France, pour dire ma foi en la Cité meilleure. J'ai plutôt trouvé sur mon chemin des os à ronger que de riches présents, des pierres et des ronces à écarter que voies sans obstacle. Mais quelque infime qu'ait pu être ma tâche, je crois qu'elle n'a pas été inutile, car, comme le rappelait mon ami Moody, entre la conception d'un plan et sa réalisation, il y a un gouffre sur lequel seul le propagandiste, le promoteur est capable de jeter un pont.

Avant de charger les hommes de l'art de proposer des plans et avant surtout qu'une ville trouve les fonds pour les mener à bien, il faut qu'il y ait un courant d'opinion publique assez fort pour que nos édiles le sentent derrière eux.

L'opinion publique ? Un rien à remuer, une paille ! C'est tout simplement quelque chose comme un des plus célèbres travaux d'Hercule : le nettoyage des écuries d'Augias. Car, en somme, qu'il s'agisse de produits commerciaux ou d'idées, qu'est-ce qu'il faut avant tout, si ce n'est convaincre. Le propagandiste devrait être comme un voyageur de commerce, payé par une ville non pour vendre mais pour donner des idées, pour les donner en abondance, de tous les côtés, pour les semer à tous les vents et surtout pour les suivre jusqu'à maturité.

Et de tels pélerinages portent en eux-mêmes leur récompense, lorsqu'on voit que les idées finissent par prendre corps, par se réaliser en dépit de toutes les difficultés, et lorsque l'on rencontre sur son chemin des hommes qui font l'honneur de la France.

Mes amis ? Je ne les recherche pas au gré de leur situation ou de leur parti politique mais parmi les hommes d'action. Ce sont ceux qui ont fait voter au Parlement la loi sur les plans de villes aussi imparfaite soit-elle. C'est le sénateur Herriot qui, un des premiers, nomme une commission du plan d'aménagement de sa ville. Ce sont de ces collaborateurs, comme M. Rambaud, adjoint au maire, comme M. Chalumeau, auquel on doit la plupart des projets du Lyon moderne et surtout du Lyon de demain, comme Tony Garnier, savant

modeste, homme d'art et de goût, qui, le premier, en France,
a étudié dans son ensemble les problèmes de la Cité du
xxᵉ siècle. C'est Delille qui crée le village-jardin de Dourges,
c'est M. Villemin, dont la petite brochure sur la reconstruction vaut des volumes, car elle contient, sous forme conden-
sée, tout un programme d'action, c'est M. Dausset, initiateur
à l'Hôtel de Ville des plans d'aménagement de Paris et de la
transformation de 600 hectares de parcs et terrains de jeux,
à qui l'on devra le Paris de demain, c'est M. Sellier, qui fait
réaliser par le Conseil général de la Seine une ceinture de
banlieues-jardins ravissantes autour de Paris, ce sont des
gens comme M. Laffitte, mort au champ d'honneur, pivot
de toutes les activités constructives d'avant guerre en Lorraine. Et je pourrais continuer longtemps encore pour citer
nos chefs de file rien que dans le domaine d'action que nous
envisageons aujourd'hui : celui de l'aménagement des communes et de l'habitation.

Je suis donc certain que tout le monde est acquis actuellement en France aux nouvelles conceptions urbaines et à
l'habitation moderne. Nous avons tous les éléments du
problème. Coopérons de suite au grand œuvre de rénovation.

M. Villemin : Messieurs, M. Benoit-Lévy vient de faire
passer devant vos yeux des clichés extrêmements ravissants
et qui nous ont tous, vivement intéressés. Quelques-uns
d'entre nous ont dû penser, dans leur for intérieur, qu'ils
se contenteraient bien d'un de ces merveilleux cottages qui
ont été projetés sur l'écran.

Vous nous avez indiqué, Monsieur Benoit-Lévy, la
manière de construire à meilleur marché. Vous avez raison
de dire que la maison à bon marché n'est pas toujours celle
qui coûte le moins cher. Vous avez eu dix fois raison de nous
dire cela. Vous nous avez exposé certaines façons de voir et
de penser, sur lesquelles nous pourrions peut-être chicaner,
vous nous avez donné certains chiffres qui nous ont semblé
un peu exagérés, mais, en somme, par ce que vous nous avez

dit et montré, vous avez fait œuvre de vulgarisation excellente. Comme l'a dit M. le Maire de Lyon, si nous ne trouvions pas de solution, la crise du logement serait terrible, non seulement pour les ouvriers, mais pour la nation tout entière, parce que c'est dans l'habitation que vit la cellule familiale. Faire des bâtiments bien compris, au meilleur marché possible, c'est faire œuvre de moralisation, c'est faire œuvre excellente et pie. Nous vous remercions sincèrement de votre collaboration. Dans nos résolutions, nous tiendrons compte de vos avis. Ce que vous nous avez dit et montré restera dans nos esprits et élèvera nos cœurs. Vous nous avez parlé en homme convaincu, c'est une qualité que l'on ne rencontre pas toujours. (*Applaudissements.*)

Messieurs, avant de nous retirer, je voudrais vous faire une communication. A l'ouverture du Congrès, M. Rambaud vous a fait part de la façon dont on entendait diriger nos travaux. Il avait été décidé que chaque organisation désignerait deux délégués qui seraient chargés en comité restreint de discuter les questions à l'ordre du jour. Cette manière de procéder n'a pas paru convenable à certains congressistes qui nous ont fait observer que les discussions du Comité restreint reviendraient fatalement en Assemblée plénière. Dans ces conditions, ce ne serait pas gagner du temps, au contraire. Nous avons donc décidé que la discussion aurait lieu en séance plénière.

La séance est levée à 22 h. 15.

SÉANCE DU VENDREDI 10 OCTOBRE

La séance est ouverte à 9 h. 15, sous la présidence de
M. VILLEMIN.

M. VILLEMIN, président : Messieurs, je déclare la séance
ouverte. J'ai le plaisir de saluer et d'exprimer à M. Kemp,
délégué du Luxembourg, nos sentiments de sympathie. Nous
sommes heureux de le voir participer à nos travaux. Au
Luxembourg on est méthodique, on a des idées extrêmement
larges, et il est évident que M. Kemp pourra nous être utile
en nous faisant connaître de quelle façon dans son pays on
envisage la question qui nous préoccupe aujourd'hui.

Je cède maintenant la parole à M. Cambon et je le remercie
d'avance de la conférence qu'il va nous faire. Vous le connaissez, c'est un Lyonnais. Il est toujours sur quatre chemins
pour porter la bonne parole. (*Applaudissements.*)

Conférence de M. Victor CAMBON

Ingénieur E. C. P.

M. Cambon : Dans le remaniement du monde qui succédera aux bouleversements de ces dernières années, la France se présente avec un certain nombre d'éléments de succès, mais aussi avec des causes d'infériorité. C'est le bilan des uns et des autres que je voudrais établir sans rhétorique et sans euphémisme, comme il convient devant les hommes d'affaires que vous êtes qui doivent être résolus à tout écouter, à tout savoir, afin de résoudre vivement si possible tous les problèmes.

Je me propose d'examiner :

1° Quels sont les avantages naturels de la France comparée aux autres pays du vieux continent ;

2° Quelles sont ses infériorités ;

3° Quel parti nous tirons de ses ressources ;

4° Par quelles méthodes nous pourrions en améliorer l'exploitation, particulièrement en ce qui concerne les travaux publics et la construction.

Autorisez-moi, tout d'abord, Messieurs, à vous présenter cet exposé sous une forme concise, parfois même brutale. Un Congrès n'est pas une fête publique et l'heure est assez sérieuse pour que nous regardions en face les vérités quelles qu'elles soient.

Une incontestable vérité, très encourageante celle-là, est que la France occupe la plus belle des situations géographiques, étant le seul territoire à cheval sur les trois mers les plus fréquentées du monde. Il apparaît immédiatement comme première conséquence qu'elle devrait avoir une des plus puissantes marines de commerce.

Le premier besoin de l'homme étant de s'alimenter, tout

le monde reconnaît que le sol de notre pays est plus que tout autre capable de nourrir une population nombreuse, et qu'il est encore le seul en Europe qui puisse produire des denrées assez variées pour lui suffire à lui-même et assez savoureuses pour être convoitées par le monde entier, et avant toutes, le jus de ses vignes.

Il n'en est plus de même si nous envisageons la seconde nécessité qui s'impose à l'homme civilisé, celle de se vêtir, la plupart des textiles lui font défaut, tel le coton, ou sont produits par quantités insuffisantes, tels la laine, la soie, le lin ; pénurie d'ailleurs qui lui est commune avec tout le reste de l'Europe. L'empire colonial que nous nous sommes assuré pourrait amplement nous les fournir ; seulement jusqu'ici, nous l'exploitions à peine.

Après la nourriture et les vêtements vient l'habitation. Je ne connais pas de pays qui possède en abondance et sur tous les points une aussi riche diversité de matériaux naturels de construction : pierres à bâtir de toutes sortes, argile, terre à céramique, calcaires, kaolins, ardoises. Quant aux matériaux d'industrie, à part le bois qui est insuffisant mais que nos colonies pourraient nous offrir en quantité très supérieure à nos besoins, nous pourrions être les plus importants producteurs de toute l'Europe de matériaux propres à la construction.

Les richesses du sous-sol ne sont pas moins abondantes et pour plusieurs d'entre elles la France possède un monopole presque absolu. Au premier rang se place aujourd'hui le minerai de fer. Nous en étions déjà richement pourvus avant la guerre ; la récupération de la Lorraine nous constitue les plus grands producteurs de ce minerai de tout l'ancien continent. Aux 4o millions de tonnes annuelles de ce bassin, il faut encore ajouter les gisements de la Normandie, de la Loire-Inférieure et de l'Ariège, puis les mines déjà exploitées en Algérie et en Tunisie, sans compter celles de l'Ouenza qu'on finira peut-être bien par mettre en valeur et enfin les dernières découvertes, non loin de la côte, en pleine Chaouïa, au Maroc.

C'est également notre empire nord-africain qui nous donne l'incontestable hégémonie de ce produit dans lequel l'espèce humaine devenue plus dense ne pourrait subsister : le phosphate de chaux. Ici encore la terre marocaine se montre aussi généreuse que ses devancières, puisqu'un gisement formidable de phosphate y a été découvert pendant la guerre ; il devra toutefois attendre qu'on se décide à créer des chemins de fer dans notre protectorat.

Pour comble de chance, la seconde source d'acide phosphorique connue en Europe vient aussi de tomber tout entière entre nos mains avec les minerais de fer phosphoreux de Lorraine, d'où l'on retire comme sous-produits des millions de tonnes de scories phosphatées.

L'Alsace ne le cède en rien à la Lorraine avec ses incomparables gisements de sel potassique.

Enfin, nos départements du Midi, grâce à leurs mines de bauxites uniques en Europe, devraient permettre à la France de contrôler souverainement la production de l'aluminium. Il est difficile de comprendre pourquoi nous laissons partir à l'étranger une partie de ce minerai ou tout au moins de l'alumine intermédiaire qu'on en extrait, alors que nous avons presque dans la même région que la bauxite d'innombrables chutes d'eau toutes prêtes à réduire au four électrique cette alumine en métal pur.

Car, et c'est là une richesse plus abondante chez nous que partout ailleurs, nous avons dans les trois régions montagneuses des Alpes, des Pyrénées et du Plateau Central, ou dans les fleuves qui en sortent, 10 millions de chevaux-vapeur à capter sur lesquels 800.000 à peine étaient hier utilisés et 1.400.000 nous dit-on aujourd'hui.

Toutefois, le bilan ainsi présenté renferme une estimation exagérée, car une bonne partie de cette puissance ne serait pas pratiquement économique à recueillir.

Signalons pour mémoire que 10 millions de chevaux en houille blanche correspondraient à environ 50 millions de tonnes de charbon.

Un pays aussi privilégié peut se consoler de la disgrâce

relative où la nature l'a placé quant à l'abondance des combustibles minéraux, insuffisance qui serait d'ailleurs en partie comblée si nos houillères du Nord étant rétablies, une politique habile et suivie nous rendait maîtres pour toujours du bassin de la Sarre. Ce bassin dont la richesse reconnue (15 milliards de tonnes) égale presque celle de toutes nos houillères réunies, pourrait fournir une extraction annuelle beaucoup plus importante que par le passé, car les Allemands ne tenaient pas du tout à la développer en grand afin de ne point concurrencer leurs houillères westphaliennes.

Mais il en est des pays abondamment pourvus de ressources naturelles comme fréquemment des individus très bien doués : ils sont plus enclins que d'autres à s'adonner, sinon à la paresse, du moins à un certain laisser-aller qui en est assez voisin. Il est constant que l'homme âpre au travail distance toujours le dilettante qui, suivant le terme admis, ne s'en fait pas.

Quand il s'agit des habitants d'un même pays, la convoitise met l'envie au cœur des travailleurs contre le riche qui reste oisif, telle est l'origine des luttes sociales, mais quand il s'agit des peuples d'un même continent, la convoitise du bien d'autrui allume la guerre étrangère. Nous en savons quelque chose. C'est là une philosophie peut-être simpliste, à la manière du bon La Fontaine, mais qui n'en est pas moins d'une irréfutable logique.

On se lamente non sans raison chez nous sur la faiblesse de notre natalité. Il serait cependant paradoxal de dire que la France risque de se dépeupler. Il n'en sera rien, elle est un trop beau coin de terre pour que les humains l'abandonnent, on ne voit se dépeupler que les territoires ingrats ou tombés par des causes diverses dans la stérilité agricole. La question est de savoir d'où viendront les hommes qui remplaceraient ceux que nous ne produirions plus. Je connais un proverbe boche qui dit que « quand il y a quelque part un morceau bon à manger, il passe toujours quelqu'un qui le mange ».

C'est presque par millions qu'avant la guerre on comptait les étrangers qui s'implantaient chez nous. A mesure que les décès l'emporteraient sur les naissances ce mouvement ira croissant. Mais je sortirai de mon sujet en discutant le bon et le mauvais côté de ces immigrations.

Je résumerai toutefois mon sentiment en déclarant que si les arrivants étaient plus travailleurs et plus entreprenants que les autochtones, ces derniers deviendraient leurs inférieurs. « Ils ramasseraient leurs bouts de cigares », suivant l'expression d'un humoriste, enfant terrible.

Dès lors, la France resterait peuplée, mais se dénationaliserait.

Veillons donc avant tout sur la natalité, ses chiffres annuels nous diront si nous pouvons espérer maintenir la race de nos pères sur la terre bénie qui s'appelait autrefois la Gaule et où nos grands chefs de l'histoire, Louis XI, Henri IV, Richelieu, Napoléon avaient cimenté la plus admirable unité nationale.

Il n'y aurait pas plus grande injustice que de prétendre que nos compatriotes sont ethniquement paresseux. La vague de paresse soulevée par le bouleversement mondial ne les atteint pas seuls. Dans l'ensemble, le Français est aussi laborieux que tout autre. S'il n'a pas mis son pays en valeur aussi complètement que certains, c'est faute de méthode, d'esprit d'organisation, de suite dans les conceptions et de célérité dans leur accomplissement.

Quand on adresse des reproches à une collectivité, on a le devoir de les appuyer sur des preuves, et c'est ce que je vais faire en les limitant toutefois au seul ordre de choses qui entrent dans mon cadre d'aujourd'hui, c'est-à-dire les travaux publics et la construction.

Ma tâche est aisée, car jamais défaillances en ces éléments indispensables à la prospérité nationale ne sont apparues avec une aussi cruelle évidence. Ce n'est pas dans une période de calme qu'on perçoit les vices d'un système, c'est quand on se trouve aux prises avec des épreuves sévères.

Commençons par l'esprit d'organisation. Longtemps après les avertissements méconnus de quelques observateurs effrayés des comparaisons qu'ils avaient faites avec l'étranger, les besoins de la guerre ont révélé à tous que notre outillage national était fâcheusement en retard. Des ports maritimes trop exigus et démodés, une flotte de commerce insuffisante, des rivières mal aménagées pour la batellerie, des canaux sans uniformité de dimensions, sans raccordements aux voies ferrées, des ports fluviaux inexistants, une absence presque complète d'appareils de manutention. Exemple : vous chercheriez en vain entre Paris et Marseille, sur nos voies navigables, une grue capable de soulever un fardeau de 20 tonnes ! La crise des transports, on pourrait le prouver, vient en grande partie de la pénurie d'appareils de déchargement.

Inutile de poursuivre cette énumération dans les détails, puisqu'aujourd'hui tout le monde est d'accord pour reconnaître ces lacunes, car tout le monde en a souffert, en souffre et en souffrira pendant des années cruellement.

De là est sorti une véritable avalanche de projets que chaque partie de la France, chaque département, chaque canton, pourrait-on dire, élabore pour y remédier. A entendre leurs auteurs, chacun d'eux mérite la priorité.

Or, il serait aussi matériellement impossible de les exécuter simultanément que d'édifier à la fois tous les étages d'une maison.

Le sens le plus élémentaire de l'organisation proclamerait qu'il faut les étudier et les sérier par ordre d'urgence, après avoir établi un plan d'ensemble, sinon nous reverrons les jours bibliques de la Tour de Babel.

Où est ce plan d'ensemble ? Vous savez tous qu'il n'y en a pas.

Ai-je raison de dire que nous manquons d'esprit d'organisation ?

Quant à la suite dans les conceptions, voudriez-vous vous remémorer tous les projets que l'on a successivement agités, mis en vedette, et presque décidés, puis laissés retomber dans l'oubli : le canal des deux mers, la grande voie ferrée qui doit courir en ligne droite de Paris à Marseille, Paris port de mer, la ligne directe de Bordeaux à Lyon, le canal de la Loire au Rhône, la mise en culture de la Camargue et de la Crau, etc., etc.....

Mais le plus saisissant exemple est celui de notre vallée du Rhône. Combien depuis cent ans de millions ont été jetés dans le fleuve, pour réaliser les conceptions de quelque haut fonctionnaire que son successeur tenait à honneur de ne pas partager.

Il y a quelque cinquante ans, on a créé à l'embouchure du Rhône le grand bassin de Port-Saint-Louis. Une trentaine de millions y furent engloutis. Qui songe aujourd'hui à l'utiliser ?

*
* *

Plus énervante encore est la lenteur dans la préparation et l'exécution des travaux quels qu'ils soient.

En l'absence de tout plan d'ensemble national on peut se demander comment s'opère la création des travaux que nous voyons. En réalité, tout projet est mort-né quelles que soient son opportunité et le génie de son auteur, s'il ne trouve pas pour l'accoucher un intéressé, politique influent, financier connu ou haut dignitaire du corps national de travaux publics.

Je mets tout au mieux. Le projet vit et remue. C'est pour lui l'aurore des difficultés qui commence. Par combien de mains et par quelles mains a-t-il passé ? C'est à qui le déformera, lui enlèvera les membres, heureux encore si on ne lui coupe pas la tête. En tout cas, son supplice dure toujours plusieurs années sous l'œil indifférent du public dont il doit cependant être un jour le serviteur, et sans que la presse ne souffle mot à moins qu'on ne la paie pour dire quelque chose.

Un jour cependant, l'enfant, qui peut-être bien est devenu un monstre, se trouve adopté, mais de longtemps il ne lui sera pas permis de se produire dans le monde.

Avez-vous lu les quarante et une formalités successives et indispensables auxquelles il est soumis ? Je les ai publiées et n'y reviendrai que pour répéter qu'elles durent au minimum deux années, mais qu'elles peuvent aussi en durer dix.

Quant à l'époque où ce pauvre travail pourra se rendre utile à nos concitoyens, personne au monde ne peut la déterminer, car elle dépend d'une infinité de variantes parmi lesquelles la parcimonie des ressources et l'insuffisance des moyens d'exécution sont les deux plus influentes.

Et pendant que j'achève cette image, je suis sûr que chacun de vous pense à quelque entreprise différente à laquelle elle ressemble. Combien d'entre elles sont vieilles et inutilisables avant d'avoir jamais servi !

Voilà bien, si je ne me trompe, un manque absolu de méthode dont la principale caractéristique est que nos administrations des travaux publics — et elles ne sont pas les seules — n'ont pas la notion du temps, de ce temps qui pourtant est le maître souverain de l'humanité.

Ce mépris du temps engendre presque fatalement l'indifférence pour les progrès de la technique et l'emploi défectueux de la main-d'œuvre. Dès lors que l'on ne s'inquiète pas du moment où un travail sera terminé, on ne se préoccupe guère de tracer d'avance un plan méthodique d'exécution, avec tout le matériel qu'il devrait comporter.

Cette mentalité était déjà funeste naguère en temps de paix. Elle nous handicapait en face de nos rivaux. Il suffit pour s'en rendre compte, par exemple, de considérer le temps que les Allemands ont mis à organiser et à régulariser le Rhin entre Mannheim et Strasbourg et à créer le magnifique port fluvial de la capitale alsacienne, cinq ans seulement, et de le comparer à la durée de travaux bien moins importants chez nous, par exemple le canal du Rhône au Rhin à l'élargissement duquel on travaille paisiblement depuis un quart de siècle.

Mais ce mode d'opérer aujourd'hui où, dans la reconstitution de la France, la célérité est indispensable, et cette lenteur sont désastreuses. Car tout ce que je viens de stigmatiser s'applique aussi bien aux plans d'ensemble nécessaires à nos villes qu'aux travaux publics du pays.

Beaucoup d'entre vous savent ce qui se passe à Paris pour la démolition des fortifications. On m'en avait parlé, j'avais lu des rapports dans la presse et j'ai tenu dernièrement à aller voir comment on opérait.

Entre le pont de Clignancourt et la Porte de Saint-Ouen, on peut voir ceci : des hommes, des brouettes, des pelles et des pioches, pas un wagon Decauville, pas une voie ferrée. On démolit les parapets et on se contente avec des pelles et des pioches, quelquefois des brouettes, de jeter ces débris dans le fossé. On a enterré ainsi une grande surface de la fortification dont les pierres sont irrévocablement perdues. On s'est aperçu que ce système coûtait si cher qu'on a cherché à y remédier un peu. En ce qui concerne les quelques centaines de mètres de murailles qui suivent l'endroit que j'ai envisagé, on a pris une petite détermination; on a placé un bout de voie ferrée qui a, depuis l'enceinte intérieure jusqu'à l'enceinte extérieure, 150 mètres à peu près, et là-dessus des hommes poussent des wagonnets Decauville. Il y a deux chantiers pareils. D'autres wagonnets, à grands renforts de bras d'hommes, sont chargés de pierres que l'on enlève des parements des fortifications et ces pierres sont mises en tas à l'extrémité extérieure. Je vous demande si c'est là ce qu'on aurait dû faire. La question de la démolition des fortifications n'est pas tombée sur Paris comme un coup de foudre. Il y a vingt ans qu'on en parle. Quarante-cinq kilomètres de fortifications sont à démolir y compris les forts, fortins, redoutes et bastions. Ne pensez-vous pas qu'une administration prévoyante aurait dû se dire : Voyons, quand nous aurons à démolir les fortifications de Paris, quels procédés devrons-nous employer, de façon à aller vite et le plus économiquement possible ? Constatez quel système on a adopté : emploi de pelles, pioches, brouettes, voilà tout. C'est là un exemple d'imprévoyance et d'ineptie sans pareil et je vous avoue que quand je vois un étranger regarder ce travail j'en suis profondément honteux pour mon pays.

Autre exemple plus douloureux encore. En revenant dernièrement d'Allemagne par la Belgique, je me suis arrêté quelques heures à Saint-Quentin, pour voir comment les choses s'y passaient. Le canal de Saint-Quentin est comblé, toute la ville est à refaire, la cathédrale est aux trois quarts démolie, il n'y a pas une seule maison complètement debout. On voit là des hommes, des femmes, des enfants habitant sous des plafonds qui servent de toit à la maison fissurée en tous sens. Ces gens ont cloué contre les murs, à la place des fenêtres, des planches qui empêchent le jour d'arriver et l'air d'entrer. Ils vivent là-dedans comme des hommes primitifs et cependant ils y vivent : ils sont 22.000.

Je suis allé à la Mairie et j'ai demandé : qu'est-ce que vous allez faire de ces gens-là, quand les premiers froids arriveront? On m'a répondu simplement, avec une naïveté charmante : Ils vont repartir, ce sera leur troisième ou quatrième exode.

Reportez-vous par la pensée à un an en arrière, à l'époque où Foch et ses poilus ont chassé les Allemands de France. Si à ce moment-là quelqu'un nous avait dit qu'un an s'écoulerait avant qu'une seule habitation soit reconstruite, nous l'aurions traité de fou ou d'imbécile. Un an s'est écoulé et pas une maison n'est reconstruite !

Comme je descendais de Saint-Quentin à la suite de cette visite, j'ai rencontré une escouade de cinq hommes; deux portaient chacun une pelle, le troisième portait une pioche et le quatrième poussait une brouette. Quant au cinquième, il n'était pas tout à fait comme le soldat de Malborough, il portait un fusil avec une baïonnette au bout. C'étaient quatre prisonniers boches et un poilu français. Ces hommes descendaient la grande rue; il marchaient placides comme de bons propriétaires. J'ai eu la curiosité de les suivre pour voir ce qu'ils allaient faire. Ces quatre hommes allaient déblayer le canal de Saint-Quentin. (*Rires.*)

M. Villemin, *président :* Il ne faudrait pas en rire, mais en pleurer.

M. Victor Cambon : Ces exemples montrent que ni les leçons de la guerre, ni la prodigieuse célérité des Américains dans les travaux qu'ils ont exécutés chez nous n'ont rien appris à nos administrations. Nous avons, hélas ! la certitude qu'elles vont continuer à opérer comme par le passé.

Et alors rien n'est plus critique que notre situation. Ce n'est pas en vingt-cinq ans, ce n'est pas dans dix ans que la France a besoin de renouveler et de compléter son outillage public si elle veut se relever, c'est tout de suite, et à l'heure qu'il est nous voyons que rien n'est changé dans nos méthodes, nous sommes certains que les travaux futurs traîneront comme leurs devanciers.

Tenez : où en est-on de ce magnifique et indispensable plan d'aménagement du Rhône, que nous tous, Lyonnais, considérons comme le plus urgent de tous? Voilà plus de dix ans qu'on le discute. Ne pensez-vous pas que toutes les décisions auraient dû être prises pendant la guerre et qu'à l'heure actuelle les chantiers devraient être ouverts. Vous allez voir combien de lustres s'écouleront avant que nos petits-fils en voient l'achèvement.

On a fait connaître partout que l'on a découvert en 1913, à l'ouest de Lyon, d'importants gisements de houille; dernièrement un de nos amis d'Amérique, qui se proposait de venir à Lyon, me demandait si je pourrais lui montrer ces nouvelles exploitations. Son étonnement fut prodigieux quand j'ai dû lui déclarer qu'aucun forage de puits n'est commencé.

« Comment ! me dit-il, vous vous plaignez devant le monde entier de manquer de combustible; vous en découvrez tout à côté de votre plus grande ville industrielle, et vous ne vous précipitez pas pour l'extraire ! Les concessionnaires attendraient-ils qu'il soit plus cher et plus rare encore ! »

Je vous le demande, Messieurs, que fallait-il répondre?

Ah ! Messieurs, j'ai déjà vu et j'ai déjà décrit quelques-uns des immenses travaux publics et privés que nos ennemis ont exécutés chez eux en pleine guerre. Dans quelques jours, pénétrant plus avant, j'en aurai visité d'autres encore. Ils vont de l'avant avec autant d'ardeur que jadis. Ce ne sont cependant pas eux qui sont les vainqueurs.

Tout cela peut être dit devant vous, mes chers compatriotes, sans vous blesser, car vous ne vous en jugez ni responsables, ni coupables; tout au contraire, Lyon, avant, et surtout pendant la guerre, au-dessus de toute autre ville, a bien mérité du pays; son esprit d'initiative et son labeur acharné ont maintenu la bonne réputation de la France. Quand les étrangers et même nos amis s'étonnent de notre routine et de nos temporisations, ils en exceptent toujours la région lyonnaise.

Mais si tous vos efforts viennent se briser devant les errements des administrations centralisées, il faudrait cependant prendre un parti, car il n'est pas de situation plus pénible que celle d'un homme entreprenant et réalisateur qui n'a le pouvoir de rien réaliser. Non seulement vous n'avez aucune possibilité d'activer les entreprises hors de vos murs, mais vous n'avez même pas le droit de rien exécuter dans la ville sans une autorisation — et combien longue à venir, quand toutefois elle vient ! — L'autorité supérieure ayant toujours quelques vieilles lois ou quelque décret suranné à opposer aux initiatives les plus utiles. M. le Maire de Lyon en sait plus que nous sur ce point.

Tout peuple qui conserve indéfiniment immuables ses lois et ses règlements marche rapidement vers la décadence.

Considérez, s'il vous plaît, que, tandis qu'à l'heure actuelle, tout est en bouleversement dans le monde, les administrations en France ont la prétention de ne rien modifier du tout.

Et n'oubliez pas que nous n'avons gagné la guerre que

parce que, suivant le mot de Galliéni, on a remplacé les règlements par le bon sens.

Sans vouloir insister davantage, laissez-moi vous dire, à vous Lyonnais, que si vous ne manifestez pas unanimement votre volonté de conquérir au moins l'autonomie communale, ou bien vous n'aboutirez à rien, ou bien vous serez perpétuellement en conflit avec l'autorité supérieure.

Dans tous les pays civilisés, les villes sont maîtresses de leurs destinées, sans avoir à répondre d'autre chose devant l'Etat que d'une gestion probe et raisonnable. Lorsque les villes alsaciennes sont entrées dans le giron français, le premier sujet de discussion s'est produit parce qu'on voulait les sevrer de cette autonomie.

Aux Etats-Unis, le régime des cités est plus indépendant encore. Là-bas, l'avenir des villes au point de vue de leur extension, de leur urbanisme et de leur outillage, ne dépend pas des décisions des corps élus, mais de véritables conseils d'administration responsables de cette gestion et nommés par les juges de l'Etat où se trouve la ville, sans aucune ingérance politique ni municipale. A ceci est sans doute dû le succès des entreprises gigantesques décidées par ces conseils d'administration que l'on nomme *Commissions* (pardon pour ce mot qui symbolise en France le contraire de l action).

Elles se divisent en commission du plan, commission des parcs, commission des embellissements, commission civique, et ont pu mettre un frein à la destruction des espaces libres, au désordre dans les emplacement affectés aux industries, interdire la construction d'immeubles trop élevés. démolir de vieux quartiers malsains, et le résultat de leurs opérations dans les villes ainsi améliorées, loin de nuire aux intérêts privés, a été partout de faire augmenter le prix du mètre carré de terrain.

Une de ces commissions dite *transit-rapide* a pour tâche constante d'identifier et d'activer les moyens de communication, toujours conçus sous forme de radiation du centre à la périphérie. C'est par de tels procédés que l'on fait affluer de nouveaux habitants dans la ville.

C'est à l'abri des institutions de ce genre que, par exem-, ple, la ville de Philadelphie vient de décider et est en train d'évacuer le plus immense plan d'ensemble que jamais aucune cité n'ait entrepris.

Philadelphie, comme la plupart des anciennes villes américaines, est bâtie en damier, sauf Washington, qui a été tracée sous la forme rayonnante par un grand ingénieur et artiste français, le major L'Enfant, vers 1775.

Philadelphie est donc une ville monotone, qui a pour centre un vaste édifice, le City-Hall. On a résolu de faire partir de ce point une avenue gigantesque longue de 4 à 5 kilomètres, bordée de jardins, de parcs et de monuments. Cet ensemble va s'élargissant sous la forme d'une queue de comète dont le City-Hall est le noyau et dont la queue s'épanouit en formant un parc immense limité par la rivière Chnyckill. La superficie totale est de plus de 500 hectares dont au moins la moitié se compose d'immeubles que l'on n'a pas hésité à démolir. Le tout dépassera de beaucoup en dimensions les Tuileries et les Champs-Elysées. La dépense prévue est de 200 millions de dollars. C'est une somme supérieure même à la valeur des 40.000 autos et camions américains que nous laissons pourrir dans un cimetière perdu de la Haute-Saône.

J'ai le plaisir de vous dire que les dessins et l'exécution en ont été confiés à un architecte français éminent, M. Jacques Gréber, qui serait en ce moment des nôtres s'il ne partait pas demain pour les Etats-Unis.

M. Gréber me disait avant-hier que, grâce à la perfection des méthodes de travail américaines, il peut, sauf deux ou trois voyages par an, diriger de Paris, cette formidable entreprise.

J'en ai ici des plans d'ensemble qui, d'ailleurs, figureront prochainement dans le grand ouvrage de M. Gréber préparé sur l'architecture américaine.

Ce qui prouve que la France ne manque pas plus aujourd'hui qu'autrefois d'hommes de valeur que d'artistes, mais que si ces artistes veulent exercer leur talent, il leur faut passer l'Atlantique, comme M. Gréber, ou les Pyrénées, comme M. Jaussely, qui a tracé le plan d'extension de la superbe ville qui est aujourd'hui Barcelone.

L'avantage est grand pour une municipalité d'être à l'abri des mesquines compétitions de quartiers auxquelles se livrent les édiles; c'est ce que recommande tout particulièrement le système employé aux Etats-Unis.

Quand vous voudrez bien analyser les causes de ces anomalies paradoxales, vous les trouverez dans les vices de notre politique, de notre organisation.

Il serait par trop banal de répéter que nous avons pour devoir, plus urgent que tout autre, de transformer pour la moderniser l'habitation, aussi bien dans les villes que dans les campagnes. La constatation de notre infériorité sur ce point a été la principale cause de la désillusion qu'ont éprouvée nos alliés anglo-saxons lorsqu'ils ont débarqué sur notre sol pleins d'enthousiasme pour notre cause.

Les obstacles à ce remaniement dans les villes intactes comme à la reconstruction de nos villes dévastées sont la disette actuelle des matériaux à pied d'œuvre et le manque de bras. L'un et l'autre ont pour principale cause le défaut d'organisation.

N'est-ce pas un défaut d'organisation nationale que le fait qu'il y a à la fois tant de chômeurs partout et partout tant d'entreprises qui manquent de main-d'œuvre. Inutile d'insister, n'est-ce pas?

A ce désordre vient s'ajouter la journée de huit heures, qui est tombée sur la production française comme un coup de siroco sur une région où il faudrait de la pluie.

Quelles que soient les opinions que l'on ait sur cette réglementation du travail, on est bien obligé de reconnaître, d'une part, qu'elle était inopportune, car restreindre la production au moment où l'on reconnaît qu'il faut l'intensifier c'est littéralement tourner le dos au but que l'on veut atteindre et ce n'est pas malheureusement l'unique circonstance; d'autre part, qu'il est absurde de rendre uniforme pour *tous* cette mesure alors qu'il existe des genres de travail infiniment divers.

Un de nos amis posait dernièrement dans la *Démocratie Nouvelle* cette question : « Pouvez-vous comparer le labeur d'un mécanicien de locomotive à celui de l'aiguilleur qui n'a qu'à faire mouvoir deux fois par heure son levier de manœuvre? »

Enfin la loi de huit heures suppose que le travailleur peut trouver, ou dans son home, ou dans des passe-temps de plein air, le moyen de passer sainement une partie de ses seize heures d'entière indépendance. Et nous n'avons rien autre à lui offrir d'attrayant en France que 5oo.ooo cabarets.

A moins toutefois que l'on ne considère comme agréable temps de repos celui que, dans les grandes villes, on passe après le travail à attendre des moyens de locomotion. Il y a tous les jours, à Paris, par exemple, entre 6 et 7 heures du soir, quelques centaines de mille personnes qui stationnent souvent une demi-heure par tous les temps sur le bord des trottoirs. Les compagnies de transports ont mis en service, grâce à la mécanique, des véhicules qui parcourent en douze minutes la distance du Châtelet, par exemple, à la barrière d'Italie. A quoi sert cette vitesse s'il faut poser une demi-heure avant d'y monter?

Comptez les millions d'heures ainsi perdues chaque semaine. Les compagnies savent très bien qu'il leur faudrait doubler et tripler tous les jours aux mêmes heures le nombre de leurs voitures et pourtant elles ne le font pas.

Quand la mentalité taylorienne aura passé dans l'âme du grand public, il mettra le feu de temps en temps à quelques autobus ou tramways. Alors les compagnies feront le nécessaire. La manière forte a du bon quand elle s'exerce dans l'intérêt public.

*
* *

Pardonnez-moi, Messieurs, ces parenthèses qui vous paraissent peut-être des hors-d'œuvres, mais qui, au contraire, se rattachent étroitement à mon sujet. Ainsi que je l'ai dit et répété dans mon cours à l'Ecole Centrale, quand vous aurez acquis l'esprit tayloriste, bien des opérations qui vous paraissent aujourd'hui naturelles, parce qu'on y est habitué, vous obséderont comme des cauchemars, parce que vous y reconnaîtrez des pertes de temps déplorables et des fausses manœuvres à rectifier.

Nulle nation ne souffrira plus que la nôtre de la nouvelle réglementation du travail, car dans les pays à puissante production, presque partout le machinisme remplace les muscles de l'homme. Dans la plupart des ateliers américains se lit cette devise : « Ne jamais faire faire à un homme ce qui peut être exécuté par une machine. »

Ford peut bien réduire à six heures la journée de ses ouvriers, chacun d'eux fait sortir 18 automobiles par an, ce qui représente moins de 5o francs par voiture, tandis que nos maisons françaises, celles qui ne sont pas taylorisées, ne produisent que 2 voitures par ouvrier, ce qui représenterait un prix de main-d'œuvre égal à 4oo francs par voiture. Ceci est un méfait de plus au passif de l'organisation défectueuse et de l'outillage insuffisant.

La disette de matériaux est la conséquence non de leur rareté, mais de la difficulté des transports. Elle commanderait donc que l'on se servît abondamment, au moins pour quelque temps, de matériaux pris sur place. Cette recommandation s'applique avant tout aux pays dévastés qui contiennent un cube monstrueux de démolition dont on devrait faire des matériaux artificiels.

Il y avait là toute une étude à faire. On aurait ainsi de la matière première dont le prix de revient est au-dessous de o, puisque si on ne les utilise pas, il faudra dépenser de l'argent pour les enlever et les transporter ailleurs.

Et ceci m'amène à déplorer d'une façon générale la méconnaissance de l'emploi, chez nous, des matériaux artificiels de construction.

A nous comparer aux Allemands nous sommes tout à fait en retard dans cette branche d'industrie.

Permettez-moi de vous lire ce que j'écrivais à ce sujet dans les *Derniers progrès de l'Allemagne* après avoir visité pendant l'automne 1913 l'exposition du bâtiment de Leipzig :

Combien d'ingénieurs, d'architectes, d'entrepreneurs français sont allés à l'exposition de Leipzig? un nombre infime. En général, ils ont préféré Gand; pourtant entre ces deux exhibitions, il semble qu'il y ait un quart de siècle de distance. En Belgique s'étalait un passé gracieux, artistique, séduisant et un développement que l'on peut qualifier de bourgeois de l'industrie moderne. L'Allemagne systématiquement, j'ignore pour quelle raison, avait dédaigné d'y exposer largement. A Leipzig au contraire apparaissait un présent lourd, mais grandiose, et surtout la préparation de projets d'avenir terriblement envahissants.

Si nos ingénieurs et architectés avaient fait le voyage de Leipzig, ils eussent contemplé quantité de choses nouvelles pour eux.

Ils auraient tout d'abord passé par la nouvelle Gare Centrale, et ce n'est point un spectacle banal qu'une station de chemin de fer dont les bâtiments et accès couvrent seize hectares, où les salles des pas perdus font songer à la nef de Saint-Pierre de Rome et dont le coût, avec les travaux d'accès, a atteint 175 millions; ils auraient vu les plus vastes et les plus réussis, à mon avis, des nouveaux hôtels de ville d'Allemagne (1905). Ils auraient regardé sans être contraints de l'admirer, un troisième édifice monstre, pénible pour des Français, le monument commémoratif de la bataille de 1813, qui est certainement la plus énorme masse de matériaux de construction que l'on ait mis les uns sur les autres depuis les Pyramides (132.000 mètres cubes). Puis ils seraient résolument entrés dans le parc de l'exposition en dépit de l'effet singulier que produisait, vues de l'extérieur, ces constructions pesantes, dénuées, de parti pris, de toute décoration et d'un style parfaitement inintelligible à notre esthétique.

Ils auraient pu discuter avec une compétence que je ne

possède pas, l'audacieuse et parfois téméraire résolution allemande de renouveler l'art.

Le sujet est des plus scabreux; des professeurs éminents ont écrit de gros livres, que nous ne connaissons guère en France, pour expliquer que les conditions de l'existence contemporaines n'étant plus celles de la vie d'autrefois, il ne reste aucune raison pour donner aux objets actuels des lignes ou une parure imitée de celles qui décoraient les monuments ou les ustensiles grecs ou italiens. Partant de ce principe qu'à des buts nouveaux il fallait une plastique nouvelle, ils se sont lancés à la découverte dans le domaine de l'imagination et en ont retiré tantôt des choses vraiment belles, tantôt des étrangetés, tantôt de véritables horreurs, parce que, à mon très humble avis, l'Allemand est souvent dépourvu du don de mesure et d'harmonie qui est l'apanage de l'âme celtique.

Mais laissons là le côté purement artistique, sur lequel on pourrait disserter à l'infini sans convaincre ni instruire personne. Aussi bien y avait-il sous ces lourdes coupoles des milliers et des milliers de nouveautés dignes d'attention et d'étude.

Les deux principaux édifices de l'exposition étaient le palais du béton et le palais du fer, les deux frères ennemis de la construction moderne. Un esprit de concurrence aiguë les anime et les métallurgistes s'inquiètent à juste titre des conquêtes sensationnelles du ciment armé dans ce qu'ils croyaient naguère leur domaine exclusif. Ils voient, non sans inquiétude, des charpentes en fer de plusieurs centaines de tonnes remplacées par des appareillages rigides en ciment, dans lesquels il entre à peine quelques milliers de kilos de fils ou de barres de fer en réseau ténu.

Halle en béton (Betonhalle) est un nom qui résonne bizarrement pour un grand palais d'exposition; mais le béton armé, étant le roi du jour, avait droit, à Leipzig, à tous les honneurs. Cette énorme construction, qui a coûté plus d'un million, est destinée à survivre à l'exposition.

La visite des salles permettait de voir réunis une multi-

tude de matériaux nouveaux de construction ou de décoration extraits du règne minéral, soit des compositions artificielles, soit des résidus industriels. Ces divers éléments de construction ont chacun, suivant leurs fabricants, des propriétés qui les recommandent : légèreté, imperméabilité, étanchéité, inconductibilité à la chaleur et au bruit, amortissement des trépidations, etc. Suivaient des masses de références. Même variété dans les enduits, revêtements, couvertures, peintures, planchers, plafonds.

Ailleurs sont exposés des produits plus spécialement destinés à la décoration de la construction; là règne une polychromie plus riche qu'harmonieuse.

Assurément, la vue seule de toutes ces inventions ne vous renseigne guère sur la valeur; il doit y avoir beaucoup d'ivraie à côté du bon grain. Mais elle indique qu'il incombe aux architectes de tous pays de se livrer à de multiples expériences et à de sérieuses études sur cet ensemble de nouveaux matériaux offerts à leur choix.

Et ceci est d'autant plus nécessaire qu'on est frappé à la vue des dessins, modèles en plâtre, ou photographies, représentant des monuments exécutés, de la prodigieuse expansion à travers le monde de la néo-architecture allemande.

Non moins instructive est la manière de bâtir. Tout le matériel mécanique, à moteur, à vapeur ou électrique, les types variés d'échafaudages étaient reproduits en réduction. A l'aide de ces procédés en réduction, à l'aide de ces procédés ultra-modernes, les entrepreneurs allemands construisent avec une rapidité et un bon marché inconnus des nôtres.

J'ai lu à cet égard, dans une feuille allemande, cette remarque : « C'est dans les pays où les engins mécaniques sont les plus répandus que les salaires sont le plus élevés, parce que le travail économique de la machine permet de payer l'homme largement, tandis que chez les peuples où l'emploi des machines est rare, le producteur se voit obligé d'équilibrer, par le bon marché de la main-d'œuvre, l'exagération de ses prix de revient. » (Applaudissements.)

Je terminerai sur cette citation; prolonger mon exposé d'un sujet que la plupart d'entre vous connaissent mieux que moi, qui ne suis qu'un ingénieur chimiste, serait abuser de votre bienveillante attention.

Cependant, comme je viens de parler d'échafaudage et que mon ami Michelin n'est pas là, je voudrais vous montrer un mode de construire les murs en béton de mâchefer imaginé et généralisé dans son usine.

(L'opérateur projette quatre photographies sur l'écran.)
(M. Cambon lit une notice de M. Michelin sur les élévateurs projetés.)

M. Villemin : Les applaudissements que vous venez de faire entendre prouvent combien notre ami Cambon est en communion d'idées avec nous.

M. Victor Cambon nous avait promis, je vois cela à l'ordre du jour, de traiter de l'organisation de la construction en général. Il est allé beaucoup plus loin que sa promesse ne nous le faisait prévoir. Ce n'est pas la petite construction en général, dont nous nous occupons, qu'il a traitée devant nous, c'est tout un monde. Il a traité d'une façon large les défauts qui sont les nôtres et les qualités de méthode qui sont celles d'autre part. Il a traité, avec sa maëstria ordinaire, les questions de transports, de science, etc., qui sont à la base de toute édification industrielle, en des généralités que vous avez tous admirées. Nous le remercions bien sincèrement. M. Cambon est un athlète et lorsqu'il mourra — le plus tard possible — il nous faudra trouver un nouveau Puget qui puisse en sculpter les traits, portant sur ses épaules tous les vices, tous les défauts du monde, tout ce qu'il vient d'indiquer et de critiquer. La charge sera si pesante que la statue sera aussi grande que celle de 132.000 mètres cubes dont il a parlé tout à l'heure. *(Rires et applaudissements.)*

Au nom de la ville de Lyon tant aimée, ville industrielle de premier ordre, qui nous a fait l'honneur de nous recevoir aujourd'hui, je remercie M. Cambon. Je le remercie aussi en ami et je lui demande de continuer son œuvre et, tapant toujours sur le même clou, il avancera l'heure de la solution des problèmes que nous recherchons.

Maintenant, vous me permettrez bien d'adresser quelques critiques en ce qui concerne les quatre photographies de M. Michelin qui ont été projetées sur l'écran. Ma conviction est que M. Michelin a mieux que cela. On ne construit pas seulement avec du mâchefer. On emploie aussi la brique. Puisque M. Michelin n'a pas voulu nous donner ses secrets et bien nous les chercherons entre nous.

M. Cambon nous a dit que l'industriel isolé, qui ne veut pas comprendre que l'association est la base de tout effort réalisateur ne fera jamais rien de bon. C'est vrai et l'homme qui nous a réunis ici a compris que c'est par l'association, par la combinaison des efforts que l'on arrive à des résultats. Dans la recherche des moyens on doit tenir compte des besoins de l'industrie du pays, de la richesse de son sol, de ses gisements, de la pauvreté de sa machinerie. Mais pourquoi les machines mises à notre disposition sont-elles si pauvres? parce que nous n'avions pas besoin de ces matériaux factices, parce que nous trouvions des matériaux naturels en grande quantité dans toutes nos régions sans exception. Ceux qui ont recherché des matériaux nouveaux y ont été poussés par la nécessité, poussés par ce crime énorme qu'a été la guerre et qui a dévasté dix de nos plus grands départements. Vous avez dit, Monsieur Cambon, qu'on aurait dû, pour les pays dévastés, étudier la récupération des matériaux. Croyez-vous que cela n'a pas été fait? Je l'ai dit moi-même. Je l'ai proposé. On m'a démoli. La récupération des matériaux était la première chose à faire et en le faisant on aurait réalisé une économie de transport. Si on avait récupéré les matériaux, on aurait donné depuis longtemps à nos malheureux sinistrés la possibilité de reconstruire. Vous avez semblé critiquer nos industriels et nos organisations de travaux de bâtiments. Vous avez laisser planer cette idée que c'étaient eux les responsables. Je vais vous démontrer votre erreur en prenant un exemple. Je suppose qu'un grand industriel quelconque, obligé par sa situation même de grand industriel de diriger une maison formidable. Je suppose que cet industriel au lieu d'aider ses collaborateurs, de sorte que tout ce qui se fera, se confinera dans sa maison, dans le but de produire plus, mieux et meilleur marché, leur lie bras et jambes, par des décisions à sa façon, sans raison d'être, décisions basées sur des points d'appui absolument faux, croyez-vous, Messieurs, que cet industriel pourra faire vivre sa maison? Non, cet homme ne fait pas œuvre d'industriel, de commerçant, il fait l'affaire des syndics de faillite. J'ai pris cet exemple pour vous démontrer que s'il n'y a pas en haut de direction et de discipline, quels que soient nos efforts, nous n'arriverons à rien. C'est là, à la tête, qu'il faut frapper, c'est là qu'il faut changer quelque chose, c'est de là que les directives doivent partir, c'est là que le progrès devrait se manifester sous toutes ses formes. (*Applaudissements.*)

Je tiens à affirmer que, en ce qui concerne la reconstruction des pays dévastés, notre Fédération nationale et tous ceux qui sont autour d'elle et y gravitent, ne sont pas restés inactifs. Ne croyez pas qu'ils n'ont pas cherché à mettre de l'ordre dans la maison. Nous avons exposé nos intentions, nous les avons défendues, nous les avons discutées avec le rapporteur au Parlement. Nous avons fait des rapports qui ont été envoyés. Qu'est-il advenu de tout cela? Eh bien, tout ce travail que nous avons fait, quand il est arrivé devant la commission du Parlement, a été démoli, et avec quoi? Avec rien; avec de petits amendements qui semblaient anodins, qui paraissaient normaux, pour des incompétents. Ces amendements qui semblaient des riens ont détruit l'ensemble de notre travail.

Nous avions pensé que la question des matériaux était à l'orée de nos préoccupations et que c'était par là que nous devions commencer. Nous avons dit au Gouvernement, au rapporteur : « Nous allons constituer, nous entrepreneurs qui sommes compétents, sous une forme commerciale, un stockage des matériaux, un comptoir des matériaux lequel, non seulement donnera satisfaction aux sinistrés, aux marchands et aux fabricants de matériaux, mais donnera aussi toute satisfaction à l'entreprise. Ce comptoir saura où trouver les matériaux, il saura créer des usines partout où cela sera nécessaire. Donnez-nous cette autorisation; notre société est constituée au capital de un million. » C'est peu, me direz-vous. Mais derrière ce million, il y avait des poitrines et des honorabilités capables de répondre de bien autre chose que d'un million. Forts de ces garanties, nous avions demandé qu'on nous avançât les fonds nécessaires à titre de prêt. Et ces fonds, nous les aurions remboursés au fur et à mesure de l'exécution des travaux. Nous étions tellement indépendants, honnêtes et loyaux, que nous avions demandé que ces matériaux ne soient pas donnés à nous, entrepreneurs — nous ne voulions pas être accusés de spéculer — mais soient confiés aux sinistrés eux-mêmes. Voyez comme nous étions honnêtes et loyaux et nous ne demandions aucune rémunération pour nos services, ni aucun honneur.

En ce qui concerne la préparation à la reconstruction, nous avions suggéré la création de coopératives qui, par l'intermédiaire d'un office, obligatoirement créé dans ce sens — l'Etat ne pouvant pas donner de l'argent à des industriels — auraient constitué une base de reconstruction, c'est-à-dire auraient procuré les moyens de transport, créé des magasins de ravitaillement, des hangars pour les matériaux, des réfectoires et des cuisines pour les ouvriers, etc.

Pour la création de ces bases, nous demandions 100 millions, que nous aurions remboursés au fur et à mesure de l'exécution des travaux. Nous nous portions solidairement responsables derrière l'association que nous voulions former.

Tout cela était trop beau. C'était de l'indépendance, c'était de la décentralisation, c'était de l'honnêteté. Le projet est devant le Sénat depuis quelques mois, il n'en sortira que quand les pays détruits seront reconstruits. Je n'ai pas peur de dire la vérité, je suis indépendant.

J'ai étudié, mes chers amis, le mécanisme des machines mises à notre disposition. J'en ai inventé une nouvelle juste avant l'armistice : si j'osais, je dirais qu'il est arrivé trop tôt. Je dis cela parce que du jour de la cessation des hostilités, les progrès que j'avais amené les fabricants à réaliser se sont arrêtés net. Les fabricants se sont désintéressés de l'amélioration de l'outillage. De tous côtés on demandait des machines : ils ont continué à fabriquer des anciens modèles. Ces anciens modèles sont bons pour des orfèvres, mais pas pour des maçons. Si ces machines étaient bien au point, elle dureraient deux ou trois ans, elles pourraient faire des milliers de mètres cubes de mortier. Mais elles ne sont pas au point, elles durent peu. Ce sont des milliers de francs qui sont jetés à la ferraille. Il faut que nous fassions modifier, améliorer ces machines. A Lyon, il y a des fabricants extrêmement intelligents. Il faudra, par nos associations, les obliger à faire ce qu'on néglige de faire en haut. Il faut que chacun de nous se sente solidaire d'une même association, que chacun de nous agisse dans son milieu, dans son entourage, dans sa région, pour amener les fabricants à donner les machines dont nous avons besoin pour remplacer la main-d'œuvre qui nous manque. J'avais combiné d'aller en Amérique en la compagnie de M. Gréber, homme capable, désigné par l'Office du bâtiment et des travaux publics, dont j'ai l'honneur d'être le vice-président, et quatre autres industriels. Nous sommes allés en Amérique étudier les machines et nous rendre compte des services que nous pourrions en tirer, non pas dans l'intention de faire tort à nos fabricants français, mais avec l'idée d'exciter leur émulation et de les inciter enfin à donner satisfaction aux entrepreneurs de travaux publics en même temps qu'aux industries mécaniques. Si ces dernières ne veulent pas marcher, et bien nous en ferons venir d'Amérique, des machines. Il faut en sortir de cette routine. Il faut que nos fournisseurs comprennent que nous devons arriver à stabiliser nos prix, nos manières de conduire les travaux, à standardiser les matériaux. Ce n'est que par une union plus étroite que nous arriverons à donner satisfaction aux idées de taylorisme qui viennent d'être exprimées. J'ai toujours cherché à réaliser ces méthodes. Je me suis battu contre les moulins à vent. J'espère cependant que la guerre nous aura enseigné quelque chose : nous devons sortir de notre coquille, nous devons sortir de l'ornière dans laquelle nous sommes embourbés par ce défaut de direction. Il faut que nous réagissions, le moment est propice. Le jour où nous nous sentirons les coudes d'une façon fraternelle, ce sont les intérêts de la nation tout entière que nous défendrons. (*Applaudissements.*)

M. Rambaud : Messieurs, j'ai écouté avec beaucoup d'intérêt la merveilleuse conférence de M. Cambon. Je prends cependant la parole sur trois points de son exposé, que j'ai retenus.

Vous avez dit, Monsieur Cambon, et avec juste raison, que la France était défavorisée au point de vue de la houille noire et très favorisée au point de vue de la houille blanche. Je crois précisément que la formule de demain est l'utilisation de la houille blanche pour la production de la lumière et de la force motrice; la houille noire étant exclusivement réservée au chauffage. Lorsque nous aurons trouvé le moyen de faire marcher les trains électriquement, nous disposerons de grosses réserves de charbon.

Vous avez dit, Monsieur Cambon, que le Français manquait d'esprit d'organisation. Je ne suis pas tout à fait de votre avis. Il est, au contraire, organisateur. La responsabilité du manque d'organisation doit être exclusivement réservée à l'Administration centrale. L'Administration centrale me fait l'effet d'une vieille sorcière munie d'un bâton et défendant son antre inviolé. L'Administration centrale, au lieu de prévoir les événements, se laisse entraîner par eux. N'ayant aucune initiative, elle n'admet pas que les autres en aient. Je regrette que M. le Maire ne soit pas ici. Il vous aurait cité, avec des exemples piquants, les tracasseries qu'il a dû subir de la part de l'Administration cen-

7

trale toutes les fois qu'il a tenté de créer de grandes entreprises. Il vous aurait parlé de cette paperasserie tracassière au sujet de laquelle il a prononcé au Sénat les paroles suivantes : « Si la France se nourrissait de papiers, elle serait le peuple le mieux nourri de la terre. » (*Sourires.*)

Je puis au moins vous citer un de ces exemples. Au début de la guerre, M. le Maire, pour parer à la crise de combustible, se préoccupa de faire remettre en service une exploitation de lignite aux environs de Lyon. Il s'est, dès le début, buté à la législation minière. Sans s'inquiéter des lois et règlements, il s'était entendu avec le propriétaire et s'était mis en devoir d'exploiter. Mais survint l'Etat : « Comment, vous osez exploiter cette mine sans avoir rempli les formalités ! — lui fit-on observer — nous allons vous faire un procès. En attendant, nous vous interdisons de continuer l'exploitation. » M. le Maire répondit simplement : « Nous sommes en guerre, je continue; faites-nous un procès, nous en attendons l'issue. » Et l'exploitation fut continuée.

Vous nous avez parlé aussi, Monsieur Cambon, de cette tutelle abominable des villes, qui paralyse tous leurs efforts. C'est justement à cette tutelle que nous devons la non-exécution des plans d'extension. Cette tutelle, je la compare à un enfant à qui l'on a donné un tuteur qui aurait grand besoin lui-même d'être pourvu d'un conseil judiciaire. Voilà, Messieurs, quelle est la conduite de l'Etat vis-à-vis des municipalités. Incapable de se diriger lui-même, il veut diriger les finances communales.

M. Villemin nous a parlé avec une grande compétence des difficultés que l'on rencontrait pour la reconstitution des régions dévastées. C'est encore pour les mêmes raisons que ces pays continuent à souffrir.

Pour faire cesser ces tâtonnements, ces gaspillages, pour faire tomber d'une façon définitive le régime de l'irresponsabilité, le régime de l'inutilisation des compétences, ou, ce qui est plus exact, l'utilisation des incompétences, il faut réagir et instaurer le régime de l'action et de la compétence. (*Applaudissements.*)

M. Kemp, *délégué du Luxembourg* : Messieurs, tout à l'heure, M. le Président, en vantant les qualités de mon pays, a déclaré que le Luxembourg faisait déjà de l'urbanisme. J'ai le devoir de dire que si notre pays est joli, c'est grâce à deux grands architectes paysagistes français qui ont construit, l'un la ville, l'autre les nouveaux ponts.

Je ne voudrais pas abuser de vos instants, mais qu'il me soit permis de vous exprimer un vœu : celui de voir le Congrès de l'habitation de Lyon être suivi d'autres congrès. J'espère qu'un jour nous verrons un de ceux-ci se tenir en Lorraine reconquise, à côté de ce Luxembourg qui a demandé la réunion douanière à la France. Vous viendrez alors à Luxembourg, et vous verrez qu'il sera devenu tout à fait français, non pas de cœur, puisqu'il l'est déjà, mais d'allure française. (*Applaudissements.*)

M. Ferrier, *ingénieur* : Messieurs, je vous demande la permission d'ajouter quelques mots à ce qu'a dit M. Cambon au sujet des méthodes de taylorisation appliquées sur les chantiers.

La taylorisation, c'est une science, c'est un métier un peu particulier. En France, nous n'avons pas précisément un personnel au courant de ce métier. M. Cambon fait un cours à l'Ecole Centrale. J'émets le vœu que cet enseignement de taylorisation soit généralisé dans les écoles techniques. Nous en avons une à Lyon, j'en sors...

M. Villemin, *président* : La question sera traitée demain.

M. Ferrier : A Paris, en appliquant les méthodes de taylorisation, nous sommes arrivés, avec notre personnel, à faire mieux que les Américains tant au point de vue rendement qu'au point de vue rapidité.

Au stade Pershing, les Américains sont arrivés à faire 3o mètres carrés à l'heure; nous sommes arrivés, nous, à une moyenne de 38 mètres. Notre matériel humain est le meilleur. Il s'agit de le diriger et de le préparer à cette manière de travail un peu particulière.

M. Laurent, *de la Société Générale d'Entreprise :* Messieurs, j'estime que l'entreprise française a fait de grands progrès. En ce moment on fait de gros travaux et le matériel employé est remarquable. C'est ainsi que j'ai vu des appareils pour béton armé mieux compris que ceux qu'on a représentés tout à l'heure sur l'écran. La Société générale d'Entreprise vient de commander des élévateurs de béton qui monteront 5oo litres de béton toutes les trois minutes. J'ai vu fonctionner une pelle piocheuse Legrand merveilleuse... J'ai vu les Américains à l'œuvre avant la guerre. Je suis convaincu que nous pourrons faire non seulement aussi bien mais mieux qu'eux.

M. Descœur, *entrepreneur à Saint-Romain :* Ce que M. Laurent a oublié de dire, c'est que cet outillage parfait dont il vient de parler n'est pas à la portée de tous les entrepreneurs.

Si nous demandons une machine à une maison, elle nous demandera quatre ou six mois pour la livrer. Or, quand on est adjudicataire de travaux publics, l'Administration demande aux entrepreneurs de commencer les travaux dans les quarante jours.

Je demanderai enfin aux constructeurs français de faire le sacrifice d'envoyer leurs ingénieurs sur les chantiers, pour assister aux petits accidents de machines qui surviennent fréquemment et nous font perdre un temps infini, et en rechercher les remèdes. Aux essais faits dans l'atelier, la machine est parfaite ; sur les chantiers, c'est autre chose. Or, les constructeurs de machines ne veulent pas en général admettre les observations de ceux qui utilisent ces machines.

M. Ferrier : Vous avez tout à fait raison, Monsieur Descœur. C'est pour cela que je disais tout à l'heure qu'il est nécessaire de réaliser l'union entre celui qui utilise et celui qui fabrique la machine. Je fais moi-même de l'outillage parce que je n'ai pas trouvé dans le commerce les outils répondant à mes besoins. Vous pourrez voir à la Foire des modèles réduits que j'ai créés. Il est évident que c'est sur les chantiers que doit se faire la mise au point des machines.

M. Laurent : Je ne suis pas un constructeur. La Société Générale de l'Entreprise vient de créer un outillage. Je suis le monsieur qui demande aux constructeurs les appareils dont les entrepreneurs ont besoin sur leurs chantiers. Ayant constaté que les entrepreneurs étaient parfois obligés de créer eux-mêmes leur outillage, la Société Générale sentant, d'autre part, le besoin absolu de cet outillage, a créé un service spécial chargé de demander aux constructeurs la création de ces machines. Je suis en somme l'intermédiaire entre le fabricant et l'entrepreneur. C'est ainsi que je viens de rechercher tous les outils nouveaux qui se faisaient en Angleterre et en Allemagne pour les signaler au directeur de la Société dont je viens de parler.

M. Villemin, *président :* Je résume les observations qui viennent d'être présentées.

Il est extrêmement difficile de se procurer des machines et elles sont extrêmement coûteuses.

Pour la reconstruction de Montdidier, j'avais étudié une « Centrale du Bâtiment ». C'est là que j'ai été démoli. Cette centrale n'était composée que de ce que je pouvais me procurer. Elle ne me coûtait pas moins de 3oo.ooo francs. C'est une somme qui n'est pas à la portée de tout le monde et c'est ce qui me faisait dire tout à l'heure que, individuellement, nous n'arriverons jamais à rien. Pour que cette Centrale eût été complète, avec les appareils perfectionnés que je désirais, j'aurais dû dépenser 5oo.ooo francs. Ce n'est pas à la portée de toutes les bourses et cependant nous devons tous travailler; petits et grands sont utiles à la reconstruction de notre pays. Or, comment pourrons-nous arriver à nous procurer les outils dont nous avons besoin ? Par les associations que nous préconisons.

On emploie beaucoup le mot « taylorisme ». Le taylorisme, M. Cambon nous l'a dit, ne pourra être pratiqué en France que lorsqu'il y aura été enseigné non pas du haut en bas, mais de bas en haut. Et pourquoi ne pourra-t-il être pratiqué que lorsqu'il aura été enseigné ? Parce qu'il faut tenir compte des différences de situation. En Amérique, où le sol est riche, où les milliardaires sont ce que sont les millionnaires chez nous, quant au nombre, on peut faire des entreprises énormes. Les Américains n'ont pas à hésiter et ils n'hésitent pas. Pour trouver un moyen plus économique de travailler, des usiniers américains n'ont pas hésité à sacrifier 10 à 12 millions. Les Américains n'ont pas fait les choses rationnellement, scientifiquement, mais empiriquement, et c'est sur l'empirisme qu'ils ont greffé les théories scientifiques. Notre industrie peut-elle procéder ainsi ? Nous devons profiter de tout ce que les Américains ont fait, nous devons comme nous l'a dit M. Cambon, tirer le maximum, la quintessence de cet enseignement. Il faut que dans l'apprentissage, depuis le bas jusqu'en haut, on tienne compte de l'enseignement du taylorisme, dans la mesure adéquate aux fonctions, d'une façon moyenne vis-à-vis de l'ouvrier, un peu plus élevée vis-à-vis du contremaître et supérieure vis-à-vis du futur patron. C'est par l'instruction, qui partira du bas vers le haut, que nous arriverons à créer de la méthode et du taylorisme. On ne réagit pas du jour au lendemain après un cataclysme comme la guerre ; on ne réagit pas contre trois siècles d'atavisme, de vieilles habitudes comme on réagit pour sa santé, en prenant un verre de cognac. Il faut un enseignement et cet enseignement doit être complètement modifié non pas seulement au point de vue taylorisme, méthode, mais au point de vue discipline. On nous dit que l'irresponsabilité était érigée en dogme. Pourquoi ? Pourquoi n'avons-nous plus cet esprit de discipline ? Parce qu'en haut on dit aux pères de famille : Faites des enfants, mais c'est nous qui les éduquerons et vous n'aurez rien à dire, il n'y a que l'autorité de l'Etat qui compte. (*Applaudissements.*)

De quoi procède l'esprit d'association que nous n'avons pas ? Il procède de l'esprit de discipline ? Si nous voulons constituer une association qui dure, nous devons être disciplinés. Est-ce que dans nos associations, nous ne sommes pas obligés d'abandonner une partie de notre personnalité, de notre liberté, pour le plus grand bien des libertés communes? Si, n'est-ce pas. Pour devenir un bon associé, pour avoir l'esprit d'association, il faut avoir l'esprit de discipline. Et qui dit discipline dit sanction. Et qu'est-ce que la sanction? C'est la mise en pratique des principes de la responsabilité.

Esprit de discipline, esprit d'association et responsabilité sont trois choses que nous devons demander à notre enseignement de demain. Pour les obtenir, il faut le refondre de bas en haut. Il faut imposer notre volonté. Il faut que nous disions la discipline est le nerf de toute organisation ; sans discipline, sans sanction, sans responsabilité, c'est le néant, le chaos, l'anarchie. (*Applaudissements.*)

M. BERNARD, *directeur de l'Association industrielle, commerciale et agricole de Lyon :* Messieurs, je n'ai demandé la parole que pour vous dire combien l'Association que je dirige est d'accord avec le Congrès sur les principes exprimés par MM. Cambon et Villemin. Je n'ai pas à reprendre l'idée de taylorisme, ni à mettre en lumière tout ce que nous avons pu constater dans notre domaine au sujet de l'inertie de l'Administration; je voudrais simplement attirer votre attention sur cette idée de discipline collective des forces sociales organisées qui est, dès maintenant, à Lyon, une réalité grâce, notamment, à notre Association. Nous ne sommes pas une société qui désire gagner de l'argent, nos membres ne sont venus à nous que pour donner l'exemple de la discipline et de l'organisation. Les effets de cette manière d'agir peuvent être ressentis à tous ordres de domaine.

En ce qui concerne le bâtiment, vous estimez indispensable de faire de la coopération : très bien. Toute organisation syndicale de producteurs de machines ou de consommateurs peut apparaître; c'est aussi très bien; mais ces organismes peuvent chacun défendre leurs intérêts et avoir fata-

lement entre eux, quels que soient leur bonne volonté et leur
désir d'union, des points de friction. Il est donc indispensable qu'un organisme d'ordre plus général, désintéressé,
vienne travailler avec eux pour permettre une entente et élaborer des programmes concordants.

Notre Association a déjà commencé ce travail; je vous
signale comme exemple : nous aurions le désir de réaliser
une sorte de catalogue standard, des éléments essentiels de
la construction mécanique, boulons, vis, robinets, vannes,
etc. Nous pourrions faire la même chose pour le bâtiment
et obtenir une concordance entre les besoins et les produc-
tions. Ces sortes de tables de standards, établies par nous,
seraient certainement mieux suivies que celles étant faites
par n'importe quel particulier ne jouissant pas de la même
autorité.

Ce qu'il faut faire, c'est en somme de s'organiser pour
lutter contre l'absence de méthode, il faut des programmes
concordants, une discipline de tous les producteurs. La
régénération de la France ne peut sortir que de ces idées,
et il faut les appliquer partout.

M. Villemin, *président* : Je vous remercie, Monsieur
Bernard, des renseignements que vous venez de nous donner.

Messieurs, M. Bernard vient de nous indiquer une œuvre
qui me paraît d'autant plus parfaite qu'elle est indépendante, qu'elle ne cherche que le bien social : mettre en
rapport diverses individualités qui trouvent trop souvent
que leurs intérêts sont en désaccord, alors qu'il ne s'agit
souvent que d'une question de mise au point. Je remercie
M. Bernard de la note très pratique, très libérale qu'il a
jetée dans cette séance du Congrès.

La parole est à M. Borderel.

Conférence de M. BORDEREL

M. Borderel : Messieurs, après les paroles si éloquentes que vous venez d'entendre, ma causerie va vous paraître bien terre à terre.

Ce que j'ai à vous dire est cependant intéressant.

Il s'agit du crédit à l'entreprise.

A l'heure actuelle, je n'ai pas la prétention et vous n'attendez pas de moi que je traite cette question avec toute l'envergure qu'elle mérite. La question est très complexe et j'avoue que je ne suis pas un financier; je me contenterai de vous signaler une loi de 1918 prévoyant la création de certaines organisations bancaires. Dans nos études au Groupe du bâtiment de Paris, nous avons cherché à procurer aux entrepreneurs du bâtiment le moyen de donner de la souplesse à leur trésorerie. Il n'est pas besoin de rappeler les difficultés qu'ils rencontrent parfois au point de vue des paiements. Même lorsqu'il s'agit de leurs meilleurs clients, l'Etat, les départements, les communes, les délais de paiement sont presque toujours dépassés. On doit les payer un mois après l'achèvement des travaux. Bien heureux s'ils touchent leur argent trois mois après. Et pourtant il est difficile de faire admettre aux fournisseurs et plus difficile encore de faire admettre aux ouvriers, les longues attentes de règlements auxquelles nous sommes contraints. Il nous a paru intéressant, pour remédier à cet état de choses, de créer un organisme nous permettant de faire face à nos obligations en attendant — je pourrais presque dire — le bon vouloir de nos meilleurs clients.

La loi du 13 mars 1918 prévoit diverses organisations; c'est d'abord la « Société de caution mutuelle ». Cette Société a pour objet l'aval et l'endos des effets de commerce, des billets souscrits, créés et endossés par ses membres à raison de leurs opérations professionnelles.

Cette société est une sorte de syndicat de garantie créé au profit de ses membres commerçants, industriels, artisans. Il est incontestable que ces sociétés de caution mutuelle offrent des avantages. Il s'agit là d'un syndicat ayant surtout pour base l'honorabilité des membres qui le composent. En effet, le capital ne pouvant être supérieur à 200.000 francs, on ne peut pas admettre qu'il soit suffisant pour garantir les endos qui peuvent monter à plusieurs millions. L'honorabilité des membres qui composent, non seulement le Conseil d'administration, mais la Société tout entière est donc la garantie la plus effective. Je vous ai dit que le capital était de 200 mille francs. Il peut être augmenté en diverses reprises d'un capital égal. Un capital aussi faible ne peut pas permettre de faire des affaires de grande envergure.

Cette loi du 13 mars 1918 prévoit un deuxième organisme : la « Banque populaire ». Elle a pour objet « les opérations bancaires nécessaires à sa clientèle pour l'exercice de son commerce, de son industrie, escompte et recouvrement des effets de commerce, escompte pour toutes valeurs, avances sur titres, sur marchandises et autres garanties ».

Son capital est aussi de 200.000 francs. Il peut également être augmenté en plusieurs fois. L'objet de cette banque est un peu plus étendu que celui de la « Caution mutuelle ».

La « Banque populaire » fait en quelque sorte de la banque proprement dite, mais dans un cadre tellement étroit qu'il nous a semblé, à nous industriels du bâtiment, à l'heure où la question de crédit joue un rôle important, il nous a semblé, dis-je, que la « Banque populaire » et la « Société de Caution mutuelle » ne répondaient pas d'une façon suffisante aux préoccupations que nous avions de donner satisfaction aux desiderata de nos confrères du bâtiment à Paris. Nous avons donc décidé de créer, à Paris, une banque corporative du bâtiment et des travaux publics. Cette banque est fondée au capital de un million. Ne peuvent être adhérents que ceux qui font partie d'un syndicat du bâtiment dans la région parisienne. Nous avons cependant étendu notre °rayon d'action jusqu'à la Fédération centrale du bâtiment, et je dois dire à titre d'indication que la Fédération nationale, dont notre ami Villemin est le président, contient dans son sein celle de Lyon. La Fédération centrale comprend, elle aussi, un certain nombre de départements limitrophes de la Seine.

Nous avons pensé en créant cette banque qu'elle pourrait rendre service non seulement aux Parisiens, mais aussi à la Fédération centrale. Son objet est ainsi défini : « aval et endos des effets de commerce, etc. »...

Car nous avons prévu, sans désirer en faire usage pour l'instant, l'élargissement du cadre de l'activité de notre Société. Elle peut faire par extension toutes les opérations de recouvrement, etc.

J'appelle votre attention sur ce mot : « Recouvrement ».

Nous avons quelquefois certaines difficultés pour toucher nos créances chez certains de nos clients. Vous voyez quel intérêt il peut y avoir à l'existence d'une tierce personne, en l'occurrence la banque corporative, pour aller chez ses clients toucher les sommes qui nous sont dues.

Nous avons besoin d'une garantie très sérieuse, efficace, et nous ne donnerons pas notre aval, notre endos au premier venu. Nous demanderons donc des garanties.

La garantie est prévue dans les statuts de la banque corporative.

Je ne parle pas de la répartition des bénéfices. Je dois vous dire tout de même que le conseil d'administration s'est obligé à ne recevoir qu'une très modeste rémunération pour les soins qu'il aportera à la banque.

Tout à l'heure, M. Villemin a fait allusion à la situation des malheureux habitants des régions libérées. C'est dans le but de les soulager que nous nous sommes associés, M. Villemin en tête, et que nous avons offert nos efforts, notre concours, notre désintéressement à tous ceux qui ont souffert et pour lesquels on ne fera jamais assez.

A l'heure actuelle, le capital est à peu près souscrit puisque nous avons près de 8oo.ooo francs. Je crois qu'il n'y aura pas grand effort à faire pour amener nos confrères et collègues à souscrire le complément. Nous espérons que, avant quinze jours, notre organisation sera sur pied et en mesure de rendre de très grands services.

On nous a fait le reproche que nous ne prêterions qu'aux riches. C'est une grave erreur. En tous cas, même si nous ne prêtions qu'aux riches — quand ils ont besoin d'argent — nous leur rendrions tout de même un grand service. Songez qu'aujourd'hui, dans les affaires, on ne parle plus de millions, mais de milliards. Lorsque les uns et les autres nous traitons une affaire, nous prenons pour principe de payer nos fournisseurs dans les deux ou trois mois. Or, tout le monde n'a pas un million dans sa poche pour faire face à ses engagements. D'autre part, on ne peut pas trop compter sur nos clients, même si ce client s'appelle l'Etat. L'Etat est un bon client, mais un mauvais payeur.

Si donc vous passez un marché d'un million avec l'Etat et que vous ayiez besoin d'une avance de 5oo.ooo francs, muni de votre titre, la banque vous endosse un effet qui vous permet d'encaisser immédiatement la somme qui vous est nécessaire. C'est un des côtés intéressants de cette banque, d'un intérêt considérable, vous en conviendrez. Quoique très terre à terre, comme je vous le disais tout à l'heure, la question dont je vous entretiens n'en est pas moins une question pratique qui doit retenir votre attention. Car, malgré toutes les bonnes paroles que l'on peut prononcer, malgré tout l'idéal avec lequel nous saurons travailler, il y a quelque chose dont on ne peut pas se passer : c'est l'argent.

Tout à l'heure, M. Villemin nous a dit que la solution de tous nos problèmes était dans l'association. Au cours du dernier Congrès que nous avons tenu à Strasbourg, cette question a été développée très largement par M. Villemin. On avait parlé de fédérer ces associations. C'est ce que fera la banque corporative par l'union des intérêts envisagés de façon pratique.

On a dit aussi que l'association était une force considérable. C'est exact et je n'en donnerai qu'un seul exemple qui nous est personnel, à nous, Parisiens. Nous avions créé, sous l'égide de la loi de 1898 sur les accidents du travail, deux organismes pour parer aux obligations de cette loi. La Chambre de la Maçonnerie avait une association qui s'appelait « Syndicat de garantie de la Maçonnerie et des Travaux publics »; pour les autres corps d'état nous avions créé une autre association du même genre qui s'appelait « Caisse commune ». Les deux efforts étaient divisés; les frais généraux étaient à peu près doublés. En 1914, quelque temps avant la guerre, les dirigeants de ces deux associations ont pensé que le moment était venu de les fusionner. L'accord fut vite établi et, dès le 1er janvier 1915, nous fonctionnions sous le nom de : « Syndicat général de garantie du bâtiment et des travaux publics ». L'unité de direction diminua les frais généraux dans de notables proportions. Ce Syndicat assure aujourd'hui 250 millions de salaires et encaisse de 13 à 14 millions de primes d'assurances par an. Vous voyez toute l'importance d'un organisme aussi formidable et quel point d'appui il peut être. Cet exemple démontre ce que la discipline et l'union peuvent permettre de réaliser.

Je ne puis terminer cet exposé sans vous entretenir d'un autre organisme qui s'appelle « Crédit national pour faciliter la réparation des dommages causés par la guerre ».

Il s'agit là d'un projet de loi déposé en juillet 1919 basé sur un accord intervenu entre un groupement financier et industriel très important et le Ministre des finances. Ce projet a été voté hier par le Sénat. Dans quelques jours, il sera promulgué. Cet organisme, s'il n'est pas d'une importance capitale pour l'entreprise, l'est du moins pour les sinistrés qui seront nantis de titres afférents aux dommages de guerre qu'ils ont subis. Ces titres ne seront que du papier jusqu'au jour où l'on trouvera suffisamment d'argent pour le monnayer. Voici le texte du projet tel qu'il a été défini :

« La réalisation des ressources nécessitée par le paiement des indemnités, intérêts ou avances sera opérée soit directement par l'Etat, soit par des institutions financières agissant pour son compte, sous son contrôle et sous sa garantie. »

. . . .

Inutile d'appeler votre attention sur ce résultat important. Si les titres dont je vous ai parlé sont monnayés, combien la tâche nous sera rendue facile, à nous, entrepreneurs, car, au lieu de nous trouver en présence de sinistrés n'ayant que du papier à nous offrir, ce sera de l'argent qu'ils auront obtenu de cet organisme spécial.

. . . .

L'Etat pourra faire appel notamment :

« *a*) Au Crédit Foncier de France pour les dommages immobiliers.

« *b*) A des institutions spéciales de crédit agricole, pour les dommages agricoles.

« *c*) A une institution de crédit industriel et commercial, pour les dommages industriels, commerciaux et autres.

« *d*) Les sinistrés conservant d'ailleurs la faculté sous certaines garanties de faire appel au Crédit privé pour l'utilisation de leur titre de créance.

« 1° Indépendamment de l'intervention du Crédit Foncier de France, pour le règlement des dommages de guerre immobiliers et d'institutions spéciales de crédit agricole, pour les dommages agricoles, il y a lieu de créer une institution financière nouvelle en vue de faciliter le règlement des indemnités en matière de dommages de guerre, industriels, commerciaux et autres.

« 2° Cette institution aura la forme d'une société anonyme dont le capital initial sera souscrit notamment par les banquiers, les industriels et les commerçants, y compris ceux qui ont été sinistrés.

« 3° La Société versera aux ayants droit, pour le compte de l'Etat et dans la limite des ressources qu'elle aura réalisées, tout ou partie des indemnités allouées en vertu de la loi sur la réparation des dommages de guerre et payables en espèces, y compris le montant des frais supplémentaires; elle effectuera le service des intérêts dus à l'occasion de ses indemnités.

« 5° La Société consentira aux sinistrés sur le titre de créance qui leur aura été remis par l'Etat, et en attendant le paiement régulier de ce titre, les avances également prévues par la loi sur la réparation des dommages de guerre au titre du paiement.

« 6° La Société facilitera au moyen d'avances à long terme la remise en marche des exploitations industrielles et commerciales ayant souffert en raison des événements de guerre.

« 7° Ces dernières avances seront faites en principe pour une durée maxima de dix ans.

« 8° Les obligations émises pour faire face aux avances de cette dernière catégorie seront garanties par l'Etat jusqu'à concurrence d'une somme globale de 500 millions.

« 9° Sur la somme consacrée aux dites avances, quatre cinquièmes (4/5) seront consacrés aux industriels et commerçants des régions envahies.

« 12° La Société réalisera les sommes nécessaires à ses diverses opérations par l'émission d'obligations pour le service desquelles une annuité sera inscrite au budget de l'Etat, sous réserve des dispositions de l'article 8 ci-dessus.

« 15° Il ne pourra être versé aux actionnaires, avant le partage des bénéfices ci-après, un dividende total supérieur à 6 % des sommes dont les actions seront libérées et non amorties.

« 16° Après relèvement des sommes nécessaires pour constituer le fonds de réserve légal et pour payer aux actions le dividende de 6 % le solde des produits nets de la Société sera attribué pour moitié aux actionnaires et pour moitié à l'Etat et aux actionnaires au prorata des obligations garanties et non garanties. »

Le rôle de cet établissement qui prendrait le titre de « Crédit national pour faciliter la réparation des dommages causés par la guerre », est nettement précisé par le projet de convention que nous vous demandons d'approuver.

« Il se procurera des fonds au moyen de l'émission d'obligations dont le service (intérêts et amortissement) lui sera remboursé au moyen d'une annuité inscrite au budget de l'Etat.

« Il emploiera ces fonds :

« 1° *A payer pour le compte de l'Etat*, et conformément aux instructions du Ministre des finances, aux commerçants et industriels sinistrés, les indemnités et les avances prévue par la loi du 17 avril 1919.

« 2° Jusqu'à concurrence de 500 millions, à consentir, sous sa responsabilité, aux industriels et commerçants, le crédit complémentaire indispensable pour assurer avec la souplesse que les indemnités et les avances légales ne pourraient avoir, la reprise et le développement des entreprises.

« En vertu d'une disposition expresse des statuts, la Société ne pourra recevoir aucun dépôt d'espèces ni de titres, consentir aucune avance que celles définies par la convention, escompter aucun effet de commerce ou autre, faire aucune négociation de titres ni aucune opération de banque autre que celles nécessaires à la réalisation de son objet social ».

Vous voyez quel intérêt nous avons au fonctionnement de cet organisme financier qui va permettre de donner de l'argent aux sinistrés en échange de leurs titres en même temps qu'il donnera une impulsion de plus en plus considérable à notre industrie française.

Voilà, Messieurs, ce que j'avais à vous dire; la question vaut la peine d'être mûrie. Il est de notre intérêt d'user de la faculté qui nous est offerte. La souplesse de notre trésorerie est indispensable. Elle nous donnera en même temps la tranquillité d'esprit si nécessaire à la conduite de nos affaires. (*Applaudissements.*)

M. Villemin, *président :* Je remercie M. Borderel de son intéressante communication qui a une très grande valeur. Le groupe parisien a voulu mettre en pratique cet axiome : « Que l'on prouve le mouvement en marchant ». Il nous dit: Nous avons constitué nous-mêmes une banque au capital d'un million, si nous ne constituons que celle-là, si vous n'en constituez pas une vous-mêmes, nous aurons fait une œuvre décapitée.

M. Borderel a omis dans son exposé un fait important qui milite en faveur de la création de cette banque. Vous savez que la signature du client ordinaire ne vaut rien. La Banque de France n'escompte pas le papier qui n'est pas signé par des commerçants et industriels. Avec ces banques, nous créerions une Banque centrale à Paris qui ne recevrait des banques que le premier papier. Nous aurions ainsi les trois signatures nécessaires pour rendre le papier bancable. Indépendamment de ces avantages, ces banques peuvent réaliser des bénéfices considérables.

Nous savons que des banques au capital de 5oo.ooo francs sont arrivées à faire annuellement un chiffre d'affaires de 125 millions. Ce chiffre nous donne une idée du bénéfice probable qu'une banque comme celle-là, en travaillant au taux le plus bas, peut réaliser.

Quelle serait notre force si nous avions une telle banque. Les bénéfices nous aideraient à soutenir nos fédérations régionales, nos syndicats en tant qu'organisme de technique, machinerie, taylorisme, contentieux, législation, etc... Ces grands services devraient être à la tête de nos fédérations. Les membres de ces syndicats auraient sur ceux qui n'en font pas partie une force et un avantage considérables.

Les banques ne seraient-elles qu'au capital de 25o.ooo fr.; étant donné qu'il y aurait derrière elles des gens sérieux, honorables, et responsables, nous obtiendrions tout le crédit que nous voudrions. Voilà l'intérêt qu'il y avait à soulever cette question bancaire.

La séance est levée à 11 h. 45.

SÉANCE DU VENDREDI 10 OCTOBRE 1919

(Après-midi)

La séance est ouverte à 14 h. 45 sous la présidence de
M. VILLEMIN.

M. VILLEMIN, *président* : Messieurs, j'ai une triste nouvelle à vous annoncer. M. Couibes, qui devait nous faire
une conférence sur « les liants hydrauliques et leur nouvelle réglementation », vient de perdre sa femme.

A l'occasion du malheur qui le frappe, je suis sûr d'être
l'interprète de vos sentiments en lui adressant l'expression
de notre sympathie et de nos regrets. (*Marques d'assenti-
ment.*)

M. Burns-Demay, entrepreneur, qui devait venir de Roubaix, pour nous faire une conférence sur les banques d'entreprise, coopératives d'entreprises et d'achat de matériaux,
retenu par une grève, ne viendra pas et nous prie de l'excuser. Le motif étant majeur, nous l'excusons.

Mais si quelqu'un ne devait pas l'excuser, c'est bien moi.
En effet, M. Rambaud m'a prié de le remplacer au pied
levé. N'ayant ni bibliothèque à ma disposition, ni éléments,
je vous prierai de m'excuser si je n'entre pas dans certains
détails particuliers qui peuvent échapper à ma mémoire et
si je me tiens sur des données et des vues générales. Nous
essaierons tout de même de tirer des conclusions.

La question coopérative de construction et de reconstruction nous préoccupe beaucoup. La guerre a été un événement tellement capital, non seulement dans la vie de la nation, mais dans la vie du monde entier, que ce serait vraiment faire preuve de beaucoup d'inconséquence si nous ne cherchions pas à en tirer les enseignements qu'elle comporte. Je crois qu'en ce qui concerne l'industrie surtout, le grand enseignement qui se dégage de la guerre est celui-ci : si les Allemands sont arrivés à tenir tête au monde entier pendant le temps que vous savez, avec la force de résistance que vous connaissez, ce n'est pas parce qu'ils sont Allemands, ce n'est pas parce qu'ils sont plus courageux que nous, c'est simplement parce que, pendant un long temps, ils ont subi une discipline de fer à tous les degrés de l'enseignement. Tous les Allemands ont été dirigés vers le même but : l'Allemagne toujours plus grande.

D'autre part, et scientifiquement, l'Allemagne a recherché dans la méthode et l'ordre administratifs la solution des problèmes les plus ardus. Nous devons reconnaître qu'elle a parfaitement réussi. Si elle avait eu autant de psychologie que de science, l'Allemagne n'aurait pas eu besoin de jeter sur le monde ce cataclysme qui nous a étreints. Elle n'avait qu'à continuer sa marche en avant et avant dix ans elle avait la main mise sur l'industrie et la vie sociale du monde entier. Les Allemands ont été trop pressés. Ils ont voulu, avec leur caractère, leur atavisme barbare, leurs errements de bêtes fauves, ne pas devoir cette situation mondiale qu'ils envisageaient à la puissance de l'idée, de la méthode, mais à la puissance des armes. Ils ont voulu écraser les idées de justice et de liberté ; mais il est une justice qu'ils n'ont pas pu écraser, c'est la justice immanente, et d'écraseurs ils sont devenus les écrasés. (*Applaudissements.*) A nous d'en tirer un enseignement.

Nous ne devons pas rester inactifs. Nous devons nous inspirer non pas de la science et de la méthode allemandes, mais des idées directrices qui sont celles de tout le monde, de tous ceux qui envisagent le progrès, même dans la réaction. De cet enseignement, nous devons tirer les conséquences suivantes : Si, en France, nous nous maintenons dans nos méthodes, nos façons de faire, de penser, nous nous encroûterons plus que par le passé.

Pour constituer des méthodes il ne faut pas agir en isolés; nous n'arriverons à aucun résultat. Une seule chose nous permettra d'arriver : c'est l'association, c'est le groupement de toutes les bonnes volontés, de toutes les intelligences, de toutes les virilités sans exception. Il nous faut de l'énergie, il nous faut aussi de la ténacité.

Si quelques-uns d'entre nous sont venus ici, comme M. Cambon, se vouer au rôle d'apôtre, c'est parce qu'ils ont estimé que c'est par l'association que nous arriverons à faire œuvre utile, efficace.

Je pense que dans un milieu comme celui-ci, industriel et commercial, on ne doit pas être à courte vue ; on doit voir devant soi longuement, on doit rechercher quelles sont les directives qui pourront nous amener petit à petit à reprendre la première place dans le monde que nous n'aurions jamais dû perdre.

Si nous examinons quelles sont les formules d'association qui sont à notre disposition, nous voyons en première ligne nos syndicats professionnels, basés sur la loi de 1884. Qu'est-ce qu'un syndicat professionnel? Qu'est-ce que la loi de 1884? Cette loi nous permet de discuter entre nous tout ce qui concerne le côté professionnel. La loi de 1884, en somme, fait de nous des écoles mutuelles au point de vue professionnel, au point de vue administratif. Elle ne fait pas autre chose. Elle ne nous permet pas de faire du commerce, de sortir des cadres qui nous ont été imposés par elle. J'ajouterai que si ceux qui avaient mission de gouverner notre pays n'avaient pas tracé ce cadre étroit, nous ne serions pas dans la situation malheureuse qui est la nôtre. Une autre loi a complété celle de 1884. C'est la loi des associations, de 1901. La différence entre la loi de 1884 et celle de 1901, pour moi, n'est pas considérable. Au lieu de permettre ces associations entre professionnels seulement, la loi de 1901 les permet entre gens de toutes qualités. Cette loi n'admet pas que les associations basées sur elle fassent des bénéfices. Ce ne sont pas, là encore, des associations commerciales, ni industrielles. Ce sont des associations faites pour que certains intérêts communs, qui peuvent ne pas être que des intérêts professionnels, puissent être défendus, non pas par des individualités, qui souvent seraient incapables, mais par un ensemble d'individualités, par une collectivité.

Nous avons des associations, nous avons des lois qui nous permettent de nous unir pour faire du commerce et de l'industrie, et par conséquent de réaliser des bénéfices. C'est la loi de 1867, modifiée plusieurs fois. Cette loi de 1867 permet l'association sous différentes formes. Nous avons, par exemple, l'association en nom collectif. C'est l'association ordinaire de deux ou trois individualités. Nous avons l'association en commandite simple ou par actions. Nous avons enfin une autre forme d'association qui est la plus simple : la société anonyme, dont le capital est partagé en actions. Les actionnaires nomment un conseil d'administration et donnent à ce conseil des pouvoirs très étendus. Cette société ainsi formée est une entité civile et juridique qui peut agir comme vous pouvez agir vous-même comme citoyen.

La société anonyme a donné de grands résultats, mais pas ceux qu'on attendait, et si elle n'a pas attiré à elle les capitaux qui sont allés à l'étranger, c'est parce que, là encore, on n'a pas su placer à côté de cette société anonyme les responsabilités qui doivent être à la base de toute œuvre qui se respecte. On n'est pas allé à la société anonyme parce que beaucoup de pécules se sont trouvés détournés de leur action. Moi-même, j'ai essayé — voulant me retirer des affaires — de faire partie de deux ou trois sociétés anonymes; j'ai dû m'en retirer parce que je n'y ai pas trouvé la largeur de vues qu'on devrait trouver dans une société.

La plupart des sociétés anonymes ont voulu faire des bénéfices, elles n'ont pas apporté à leur conseil d'administration les compétences exigées; elles sont arrivées à faire une administration qui n'a pas donné satisfaction aux actionnaires ; ceux-ci les ont alors délaissées. Ce n'est donc pas de ce côté-là que nous devons diriger nos efforts. Il est d'autres sociétés permises par la loi de 1867. Ce sont les sociétés à capital et personnel variables. Celles-là aussi sont des entités juridiques qui peuvent faire des bénéfices; elles jouissent de tous les droits. Cependant, pour des raisons que je n'ai pas comprises — c'est peut-être pour des raisons que la raison ne comprend pas — on les a limitées dans leur action. Alors qu'elles peuvent recevoir, pour ainsi dire, autant de membres qu'elles veulent, elles ne peuvent dépasser initialement un capital de 200.000 francs. Avec un pareil capital on ne peut pas aller loin. Il y a un correctif, me dira-t-on. Chaque année on peut ajouter à cette première tranche une tranche égale, de telle sorte qu'au bout de cinq ans ce capital sera porté de 200.000 francs à un million. Mais si précisément une société à capital et personnel variables se constitue, c'est parce qu'elle a trouvé le moment opportun de faire d'importantes affaires. Si elle se lance dans ces affaires avec un capital insuffisant, avec des forces insuffisantes, elle arrive trop tard, les affaires lui échappent. Elle est en état d'infériorité, parce que la loi a limité son capital à 200.000 francs. C'est la loi. Il faut s'y soumettre. Lorsque nous serons forts et unis, nous essaierons de faire relever le chiffre de ce capital, insuffisant pour l'époque actuelle. Aujourd'hui un million correspond aux 200.000 francs d'hier. Il y a pourtant un moyen de donner à ces sociétés à capital et personnel variables le capital qui leur manque, toujours en prenant comme base l'idée d'association que je défends de toutes mes forces. On vous a dit ce que nous essayons de faire en ce moment-ci, à Paris : la constitution d'une banque du bâtiment, sorte de mutuelle du bâtiment. Si, comme je le disais ce matin, nous arrivions à constituer sur le territoire français une dizaine de banques de ce genre-là, fussent-elles à un capital réduit, de 250.000 francs chacune, nous arriverions, en fusionnant en une union, à constituer une force beaucoup plus grande que vous pouvez le supposer. Quel serait le but de cette banque?

En dehors de ses opérations bancaires dont on vous a parlé tout à l'heure, elle pourrait fournir des capitaux précisément aux sociétés dont j'ai parlé : les sociétés à capital et personnel variables. Elle pourrait leur fournir ces capitaux sous forme de prêts, d'ouverture de crédit. Ces prêts permettraient à ces sociétés de marcher immédiatement et de profiter des occasions opportunes qui peuvent se présenter à elles.

J'estime que la question des sociétés à personnel et capital variables doit être envisagée par nous et étudiée d'une façon particulière.

Il est aussi d'autres sociétés de crédit. On m'en a notamment indiqué quelques-unes depuis que je suis ici. Il en est une pour laquelle on m'avait demandé des conseils. C'est la « Société du Crédit Immobilier » qui a été constituée pour la construction d'habitations à bon marché. La loi qui a créé ces sociétés a été bâclée comme toutes celles qu'on fait depuis quarante ans. Elles partent toutes d'une bonne idée. Malheureusement, au moment de les coucher sur le papier, il se glisse dans ces lois, dans cette fleur le ver qui fera tomber le fruit. Il y a toujours dans nos lois sociales un article introduit par des gens qui n'ont en vue que la question politique, la question de parti. Cet article, c'est le ver qui tuera le fruit.

Je vais vous indiquer combien est simple le mécanisme qui consiste à ouvrir un crédit à ceux qui veulent construire des habitations à bon marché. Je lis ceci :

« Ces sociétés sont constituées au capital social de « 150.000 francs divisé en 600 actions de 250 francs, sous « le régime des lois des 12 avril 1902, 10 avril 1908, 13 juil-« let 1911, 20 février 1912, 23 décembre 1912, arrêté minis-« tériel du 27 novembre 1913, loi du 11 février 1914, cir-« culaires ministérielles du 16 novembre 1918 et des nouvel-« les dispositions qui seront prises par le Parlement dans le « courant de cette année 1919. » Comme tout cela paraît simple et clair. (*Sourires.*)

Voilà une loi qui offre de vous prêter quelques capitaux pour construire des habitations à bon marché, qui se réfère elle-même à une vingtaine d'autres lois, d'autres arrêtés auxquels les profanes comme nous ne comprennent pas grand chose.

C'est ainsi que les braves gens qui ont essayé d'entrer en possession de l'argent qui leur avait été promis ne sont arrivés à rien, malgré leurs multiples démarches. Il m'a été extrêmement difficile de leur répondre lorsqu'ils sont venus me demander ce qu'ils devaient faire. Je leur ai dit, en effet: je crains que M. Lebureau, lorsque vous lui parlerez de la première loi, ne vous renvoie à un autre bureau où l'on vous parlera de la seconde, puis à un autre où on vous parlera de la troisième et finalement, quand vous aurez passé partout, M. Lebureau finira peut-être par vous dire d'aller au diable. Ce n'est pas la première fois que je suis saisi de demandes de renseignements relativement à ces crédits. J'ai toujours vu ceux qui voulaient faire une bonne action, créer des maisons salubres, y renoncer parce qu'il leur était impossible de toucher les capitaux promis. Je sais bien que pendant la guerre on a employé certaines formules. Certains se sont procuré tous les wagons qu'ils ont voulu alors que d'autres n'ont même pas pu en avoir un seul, par exemple, mais ces formules n'étant pas dans la loi, je ne peux pas vous les indiquer.

Il est regrettable que l'on complique comme à plaisir ces choses aussi simples, aussi éminemment utiles. Ces crédits sont, pour ainsi dire, insignifiants puisque le Parlement a limité à 100 millions le total des sommes qui pourraient être prêtées. En Angleterre, un crédit de 5 milliards n'est pas exagéré pour doter ce pays des maisons dont il a besoin.

Voici encore une autre forme de crédit, mais je ne la recommande pas. On vient de me remettre un imprimé qui a trait à la création d'une forme nouvelle de crédit. J'en avais entendu parler à Paris ; malheureusement certains essais infructueux m'avaient fait me tenir sur une sorte de défensive et je n'avais pas poussé plus loin la conversation que j'avais eue avec les intéressés.

Il s'agit de la constitution d'une « Caisse foncière de crédit pour l'amélioration du logement dans l'industrie ». Le Conseil d'administration est admirablement composé, la crème de la haute industrie et du commerce en fait partie.

Le but de cette caisse est de fournir aux industriels les capitaux nécessaires à la création de maisons ouvrières salubres à l'usage de leur personnel. Malheureusement, dans les statuts de cette Société j'y ai encore trouvé le ver qui fera tomber le fruit, dont je vous ai parlé tout à l'heure.

Enfin il m'a été aussi remis un projet de statuts du « Comptoir général du Logement populaire ». Je lis l'objet : « ache-« ter tous matériaux ouvrés ou non ouvrés, ainsi que l'outil-« lage ou le matériel destiné à la construction, l'aménage-« ment, l'amélioration..... »

Ces deux formes de caisses de crédit, étant donnée l'importance des firmes qui sont à leur tête, méritent toute notre considération. Nous nous promettons de les étudier. Nous informerons les intéressés par la voie de notre journal, de nos idées, de notre façon de penser sur ce sujet.

Si nous nous constituons sous une forme qui ne mette pas à notre disposition les capitaux suffisants pour marcher largement, nous pourrons toutefois demander à ces sociétés de nous couvrir des découverts que nous aurions besoin de faire, parce que nous aurons une grande valeur morale, et cela malgré que la loi prévoie la création d'une société immobilière qui serait placée entre la société prêteuse et l'industriel emprunteur de façon à avoir les trois signatures qui rendraient bancables les engagements que nous pourrions prendre vis-à-vis de ces sociétés.

J'estime, pour l'avoir vu fonctionner, que la société à personnel et capital variables a un autre avantage énorme provenant du fait que le nombre de ses adhérents n'est pas limité. Elle peut recevoir à tout moment de son existence un sang nouveau, sous la forme d'actionnaires nouveaux, par ses augmentations successives de capital. N'estimez-vous pas que psychologiquement les sociétés de ce genre qui peuvent chaque jour se renouveler, recevoir des gens leur apportant des idées, une virilité, une énergie nouvelles, n'estimez-vous pas, dis-je, que dans de semblables conditions ces sociétés sont assurées d'une longue vie de prospérité ? Il faut aller avec son temps et le temps progresse ; il va vers des formules scientifiques toujours nouvelles, mais toujours invariables. Par conséquent, disons-nous bien que cette société est la meilleure qui puisse être mise à la disposition du plus petit comme du plus grand. (*Applaudissements.*)

Ce ne serait pas faire tout son devoir que de ne pas parler de nos régions libérées quand nous parlons d'associations coopératives de construction ou de reconstruction. Vous savez l'énorme effort à accomplir dans ces régions. Dans une brochure que j'ai publiée après avoir étudié, en homme de métier, la ville de Montdidier et d'autres pays dévastés, je citais certains prix : 1 fr. 3o pour les compagnons ; o fr. 9o pour les garçons. Je constate aujourd'hui que je n'étais pas si loin de la vérité. Ces tarifs étaient ceux donnés par l'Etat au moment où j'ai fait ma brochure. J'ajoutai, dans ma brochure, cette observation que les tarifs que je donnais n'avaient de valeur que si la reconstruction devait être faite d'une façon industrielle et non administrative. Dans mes calculs du prix de revient de la reconstruction des bâtiments ordinaires des régions libérées — c'est-à-dire non compris les réparations des dégâts aux bâtiments publics — j'arrivais au total de 21 milliards.

Aujourd'hui, étant donnés les errements de l'administration, errements qui n'ont pas cessé depuis l'armistice, ce chiffre doit être singulièrement augmenté. A mon avis, il devra être multiplié par 2, 2 1/2, peut-être même par 3. Il est impossible actuellement de dire ce que coûtera la reconstitution des régions libérées. En demandant que, seules des compétences responsables président à la reconstruction des pays dévastés, nous avons fait tout notre devoir. Si nous n'avons pas réussi à faire admettre nos formules, c'est pour des raisons que je ne veux pas connaître ou approfondir. Il n'en est pas moins vrai que nous devons continuer à faire notre devoir envers et contre tous.

Nos projets prévoyaient la création de coopératives de reconstruction et de coopératives composées de propriétaires. La loi sur les dommages de guerre a bien prévu la création de coopératives de construction, mais elle n'a pas obligé la contre-partie, c'est-à-dire l'architecture et l'entreprise à faire des coopératives.

Eh bien ! ne croyez-vous pas qu'en face de ces coopératives de reconstruction dont je vous dirai deux mots tout à l'heure — car mon devoir est d'attirer l'attention de ceux qui viendraient travailler dans les régions dévastées sur les inconvénients que l'on rencontre et les moyens de les éviter — ne croyez-vous pas, dis-je, qu'il serait intéressant d'envisager les sociétés de reconstruction basées sur le principe de l'association prévue par la loi que je rappelais tout à l'heure sur la constitution des sociétés à capital et personnel variables. N'estimez-vous pas qu'en face de ces sociétés coopératives légales, les entrepreneurs isolés ne vont pas se trouver en état d'infériorité ? Ne croyez-vous pas que 80 % d'entre nous sont absolument incapables actuellement de conclure des marchés, non seulement avec de simples sinistrés mais encore avec les coopératives prévues par la loi ? J'affirme, une fois encore, que si nous ne consentons pas à perdre un peu de notre individualité, de notre liberté personnelle pour constituer une société coopérative de reconstruction, non seulement nous n'aurons pas aidé à la reconstitution du patrimoine de notre pays, de ceux qui ont tant souffert de la guerre, mais nous lui aurons nui, parce que nous n'aurons pas apporté notre petite pierre à la reconstruction de l'édifice national.

Je disais ce matin que, pour éviter de diminuer le quantum de la main-d'œuvre de la reconstruction, nous devions employer des machines, que nous devions les accoupler de façon à supprimer automatiquement le travail humain. Il nous faudrait des concasseurs, des broyeurs, des monte-charges, etc., des machines à fabriquer les matériaux nouveaux. C'est une dépense d'au moins 500.000 francs. Y en a-t-il beaucoup parmi vous qui puissent avancer une telle somme ? Si, au lieu d'être isolés, de marcher en tirailleurs, on marchait par grandes unités, ces 5oo.ooo francs divisés entre tous, constitueraient pour chacun d'entre nous une charge supportable.

Dans l'association, il doit être tenu compte, d'autre part, de la bonne volonté, des idées, des intelligences de chacun des membres. Ces qualités mises au service de l'œuvre commune lui procureraient grand bien. Un homme seul peut être un bon ouvrier, un bon mécanicien, mais il peut ne pas être un ingénieur ; il ne peut pas avoir à lui seul toutes les capacités nécessaires. D'où, nécessité de s'associer.

Il m'est arrivé d'avoir des concasseurs sur mes chantiers. J'ai été obligé de les mettre au point moi-même. Je n'ai pu le faire que parce qu'autrefois j'avais fait de la mécanique. J'avais installé sur l'un de mes chantiers une machine à air comprimé. Celle-là aussi j'ai été obligé de la modifier, elle ne me donnait pas de résultat. Une machine ne marche pas toute seule ; il faut à côté d'elle un homme de l'art.

Bref, l'homme agissant isolément ne peut pas rendre des services à la collectivité. Il ne peut même pas se rendre des services à lui-même en gagnant de l'argent avec le minimum d'efforts et le maximum de satisfaction.

La machine, il faut bien le dire cependant, n'est pas dans le bâtiment ce qu'on en pense souvent. Elle n'est pas un multiplicateur de la besogne. Je ne veux pas dire pourtant qu'elle ne multiplie pas un peu la besogne, mais son principal avantage est d'entraîner l'ouvrier. Elle est pour lui une machine qui tourne, qui consomme, qui mange et à laquelle il faut constamment donner à manger. J'ai eu l'occasion de m'en rendre compte sur les chantiers. J'occupais un pauvre ouvrier très fatigué et incapable de me rendre un service sérieux. Un beau jour je le mis au malaxeur. Il s'agissait d'alimenter une machine qui marchait d'une façon continue. Et bien, à aucun moment mon malaxeur n'a tourné à vide ; la machine entraînait l'homme. Je répète qu'à raison du travail que nous leur demandons, les machines doivent être améliorées et c'est pour cela que je verrais avec satisfaction entrepreneurs et constructeurs s'entendre sur les améliorations à y apporter.

En ce qui concerne les coopératives, j'attire votre attention sur un certain nombre d'inconvénients qu'elles présentent encore. Dans un article 8, il est dit que tout coopérateur peut se retirer quand il lui plaît, à la condition de régler ce qui a été fait pour lui, au moment où il est entré à la coopérative. Cela semble logique au premier examen. Et bien, ça ne l'est pas du tout et si j'avais su de prendre la parole sur ce sujet, j'aurais apporté des éléments qui m'auraient permis de fortifier mes informations. Ces statuts n'ont pas été faits par des gens compétents. Le Monsieur qui les a rédigés est probablement un professeur de droit qui connaît la jurisprudence mais est incapable en matière de comptabilité de frais généraux.

Un autre article de ces statuts dit que chacun des associés n'est tenu que de sa capacité vis-à-vis de la Société. Il n'y a donc pas solidarité entre les membres de ces collectivités puisque chacun d'entre eux n'est tenu que de sa capacité personnelle. Dans la rédaction de ces statuts, on a donc voulu écarter la solidarité. D'une part, un associé a le droit de se retirer, d'autre part, il n'y a pas de solidarité. J'ai enfin eu le regret de constater que l'on n'avait pas prévu la justification de la valeur civile de chacune des unités de cette coopérative.

Je suppose qu'un monsieur qui a levé la jambe pendant sa jeunesse se marie avec une douairière qui lui apporte un million de dot. Il veut se faire une nouvelle auréole et projette d'aller dans les régions libérées acheter des fermes. Il en achète pour un ou deux millions. Il fait partie d'une coopérative ; les actes sont passés chez un notaire à Paris ; il a un gérant sur les lieux. Ce monsieur est marié sous le régime dotal. Au village on n'en saura rien. Vous voyez ce que je veux dire et quelle peut être la difficulté.

Lorsque j'ai reçu le premier exemplaire des statuts des coopératives, j'ai bondi et j'ai immédiatement fait demander à M. Berthélemy, professeur de droit, qui en est l'auteur, une consultation explicative. Je déclare que si je n'ai pas compris c'est parce que je ne suis pas assez juriste...

M. Pic : Je demanderai à M. Berthélemy de me donner une explication claire.

M. Villemin, *président :* Comment pouvons-nous résoudre cette situation ? Par l'association.

Isolés, mal informés, nous risquons de signer bénévolement des marchés et un beau jour nous pourrons nous trouver en face de situations pénibles comme celles que je viens de vous signaler. Associés, nos conseils judiciaires nous préserveront de tout inconvénient, de tous impedimenta qui peuvent résulter de ces statuts.

Pendant la guerre on a jeté à terre cet autre axiome : « les conventions faites de bonne foi et qui ne portent pas atteinte à l'ordre public et aux bonnes mœurs constituent la loi des parties. »

Quelles pourraient être les conventions qui pourraient constituer la loi des parties ?

C'est à nous qu'il appartient d'indiquer que dans le cas d'incapacité ou de mariage sous le régime dotal, les gens, dont le risque financier ne dépasse pas telle somme et qui viendraient à se retirer de l'association, auront droit à telle ou telle chose, de telle ou telle façon.

Il y aura solidarité de tous les membres de la coopérative pour tout individu qui est incapable. C'est une forme de marché à trouver, de marché-type.

J'ai la satisfaction de dire que toutes les fois que l'on crée une chose nouvelle on nous consulte. Dernièrement, nous avons été convoqués à quatre, au Ministère des travaux publics pour discuter la loi de huit heures ; nous avons refusé de dire que nous représentions l'entreprise française. Si nous avons été les premiers appelés au Ministère pour cette consultation et discuter avec la Confédération Générale du Travail, c'est parce qu'on a reconnu que la formule que nous avions appliquée à notre Fédération du Bâtiment était celle qu'il fallait faire admettre pour tous les autres groupements.

Lorsque M. Clémentel a voulu constituer les vingt et un groupements que vous savez, j'ai encore été appelé au Ministère du Commerce parce que je représentais le seul groupement organisé. Nous avons donc trouvé la formule et je pense que les Congrès comme ceux de Strasbourg et de Metz, où nous avons tous communié d'un même cœur, aboutiront à la création d'une association fortement constituée qui permettra par sa force, par son développement intellectuel et moral à consolider la charpente que nous avons mise debout il y a quinze ans.

Nous sommes ici dans un milieu réaliste, industriel. Laissons le sentiment de côté, constituons-nous, charpentons-nous, associons-nous, soyons unis.

Je vous ai signalé quelques articles dont nous devions nous méfier. Il y en a un cependant que je signale à votre attention, c'est l'article 46 de la loi du 17 avril 1919 sur la réparation des dommages causés par les faits de guerre. Cet article est ainsi conçu :

« Art. 46. — L'Etat peut se libérer par l'un des moyens suivants, si les attributaires y consentent.

« En ce qui concerne les immeubles par nature, par la
« dation d'un autre immeuble de même nature et de même
« valeur situé dans le canton du dommage ou les cantons
« limitrophes.

« En ce qui concerne les autres immeubles, par la remise
« d'objets mobiliers de même nature et de même valeur.

« L'Etat peut également se libérer pour totalité ou partie,
« en faisant exécuter à ses frais les travaux de restauration
« des immeubles ou meubles endommagés en fournissant
« les matériaux pour cette restauration.

. . . .

J'attire particulièrement votre attention sur cet article que nous pourrons invoquer comme une garantie tutélaire contre une déconfiture de notre Société coopérative.

Si nous voulons obtenir tout ce que cet article promet, il nous faudra la force.

Enfin, je vais vous dévoiler tous mes secrets. L'autre jour, dans un village à reconstruire, devant un groupe d'architectes, je demandais qui serait chargé de la réfection des routes, des trottoirs, de la voirie en un mot. Il me fut répondu : c'est le Service des Travaux publics.

Alors nous, entrepreneurs, nous viendrons dans ces villages installer des machines, des chantiers, et, au moment où nous nous mettrons en route, les travaux publics bouleverseront tout ? Mais si c'est ainsi, nous sommes sûrs de manger tout notre saint-frusquin. Nous ne marchons pas, ai-je répondu. Confiez-nous, ai-je dit à ces architectes qui ont en mains la direction de ces travaux, la voirie de ces villages de façon à réaliser une unité de chantier, une unité de direction qui nous permette de travailler pour le plus grand bénéfice des sinistrés de l'Etat et de nous-mêmes.

Je regrette que M. BURNS-DEMAY ne soit pas ici. Il vous aurait dit ce qu'il a fait, sur mes conseils. M. BURNS-DEMAY est un réalisateur, c'est un homme qui voit les choses en vrai commerçant et industriel. Un jour, il vint me trouver à Paris, me remercier de ce que j'avais pu faire pour lui pendant sa captivité et me demander des conseils sur ce qu'il avait de mieux à faire, pour reprendre le travail. Je lui ai tracé le programme d'une société coopérative de reconstruction. Il s'est attaché à cette œuvre ; il l'a mise debout. Il est parvenu à y faire entrer la majorité des entrepreneurs de Roubaix et de Tourcoing. Il a créé une administration de toutes pièces avec des ingénieurs-chimistes, mécaniciens, etc... Il est arrivé à inspirer une telle confiance, non seulement à son ancienne clientèle, mais à toute la clientèle environnante, que cette coopérative a, sur la planche, dix fois plus de travaux qu'elle ne peut en exécuter. La force morale de cette association était énorme. M. Burns-Demay, fort de la solidarité qu'il sentait autour de lui, s'en est allé trouver le général anglais qui avait la responsabilité des stocks de matériaux accumulés dans la région et lui a dit: « Je viens de constituer une société d'entrepreneurs sinistrés qui veulent, non seulement relever les ruines de ceux de

ses membres qui rentreront au pays, mais qui veulent
aussi reconstituer patriotiquement leur pays. Voici les
statuts de cette société. Elle est légale. Elle présente
une garantie morale de premier ordre, des compétences
indiscutables. Je vous demande, mon Général, de me
vendre votre matériel, vos matériaux. Je ne pourrais
pas vous les payer, je n'aurai pas assez d'argent; mais vous
avez devant vous des gens responsables qui accepteront tous
les contrôles que vous voudrez leur imposer, qui s'engagent
à vous payer au fur et à mesure de la livraison des matériaux. » M. Burns-Demay est allé ensuite demander des crédits dans une banque importante. Il a obtenu satisfaction
immédiatement, parce qu'il n'était pas seul, parce qu'il
représentait une force morale, des compétences, de la cohé-
sion. M. Burns-Demay a fait un marché superbe. Les Anglais ont trouvé le procédé tellement dans leur genre d'idées
qu'ils n'ont pas hésité. J'aurais voulu que ce soit M. Burns-
Demay lui-même qui vous donne ces explications. Il est
revenu me trouver, il y a quelque temps, pour me dire
que des architectes désiraient se joindre à eux et me demander des conseils à ce sujet; je lui ai répondu de ne pas les
accepter. L'architecture est une chose, l'entreprise en est
une autre. Restez entre vous, lui ai-je dit, et priez les architectes de faire comme vous, de constituer une société coopérative. Aidez-les, marchez la main dans la main, ne faites
rien sans eux. Les choses se sont passées ainsi, c'était naturel, normal. Quand on me demande dans quel sens on doit
agir, je me pose toujours, avant de répondre, la question
suivante : Quels sont les intérêts qui existent entre les personnalités qui demandent à se joindre? Si ce sont des intérêts de droit, je réponds : Associez-vous. Ce n'est pas que
je suspecte les architectes, loin de là ma pensée, mais il y
a une vérité juridique dont il faut tenir compte quand on
discute par exemple avec les ouvriers. Entre les clients et
les ouvriers, il n'y a aucun lien de droit, mais entre les
entrepreneurs et les ouvriers, il y en a un. Personne ne
doit donc intervenir entre les entrepreneurs et leurs ou-

vriers sans l'autorisation des deux parties. Ainsi, lorsque nous avons discuté avec les ouvriers maçons de Paris le contrat de travail de 1911, nous étions d'accord sur certains points et pas sur d'autres. Qu'avons-nous fait? Nous avons demandé l'arbitrage des architectes. C'était naturel. Ils ne pouvaient le faire que parce qu'ils n'étaient pas intervenus autrement. S'ils s'étaient mêlés aux débats, ils n'auraient plus eu la possibilité d'être des arbitres. Ce sont eux qui ont établi les équivalences sur lesquelles nous n'avions pas pu tomber d'accord avec nos ouvriers.

Je vous ai parlé des rapports de droit que nous avions avec notre clientèle. Je n'ai pas parlé de nos rapports avec nos fournisseurs. N'estimez-vous pas que, là encore, si vous restez isolés en face de vos fournisseurs, admirablement constitués, fortement charpentés dans leurs chambres syndicales ou leurs organisations commerciales, vous ne serez pas en état d'infériorité? Pas un d'entre vous n'oserait affirmer le contraire.

Les prix extrêmement élevés qui nous ont été imposés pendant la guerre et auxquels nous sommes encore astreints aujourd'hui, sont une preuve que nous ne sommes pas de taille à discuter avec nos fournisseurs parce que nous ne sommes pas constitués comme nous devrions l'être.

Si nous voulons stabiliser nos prix pour pouvoir traiter en toute connaissance de cause, si nous voulons standardiser les matériaux, nous n'y arriverons, je l'affirme, que si nous faisons un accord avec nos fournisseurs. Pouvons-nous faire ces accords isolément ? Je dis : non.

Si, au contraire, nous nous constituons fortement en association d'achat, nous aurons la force de discuter et nous ne recevrons plus tous les quinze jours cette petite circulaire « à partir de telle date, nos prix seront augmentés de tant ou tant pour cent ». Nous devons arriver à ce principe que chacun doit vivre de son métier; le fournisseur a droit à des bénéfices, à une garantie de paiement indiscutable. Il la trouvera cette garantie dans des associations d'achat. N'est-il pas plus facile à un fournisseur de traiter pour

5 millions d'affaires avec une association responsable, dont la pérennité est assurée, que de traiter des affaires de 5.ooo francs avec mille entrepreneurs différents?

Associons-nous, Messieurs, afin de nous assurer cette tranquillité d'esprit qui nous permettra de donner de l'essor à nos combinaisons, de mieux diriger nos affaires en nous libérant de tous les impédimenta du métier.

C'est grâce à la force des associations qu'on a pu arriver à des accords avec les fournisseurs, les ouvriers, les architectes, les clients.

Je n'ai pas parlé des collaborateurs ouvriers, mais j'en parlerai demain. En tout cas, j'espère ne pas partir de Lyon sans avoir obtenu de vous la promesse formelle de donner satisfaction aux idées larges, nettement économiques que je viens d'avoir l'honneur de développer devant vous et que nous ne partirons pas d'ici sans avoir donné à l'homme qui est le Maire de Lyon la certitude que, non seulement les entrepreneurs lyonnais mais tous ceux de France sont, comme lui, convaincus que la crise du bâtiment qui existe au plus haut degré d'intensité ne pourra être résolue que par les organisations que nous avons envisagées aujourd'hui. Par cette ténacité dans l'esprit de suite, cette façon de penser, d'agir, nous formerons un bloc intangible qui fera que notre industrie se défendra d'elle-même. (*Applaudissements.*)

Conférence de M. Paul PIC
Professeur à la Faculté de Droit de Lyon

Messieurs, j'ai été invité à vous présenter quelques observations sur le statut légal et le rôle économique et social des Offices publics d'habitations à bon marché. Je vais le faire aussi brièvement que possible. La crise du logement, surtout dans les quartiers populaires, est l'un des aspects les plus apparents de la crise économique générale déchaînée par la guerre dans le monde entier.

Elle préoccupe le Gouvernement français et le Parlement est actuellement saisi de divers projets tendant à amender notre législation sur les habitations à bon marché. Il s'agit de l'adapter à la situation économique nouvelle et en particulier de tenir compte de la dépréciation monétaire et de l'élévation corrélative du taux d'intérêt.

De ces projets, j'en détache deux. D'abord la proposition Strauss, déposée le 15 mai sur le bureau du Sénat, tendant au remaniement de l'ensemble de notre loi du 23 décembre 1912 sur les habitations à bon marché, charte devenue presque inapplicable par suite des valeurs locatives qu'elle prévoit et du taux absolument insuffisant de l'intérêt qu'elle garantit. Je vous citerai en second lieu le projet gouvernemental, intéressant, mais moins complet que la proposition Strauss, que vient de voter la Chambre des députés le 8 octobre dernier.

Il n'est pas dans nos intentions d'analyser ces projets; le cadre d'une telle étude serait trop vaste. Nous nous proposons simplement d'envisager l'un des moyens, l'une des solutions pratiques du problème : à savoir la création dans l'ensemble des départements français d'offices publics d'habitations à bon marché.

Qu'est-ce qu'un office public? Quel en est le statut légal, et quel rôle cet organisme est-il appelé à jouer dans l'œuvre de reconstitution nationale? Telle est la question qu'il faut envisager.

I. — Quel est, Messieurs, le statut légal des *offices publics d'habitations à bon marché* ? Ce statut est déterminé par les articles 11 et 24 de la loi du 23 décembre 1912, dont les prescriptions essentielles peuvent se résumer dans les propositions suivantes . « Les offices publics d'habitations à bon « marché sont des établissements publics, créés par décret « rendu en Conseil d'Etat sur la proposition du ministère de « l'Intérieur et du ministère des Travaux publics, et sur « l'initiative soit d'un conseil municipal ou d'un certain « nombre de conseils et syndicats de communes, soit d'un « conseil général, et après avis des comités de patronage « des habitations à bon marché et de prévoyance sociale « et du conseil supérieur des habitations à bon marché. »

Ils ont pour objet exclusif la construction, l'aménagement et la gestion d'immeubles salubres régis par la loi de 1906, l'assainissement des maisons existantes et la création des cité-jardins ouvriers.

Notons en passant que les offices, même lorsqu'ils sont d'initiative communale, ont des pouvoirs que jusqu'ici la loi française, à tort ou à raison, refuse aux communes.

Vous savez que les communes françaises sont mineures. On s'en est plaint hier. Les communes ne peuvent construire elles-mêmes, à l'exception d'habitations collectives pour familles nombreuses, et même lorsqu'elles sont autorisées à construire dans les conditions déterminées par l'article 25 de la loi de 1912, il leur est interdit de gérer elles-mêmes les immeubles qu'elles ont édifiés. Quand elles le font, elles sont obligées de recourir à certains détours; mais légalement la gestion doit en être confiée, soit à un office public, soit à une association reconnue d'habitations à bon marché.

Les offices publics sont gérés par un conseil d'administration de dix-huit membres, dont six désignés par le préfet, six désignés par le ou les conseils municipaux sur l'invitative desquels la création a été demandée, et six élus par différentes institutions. Le mandat des administrateurs est gratuit.

Le conseil règle par ses délibérations les affaires de l'office. Cependant je dois dire que certaines décisions ne sont exécutoires qu'après l'approbation de l'autorité supérieure. C'est à l'administrateur délégué, véritable cheville ouvrière de l'office, ou à son défaut au président élu, qu'il appartient d'administrer les finances de l'office, et d'ordonnancer toutes les dépenses. Recettes et dépenses sont effectuées par un receveur comptable chargé seul, sous sa responsabilité, d'encaisser les revenus, d'acquitter les dépenses. Cet agent, comme le receveur des hospices, est désigné par le préfet sur une liste de trois personnes présentées par le conseil d'administration.

Quelles sont les ressources des offices? Le patrimoine des offices est formé :

1° D'une dotation mobilière et immobilière qui peut être importante;

2° De dons et legs;

3° De fonds d'emprunts.

Les communes et les départements peuvent consentir aux offices des prêts dont les conditions générales d'emploi sont déterminées par les conventions.

Elles peuvent garantir pour la totalité de leur durée l'intérêt et l'amortissement des emprunts contractés par ces établissements. La caisse des dépôts et consignations, les caisses d'épargne ordinaires et les établissements visés par la loi de 1906 (hôpitaux, hospices et bureaux de bienfaisance) peuvent prêter aux offices publics dans les mêmes conditions qu'aux sociétés d'habitations à bon marché.

Il convient de noter que pour remédier à la crise du logement populaire, les ministres des Travaux publics et des Finances ont déposé un projet de loi tendant à élever à

3oo millions de francs le total des prêts que la Caisse des dépôts et consignations est autorisée à consentir aux offices publics et aux sociétés d'habitations à bon marché sur les fonds des caisses d'épargne.

Ces avances doivent être effectuées aux taux réduits de 2 à 2,5o %.

*
* *

Quel est le mécanisme légal des offices publics, quel peut-être leur rôle économique et social? Il me semble que le rôle des offices créés par la loi de 1912 n'a pas toujours été bien compris; et aujourd'hui encore, un grand nombre de villes ou de conseils généraux hésitent à doter convenablement cet organisme nouveau. Il semble bien que l'on craint de voir les offices faire concurrence aux sociétés d'habitations à bon marché et paralyser ainsi plus ou moins les initiatives privées prises par des philantropes, par des chefs d'industrie ou par des organisations syndicales.

Quelle est la valeur de cette objection? Je la crois, pour ma part, inexacte. Les offices publics ne sont nullement une concurrence pour les sociétés d'habitations à bon marché. Bien loin de les concurrencer, ils ne peuvent que coopérer à leur action, la compléter en la synthétisant. Qu'il soit municipal, intercommunal ou départemental, l'office est avant tout un organisme de coordination des efforts, Il doit servir de trait d'union entre les œuvres existantes, aider à leur développement, combler les lacunes de l'initiative privée. Là où la société d'habitations à bon marché suffit à doter la population ouvrière de logements sains et bon marché, l'office s'abstiendra de construire et se bornera simplement à rapprocher des administrations qui s'ignorent; il servira entre elles de truchement.

Mais partout, au contraire, où l'œuvre fragmentaire des sociétés existantes paraîtra nettement insuffisante, il interviendra pour compléter cette œuvre. Il s'efforcera d'assainir les quartiers populaires en y faisant circuler l'air et la lumière, il s'efforcera même de créer, de toutes pièces, des cités ouvrières conformes au plan d'extension qui doit être dressé en exécution de la récente loi du 16 mars 1919, magistralement commentée hier par M. Jaussely. L'office tracera, d'accord avec les villes, avec les groupements intéressés, un programme d'ensemble dont l'exécution sera confiée aux sociétés d'habitations à bon marché, existantes ou à constituer, et aussi aux grands industriels désireux de coopérer à l'œuvre commune. L'office pourra se réserver par exemple la construction d'édifices publics et aussi l'installation commune de buanderies, bains-douches, ainsi que l'aménagement, la décoration des espaces libres, parcs et squares, jardins ouvriers, et enfin l'office aura tout naturellement le contrôle, la surveillance générale de l'ensemble des travaux rentrant dans le programme arrêté en commun.

Application au département du Rhône des principes généraux formulés. — Toutes les cités industrielles du département, à commencer par Lyon, ont un programme important, immense, qui serait, si c'était possible, s'il n'y avait pas des difficultés financières presque insurmontables, à exécuter d'urgence. Toutes, en effet, manquent de logements convenables. La population de Lyon a dépassé toute prévision, alors qu'au contraire la stagnation de l'industrie du bâtiment a aggravé la crise d'année en année. Ce point de départ étant admis, convient-il de doter chaque ville d'un office public autonome, ou de constituer un office intercommunal dont la ville de Lyon serait le centre? Ne vaudrait-il pas mieux créer un office public unique rayonnant sur l'ensemble du département? C'est à cette dernière solution que le Conseil général du Rhône a paru disposé à se rallier, à en juger par un vote de principe émis en avril; la question n'a pas été reprise, malheureusement, lors de sa dernière session.

Tout bien considéré, c'est à cette solution que vont aussi nos préférences. Sans doute les offices communaux ont l'avantage de respecter plus complètement l'autonomie de la commune et de laisser chaque municipalité libre d'aménager comme elle l'entend les quartiers populaires; mais en regard de cet avantage, que d'inconvénients ! Il faut bien le dire, rien n'est plus artificiel que les frontières communales, celles de Lyon surtout. Vous savez tous, en effet, que Lyon est enserré à l'Est entre Villeurbanne, Bron, Saint-Fons et Vénissieux, et ne peut réaliser son programme de construction d'une vaste cité ouvrière au sud de l'avenue Berthelot (avenue des Etats-Unis) qu'à une condition, c'est de déborder sur Saint-Fons.

Cet inconvénient disparaît par la création d'un office intercommunal auquel nous avons songé.

Groupant dans un syndicat Lyon et l'ensemble des localités suburbaines, cette création, à laquelle le comité de patronage que je préside s'était d'abord rallié, se heurte à des résistances très vives de la part des communes suburbaines, qui voient dans la constitution d'un tel syndicat une menace plus ou moins prochaine d'absorption.

Aussi, après un examen plus approfondi de la question, serions-nous plutôt partisan de l'institution d'un office public unique pour le département du Rhône, office créé sur l'initiative du Conseil général qui, en cette matière, est l'arbitre naturel, légal, de tout conflit susceptible de s'élever entre les différentes communes du département.

C'est, en tout cas, à mon sens, par l'office départemental qu'il paraît logique de commencer, sauf à créer ultérieurement des offices communaux ou intercommunaux comme on l'a fait dans le département de la Seine, où fonctionnent concurremment deux offices, l'un départemental, l'autre communal.

Si cette solution prévalait, les comités de patronage des arrondissements de Lyon et de Villefranche et les principales sociétés existantes, notamment la Société anonyme démocratique des habitations à bon marché, qui est une sorte de filiale de Lyon, fourniraient les cadres du conseil d'administration qu'il s'agirait de constituer.

Mais, pour faire œuvre utile, il conviendrait que le département et les principales villes et communes intéressées n'hésitassent pas à doter très largement l'office à créer. Il me semble que le Conseil général et les conseils municipaux intéressés n'auront qu'à s'inspirer de l'exemple donné par certaines grandes cités étrangères, anglaises notamment, dont quelques-uns d'entre nous ont pu, il y a quelques années, au cours de missions officielles, admirer les initiatives aussi hardies que fécondes.

Il est urgent d'agir et il conviendrait que ce congrès invite d'une manière pressante les autorités administratives, les organisations existantes et les conseils élus du département du Rhône à nous doter de cet office qui existe déjà et qui a rendu des services importants dans beaucoup d'autres départements. (*Applaudissements.*)

M. VILLEMIN, *président* : Messieurs, je remercie chaleureusement M. Pic de l'intéressante communication qu'il vient de nous faire. Il est incontestable que ce qu'il vient de nous indiquer est une preuve de plus que dans notre pays quand on veut on peut.

Nous sommes convaincus que les offices départementaux pourraient nous rendre, à nous entrepreneurs, les plus grands services, ainsi qu'aux ouvriers et à tous ceux qui travaillent. Il s'agit de savoir en profiter, de savoir nous servir des instruments mis à notre disposition. Mais je tiens à affirmer une fois de plus qu'isolés nous les ignorons. Ce n'est qu'unis que nous arriverons à les faire entrer dans nos idées, dans nos mœurs.

Je remercie M. Pic de nous avoir apporté l'appui de sa haute compétence en matière juridique, mais plus encore de nous avoir donné l'appui de sa haute compétence en matière sociale. Il nous a démontré que ces questions ne lui étaient pas étrangères et il a cru de son devoir de s'en préoccuper et de nous divulguer ses idées sur ces questions.

J'exprime à M. Rambaud le désir très grand que j'aurais d'avoir une communication tout à fait spéciale du travail de M. Pic, pour la communiquer à nos journaux du bâtiment et à la Fédération nationale. Cette communication sera un excellent moyen de propagande, pour le plus grand bénéfice des idées que nous venons de défendre. De cette façon, nous rendrons un grand service à nos ouvriers et à nos collègues.

Je vous remercie donc encore une fois, Monsieur Pic, d'une façon intéressée et d'une façon beaucoup plus large et beaucoup plus haute.

M. HENRY GLEIZE, *représentant de l'Union métallurgique et minière :* Messieurs, on a parlé hier et aujourd'hui de la construction en ce qui touche l'amélioration des villes. M. Jaussely a développé magistralement la théorie de l'organisation et de l'aménagement des villes. M. Villemin et d'autres orateurs ont parlé de l'amélioration du matériel de construction et de l'application des méthodes de taylorisation dans l'industrie du bâtiment. Enfin, M. Pic a parlé avec infiniment de compétence du statut légal et du rôle économique et social des offices publics d'habitations à bon marché. Je remercie M. le Président d'avoir bien voulu me permettre de développer ici le point de vue patronal en ce qui concerne la construction des habitations à bon marché ouvrières.

Je parle ici au nom de deux organisations qui sont l'émanation de l'union de l'industrie métallurgique et minière : « La Caisse Foncière de crédit pour l'amélioration du logement, de l'industrie », qui existe depuis plusieurs mois, et du « Comptoir général du logement populaire », en voie de formation. Je vous exposerai donc :

1° Les raisons qui nous ont fait étudier et résoudre la question du logement;

2° Le côté financier;

3° Le côté technique du problème.

Nous possédons à Paris des bureaux d'études sociales extrêmement étendus, avec tous les spécialistes nécessaires à l'étude de ces questions. Les renseignements que nous possédons en ce qui concerne l'effort déjà réalisé à l'étranger nous ont, depuis longtemps, incités à mettre la question à l'étude. On vous a dit hier les méthodes adoptées aux Etats-Unis. D'autre part, nos industriels reviennent étonnés de ce qu'ils ont vu en Allemagne ou dans les pays libérés en matière de cités ouvrières. Enfin, l'Angleterre qui possède une situation particulièrement favorable du fait de la construction de ces maisons entourées pour la plupart de jardins, fait en ce moment un effort considérable. Elle vient de voter un crédit de 2 milliards destiné à la création de cités-jardins. Je puis mieux que personne me rendre compte des progrès réalisés, puisque j'ai assisté, pendant mon séjour en Angleterre, alors que j'y terminais mes études, à l'éclosion de Garden-City audacieusement créée à une grande distance de la grande ville.

A la base de tout ce système, nous ne pouvons que constater l'audace et la largeur de vues des nations qui nous entourent. En France, tous les industriels que j'ai visités me disaient, lorsque je leur demandais quel était leur programme de réalisation en matière d'habitations à bon marché, que la cherté du bâtiment leur empêchait toute construction. Nous avons donc été appelés à rechercher les moyens de remédier à la crise du logement dans l'industrie. Deux moyens seulement s'offraient à nous : la baisse du loyer de l'argent ou l'abaissement du coût de la construction, soit par la standardisation, soit par l'amélioration des procédés industriels. L'étude que je vous présenterai, traitera donc, d'une part, le côté financier, d'autre part, le côté technique de la question.

Premièrement, côté financier. Jusqu'à aujourd'hui, la grande banque française a été dans l'impossibilité matérielle de pourvoir aux besoins de l'industrie en matière d'habitations ouvrières. Elle ne possédait ni l'étendue des capitaux nécessaires, ni des moyens d'investigation, ni l'administration adéquate à l'institution à long terme avec tous les risques qu'elle comporte. L'Etat lui-même, qui a établi des lois spéciales pour favoriser le développement de la maison individuelle, ne pouvait être d'aucun secours à l'industric. Nous savons, en effet, que les seuls prêts théoriquement possibles à l'industrie ne pourraient pas être consentis à un taux inférieur à 4,25 % ou même 6,75 %. Or, l'industrie ne doit pas compter sur des prêts à 4,25 %, les fonds à disposer dans cette catégorie étant réservés aux sociétés destinées à rendre l'ouvrier propriétaire de sa maison et aux sociétés coopératives poursuivant le même but.

En ce qui concerne maintenant les fonds disponibles au taux de 6,75 %, il ne pourra qu'être fait de nombreuses objections aux industriels désireux d'en bénéficier, les sociétés à but purement philanthropique devant passer avant celles constituées dans un but plus ou moins utilitaire. En outre, il ne faut pas perdre de vue que le maximum des prêts ne dépasse pas 66 % de la valeur des immeubles à construire et eu égard au grand nombre de demandes actuellement présentées, on doit penser que les prêts à consentir seront infiniment très inférieurs au maximum de 66 %. D'ailleurs, il est bien stipulé que tous les prêts accordés par la Caisse des dépôts et consignations découlent seulement d'une faculté et non d'une obligation. Le chiffre disponible est très inférieur aux besoins en France. L'industrie ne pourrait à la rigueur compter que sur des avances à 6,75 %. Elle restera donc pratiquement en dehors des opérations consenties par la Caisse des dépôts et consignations. Le Crédit Foncier lui-même, qui est une organisation solide, qui a rendu infiniment de services en France, se voit empêché d'entrer dans la voie où s'est engagée la Caisse Foncière de Crédit. Ce qui va être fait par la caisse découle donc d'une méthode tout à fait nouvelle qui comporte les risques considérables et qui est basée sur l'acceptation de la créance appuyée par la valeur morale de l'industriel garant.

La Caisse Foncière de Crédit est une société anonyme par actions qui fait appel au crédit public. Elle dispose donc pratiquement de capitaux illimités. Sa direction est confiée à un homme qui fait autorité dans le monde des affaires. Son conseil d'administration comprend les plus hautes notabilités du monde industriel français. Ses frais généraux sont extrêmement réduits, car elle a bénéficié de toute l'organisation des services annexes créés par l'union de l'industrie métallurgique et minière. Ses méthodes sont toutes modernes et les formalités administratives qu'elle impose à sa clientèle sont presque nulles. Toute paperasserie est bannie de ses méthodes de travail. Des prêts sont consentis par elle aux Sociétés immobilières de crédit, aux taux suivants (intérêt et amortissement compris) : en 20 ans, 9,314 % ; en 30 ans, 8.045 %. Un projet est à l'étude pour des prêts à plus long terme en faveur des villes. Aucune hypothèque n'est prise sur les immeubles ni sur la propriété industrielle de l'établissement garant. On me permettra d'ouvrir ici une parenthèse et de préciser que si la Société Foncière de Crédit demande la création de sociétés immobilières qui viennent s'interposer entre elle et les industriels, ce n'est pas seulement comme a pu le penser notre éminent Président, pour se procurer les signatures nécessaires à l'escompte des créances qu'ils pourraient posséder, mais surtout pour faire en sorte que toutes les frictions qui se produiraient inévitablement entre patrons et ouvriers, dans la gestion des maisons, soient évitées par un organisme indépendant. Tel serait le cas dans les encaissements de loyers par le patron. Cela n'empêche pas d'ailleurs que, pratiquement, l'industriel est bien le seul propriétaire des maisons ouvrières. Ainsi se trouve résolue la question financière qui se trouve à la base de toute organisation industrielle.

Côté technique. Il y a quelques mois une enquête minutieuse avait été faite en France par l'Union métallurgique et minière pour savoir quels étaient les besoins de la métallurgie en matière d'habitations ouvrières. Il ne faisait aucun doute que, en raison des prix de la construction, c'était seulement par le groupement de toutes les demandes qu'on pourrait arriver en créant des types spéciaux de maisons ouvrières à un prix de revient pratiquement abordable pour l'industrie.

La construction directe par la Caisse Foncière a cependant été abandonnée, mais un comptoir général de logements populaires est en ce moment en formation sous la forme de société anonyme par actions qui fera également appel au public.

Son conseil d'administration sera formé comme pour la Caisse Foncière de Crédit, de personnalités éminentes. Je ne saurais mieux faire pour vous définir le but du comptoir général de vous donner lecture de la partie des statuts qui concerne cet objet : « Le Comptoir a pour objet d'acheter « tous matériaux ouvrés ou non ouvrés ainsi que tout outil- « lage ou matériel et toutes fournitures accessoires destinées « à la construction, à l'aménagement et à l'amélioration « préparatoire ou complémentaire des logements (travaux « de viabilité et d'hygiène, rues, égouts, bâtiments à usage « collectif) ainsi que dépendances et annexes de logements « jardins, bains, lavoirs, etc. Ces achats pourront être faits « par la Société : 1° pour le compte d'elle-même en vue d'en « effectuer la revente ; 2° pour le compte de toutes per- « sonnes qui l'en auraient chargée.

« La Société pourra également fabriquer, produire ou « extraire les objets désignés dans le paragraphe 1° du pré- « sent article, procéder, soit pour son compte, soit pour le « le compte d'autrui, à la construction de logements popu- « laires ouvriers, installation de dépendances complémen- « taires, acquérir, aménager et vendre tous immeubles « utilisables pour logements populaires ainsi que tous « terrains susceptibles de même destination, gérer ces « mêmes immeubles, les prendre ou donner en location et « généralement entreprendre toutes opérations ayant trait « au développement du logement populaire, économique et « salubre. »

Comme pour la Caisse Foncière de Crédit, les villes aussi bien que l'industrie privée pourront s'adresser au Comptoir général.

J'arrive à la conclusion nécessaire qui est la suivante : l'industrie qui a besoin de logements peut et doit construire des habitations ouvrières. Elle peut construire, parce qu'elle a maintenant à sa disposition tous les moyens financiers et techniques de le faire. Elle doit construire, parce que l'intérêt social l'exige aussi bien que l'intérêt même de l'industrie.

Je ne connais pas en effet de moyen plus pratique de stabilisation du personnel que celui qui consiste à lui donner un logement sain, agréable et à bon marché. Je pense que la solution du problème n'est pas toujours dans la construction de vastes cités ouvrières, parfois un peu trop uniformes, mais peut-être, et c'est le cas pour Lyon, par l'édification de groupes de maisons par quartiers, qui répondraient à la fois aux besoins de l'industrie et aux règles de l'esthétique. Enfin, il serait vain de vouloir remettre à plus tard la réalisation d'un problème de construction en attendant la baisse des prix de la construction. Il est en effet avéré que ce prix ne peut mathématiquement baisser de longtemps, d'abord parce que les pays dévastés dans toute l'Europe absorberont pendant très longtemps une énorme partie de la production du matériel de construction, ensuite parce qu'on ne peut envisager la solution de la crise des transports et de la main-d'œuvre avant une longue échéance ; enfin, parce qu'il est vain d'espérer obtenir, en l'état actuel de la législation, des avances de l'Etat au profit de l'industrie privée.

On me permettra de vous dire, car on pardonne beaucoup à la jeunesse, que, en matières de constructions ouvrières comme dans tout programme de l'industrie, nous devons inscrire en tête de notre devise le mot « audace ». (*Applaudissements.*)

M. Borderel : Je demande la parole pour poser une question.

Est-ce que la Caisse Foncière prêterait aux villes dans les mêmes conditions qu'elle prêterait aux industriels qui lui en feraient la demande ?

M. Gleize : Exactement dans les mêmes conditions.

M. Borderel : Vous savez qu'une ville peut éprouver des difficultés à traiter directement. Prêteriez-vous, dans les mêmes conditions, à une société qui s'interposerait entre une ville et votre Société, avec la garantie de la ville.

M. Gleize : Avec la garantie de la ville, parfaitement.

Je ne voudrais pas dire du mal du Crédit Foncier, mais je sais qu'il ne prête que si les constructions pour l'édification desquelles on a besoin d'argent, sont déjà commencées. Notre caisse, au contraire, prête immédiatement, sans exiger que les constructions soient en route. Notre combinaison s'applique aux industriels qui ont besoin d'argent comme à ceux qui n'en ont pas besoin. C'est ainsi que de gros industriels, dont je ne citerai pas les noms, ont envisagé un emprunt de 4 ou 5 millions. Ces industriels n'ont certainement pas besoin d'argent. Ils préfèrent simplement conserver toutes leurs ressources dans leurs industries, pour pouvoir l'élargir et lui donner un essor nouveau. Nous nous fions surtout à la garantie morale. Je suis venu ici pour parler de programme de réalisation.

M. Pic : La Caisse Foncière peut rendre de très grands services, et, peut-être amènerait-elle, par son action, le Crédit Foncier à moderniser ses méthodes. Je sais qu'il est question, cela a même paru dans une publication financière, que le Crédit Foncier prêterait désormais avant l'achèvement des constructions. Il y a place pour le Crédit Foncier lorsqu'il sera modernisé, et pour la Caisse Foncière.

Je voudrais demander une précision à M. Gleize. Vous disiez tout à l'heure, en parlant de la société qui viendrait s'interposer, que l'industriel serait l'unique souscripteur. S'il est unique souscripteur, il n'y a pas de société.

M. Gleize : J'ai parlé en langage pratique, non en langage juridique.

M. Jacoton, *Administrateur des habitations hygiéniques du Bourbonnais :* Dans toutes les discussions qui viennent d'avoir lieu on a négligé de parler des habitations à bon marché, sous la forme de l'accès à la petite propriété. Cette forme ne doit pas être dédaignée.

Si l'on veut construire à bon marché, il faut se passer des intermédiaires. Or, il est possible de s'en passer puisque l'Etat lui-même offre de prêter aux sociétés et aux offices à 2 ou 3 %. Ce taux est infiniment plus intéressant que celui de 6,75 % dont il vient d'être question.

L'élément influent, dans la question des habitations à bon marché, est le terrain. Or les villes ont la faculté de céder des terrains aux sociétés d'habitations à moitié prix de leur valeur.

A Lyon, les sociétés coopératives d'habitation ont tout sous la main, je crois même qu'elles pourraient avoir le mâchefer pour rien. On peut donc, déjà à présent, construire. Si les pouvoirs publics avaient aidé ces sociétés, elles auraient déjà fait beaucoup de choses. Le Crédit Mobilier avait prêté 600.000 francs avant la guerre. Les sociétés coopératives, en 1914, étaient en train de construire un certain nombre de maisons. La déclaration de guerre a interrompu les travaux. Aujourd'hui, on ne parle pas de leur prêter de l'argent pour achever les maisons abandonnées.

La forme la plus intéressante de l'habitation est l'accès à la petite propriété, comme je vous le disais ; il faut qu'arrivé à l'âge de la retraite, l'ouvrier soit chez lui.

Si, au contraire vous acculez l'ouvrier dans une cité ouvrière, quand il arrivera à l'âge de la retraite, il se trouvera sans logement, la maison qu'il habite restant la propriété du patron.

Quand on parle d'habitations à bon marché, on dit toujours : regardez ce qui se fait en Angleterre. Je dis, moi, regardez donc en France, nous sommes aussi malins que les Anglais, nous arriverons à construire aussi bon marché qu'eux. Jusque-là nous n'avons pas fait beaucoup de bruit, mais nous avons fait du travail. Actuellement nous pourrions construire des maisons individuelles à 3.200 francs la pièce. C'est un peu cher, mais nous espérons que nos architectes nous aideront à faire diminuer ces prix. La maison collective à étages coûterait un peu moins cher :

2.455 francs la pièce. A condition que le loyer de l'argent soit peu élevé, ces maisons pourraient être payées en 22 ans, avec des annuités de 755 francs.

A Lyon, la construction des habitations à bon marché pourrait reprendre immédiatement. Il serait nécessaire, pour cela, que toutes les sociétés d'habitations à bon marché, unissent leurs efforts, qu'elles fassent leurs affaires elles-mêmes sans le secours d'aucun intermédiaire.

M. GLEIZE : Le problème envisagé par M. Jacoton est absolument différent du mien. M. Jacoton parle d'habitations dont l'ouvrier deviendrait propriétaire. J'ai parlé, moi, d'habitations dont les patrons veulent rester propriétaires.

Nous savons qu'il est excellent de donner une maison à l'ouvrier, mais vous n'ignorez pas que, dans beaucoup de cas, il ne sera pas possible à l'ouvrier de devenir propriétaire aux abords des usines. Comment voulez-vous qu'un patron puisse donner les maisons qu'il fait construire auprès de son usine, à ses ouvriers. Ce serait paralyser son industrie, en empêcher tout développement.

Ce n'est pas un miracle de faire des habitations à 3.200 francs la pièce. C'est une question de prix de revient qui peut être envisagée par tout entrepreneur. Que vous receviez des capitaux d'une source ou d'une autre, la question du prix de revient est indépendante. En ce qui concerne les prêts à consentir par l'Etat, vous me permettrez de vous dire que je possède la question à fond et que je sais que l'industrie elle-même qui veut construire, dans les conditions que j'indique, ne peut pas envisager des prêts à moins de 4,25 % ou 6,75 %. Tous les prêts qui peuvent être faits par l'Etat à des taux moindres sont réservés aux sociétés immobilières, appelées elles-mêmes à prêter aux ouvriers désireux de faire construire leurs maisons.

M. JACOTON : Les patrons ont parfaitement le droit de constituer une société anonyme et l'Etat leur prêtera à 4,25 %.

M. Benoit-Levy : Toutes les initiatives sont certainement intéressantes. Mais je crois qu'il y a une formule qui permet de les solutionner toutes, c'est la formule de l'office des habitations à bon marché qui permet à toute initiative de se manifester. Je suis particulièrement opposé à la cité ouvrière, c'est quelque chose d'infâme. Il ne faut pas localiser l'ouvrier dans un coron. Il ne faut pas que l'on puisse dire : là habite le bourgeois, l'aristocrate, là habite l'ouvrier, là est la cité. La cité ouvrière accentue la différence entre les classes.

L'office des habitations à bon marché peut recevoir des dons et legs ; comme c'est une institution neutre, patrons et ouvriers peuvent en retirer des avantages. S'il est souvent avantageux pour un patron d'être propriétaire, c'est quelquefois bien empoisonnant.

Si nous arrivions à la formule soit de l'office des habitations à bon marché, soit des sociétés coopératives de locataires, qui ont donné de si bons résultats en Angleterre, nous pourrions alors donner la France en exemple. Le malheur est que nous inventons et que nous laissons l'étranger réaliser.

La société coopérative de locataires dont M. Chesson a, le premier, donné la formule, n'a pas été appliquée en France, mais l'a été avec un grand succès en Angleterre.

Les locataires de cette société n'ont rien à craindre ; ils resteront dans leurs maisons autant qu'ils voudront.

Sans donner de formule nette, je crois qu'il faut orienter nos efforts vers ces fondations que sont les offices et les sociétés coopératives de locataires, qui auront d'après ce que nous a dit M. Cénet, la faculté d'emprunter directement à 2 % sans passer par les sociétés de crédit immobilier.

M. Villemin, *président* : Dans les diverses propositions qui viennent de nous être faites, je relève un reproche qui m'a été assez sensible. Il m'a été reproché que nous ne nous étions pas occupé des habitations ouvrières à bon marché individuelles. Ce reproche est un peu mérité, nous n'avons, en effet, pas parlé de cette forme de l'habitation, mais demain je traiterai la question. J'ai toujours envisagé dans les questions de construction d'habitations à bon marché, la forme qui consiste à permettre à l'ouvrier de devenir son propre propriétaire. J'ajouterai, puisque j'ai connu M. Chesson, que ses idées étaient que l'ouvrier ne devait jamais être logé en ville, mais à la campagne ; je lui ai donné certain jour, un travail dans lequel il était prévu que l'ouvrier pouvait devenir son propre propriétaire au bout de 22 ans ; le reproche que me fit M. Chesson était d'avoir situé cette maison en ville.

Vous m'avez reproché, Monsieur Gleize, d'avoir envisagé que la Société dont vous parliez cherchait une troisième signature. Voici ce que j'ai lu dans le prospectus que vous m'avez remis, je l'ai soumis à M. Pic : « Dans le premier cas, « la Caisse Foncière joue uniquement le rôle de banquier et « d'organisme de crédit. Dans le second cas, au contraire, « elle assume à côté de ce même rôle la charge de la cons- « truction directe et la réalisation pratique des projets « donnés par l'industriel. » Quand on est banquier, on fait de la banque. Si cette société est vraiment la société que vous dites, si elle agit sans vouloir toucher à l'industrie, quand elle aura des moments où elle sera débordée elle sera fort heureuse d'avoir cette troisième signature.

Je ne crois pas avoir mal interprété le prospectus que vous m'avez remis. Dans ce même article, je vois quelque chose qui peut être extrêmement dangereux pour l'industrie du bâtiment. Vous parlez avec vos puissants moyens finan- ciers, de stockage en grand des matériaux. Si une société financière avec ses capitaux, stock, monopolise les maté- riaux, c'est immédiatement l'immobilisation de l'industrie du bâtiment. Voilà pourquoi j'estime qu'il est de mon devoir de jeter le cri d'alarme. Votre Société peut faire beau- coup de bien, mais elle peut aussi faire énormément de mal à l'entreprise. Nous ne la suspectons pas, mais nous avons besoin de causer avec elle pour que l'industrie du bâtiment soit ménagée par elle et que ses méthodes soient conçues de telle sorte que l'industrie du bâtiment en profite.

Je répète que je ne jette pas un cri de suspicion, mais un cri d'alarme. Je veux bien croire en les assurances que vous nous avez données, Monsieur Gleize, mais j'estime que ces assurances devront nous être confirmées.

M. Gleize : Il est certain que je n'ai pas voulu faire la critique des trois signatures. La constitution d'une société immobilière interposée entre les ouvriers et les patrons, a pour rôle d'être, entre eux, une société tampon. Ceci je l'affirme.

En ce qui concerne la construction directe par la société, je dois vous dire que si cela avait été envisagé au début, c'est-à-dire au moment de l'impression du prospectus, que je vous ai remis, cette idée a été abandonnée. C'est à la suite de cet abandon que nous avons créé, plus tard, et à la demande d'un certain nombre d'industriels qui se trouvaient embarrassés, le « Comptoir général du Logement populaire » qui serait destiné à stocker les matériaux. C'est le seul moyen que nous ayions d'acheter à bon compte. Nous ne pensons pas et nous ne voulons pas stocker les matériaux pour les garder, pour les raréfier dans l'industrie. Ces achats seront uniquement destinés à couvrir les besoins des industriels qui s'adresseront à nous.

Dans la construction de maisons ouvrières, il est nécessaire de prévoir des groupements industriels pour obtenir des groupements de commandes. Nous ne pourrons obtenir de standardisation qu'autant que les industriels seront groupés. Il ne s'agit pas d'autre chose que de groupement des commandes de matériaux destinés aux besoins de l'industrie.

Lorsque vous disiez, Monsieur Villemin, que vous vouliez grouper les entrepreneurs pour acheter des matériaux entrant dans la construction des bâtiments, c'est-à-dire de la chaux, du ciment, vous ne faisiez qu'émettre un avis sur la question. Nous, nous l'avons résolue. Vos projets sont encore des projets, tandis que les nôtres sont réalisés.

M. Villemin, *président :* Nous sommes des industriels, et vous êtes des banquiers.

M. Gleize : Nous sommes un groupement de syndicats patronaux des mines et de la métallurgie. Nous nous sommes groupés entre nous pour rechercher le moyen de faire nos maisons ouvrières à bon compte, et nous avons pensé qu'il n'y avait pas de raison pour que les industriels qui veulent des matériaux ne puissent pas profiter de notre combinaison.

Nous voulons stocker dans la mesure où nos clients en auront besoin pour la construction de nos maisons.

Il est tout naturel que les industriels de la métallurgie s'adressent à eux-mêmes pour leurs matériaux. Pour les serrures, pour les poutrelles, nous sommes nos propres clients et vous sentez combien est enfantin le reproche qu'on nous fait de vouloir stocker nos matériaux puisque c'est nous-mêmes qui les produisons. Nous nous adresserons à nous-mêmes, ce sont nos clients qui produiront ces matériaux. Nous n'avons donc nullement l'intention de raréfier ces produits sur le marché.

M. Villemin, *président :* De toutes façons la marchandise est raréfiée. Vous produisez les premiers, vous vous servez les premiers, nous tenons la chandelle et nous n'avons pas de chaux.

M. Gleize : Nous n'avons pas construit une seule maison nous-mêmes et nous ne construirons peut-être jamais. Si vous n'avez pas de chaux, ce n'est pas de notre faute. C'est une question de transports. Je visite beaucoup d'industriels. Il n'est jamais venu à l'idée d'aucun d'eux d'accuser notre société de vouloir accumuler des matériaux. Des quantités de ciment et de chaux pourraient être vendues aux industriels qui en désirent. Malheureusement on ne peut pas transporter ces matières.

M. Villemin, *président :* Je dois signaler le fait suivant : j'avais entendu parler dans les antichambres ministérielles, d'une grande banque qui se constituait dans l'intention d'accaparer les matériaux et les travaux de reconstruction des pays libérés. Au cours d'une réunion qui eut lieu il y a six semaines, 55, rue de Châteaudun, au siège des Houillères, j'ai pris à partie M. Charles Laurent en lui disant : « On me demande de souscrire à ce Crédit National, je voudrais savoir avant d'engager mes collègues à souscrire, si vous vous proposez d'accaparer les matériaux de construction et si votre société financière a derrière elle un groupe d'entrepreneurs, dont je ne dirai pas le nom, qui marche avec elle et d'accord pour que, précisément les fonds auxquels on invite le public à souscrire servent à ce groupe d'entrepreneurs seulement et ne soient pas à la disposition de la totalité des entrepreneurs. Laurent m'a répondu de me tranquilliser, que cela n'existait pas, etc...

Or aujourd'hui, Monsieur Gleize, vous me remettez ce document que je lis. J'en tire des conclusions. Je n'ai pas inventé le texte écrit. Je veux bien croire que vous êtes de bonne foi, mais, moi qui ai été pris, je me demande s'il n'y a pas là quelque chose qui doit être examiné de plus près. C'est peut-être moi qui me trompe, mais c'est mon droit de mettre les points sur les i.

Vous parlez de construire, d'acheter vous-mêmes. Je vous dis moi, « avez-vous derrière vous de grandes entreprises qui marchent avec vous pour se servir de l'argent du public, en tant que groupe d'entreprise ? »

En face d'une industrie dont les intérêts sont compromis, mal équilibrés par une situation dont elle n'est pas responsable, notre devoir est de regarder de plus près. Cela ne m'empêche pas de vous remercier des deux mains et de vous dire que si votre Caisse de Crédit désire venir en aide à tous ceux qui veulent travailler, sans toucher aux forces vives du bâtiment, nous étudierons la question.

M. Borderel : Une simple mise au point : notre président nous a parlé de certaine conversation qu'il avait eue. Comme j'étais avec lui, je demande la permission de dire ce qui s'est passé.

Il s'agisait du Crédit National. Lorsque M. Laurent, dans

une réunion à laquelle vous assistiez, nous a expliqué, d'abord la gestion, puis la création de ce crédit national, et dont le Sénat vient de voter l'exécution définitive, nous avions entendu dire — notre président et moi — qu'il y avait, en effet, quelque chose derrière. Mais c'était au sujet de la demande qui nous a été faite et que j'avais transmise à nos collègues du groupe de la Chambre syndicale de Paris, de souscrire une certaine quantité de ces actions puisqu'il était dit que, sur ce capital de cent millions, 6o % étaient déjà souscrits par le banquier et que l'on demandait au commerce et à l'industrie de souscrire les 4o % manquants. On voulait que le commerce et l'industrie français puissent participer à la création d'un organisme aussi important que celui que je n'ai fait qu'effleurer ce matin.

J'ai été appelé avec un certain nombre de mes collègues que M. le Président connait très bien pour donner notre avis sur certaines façons de construire. Cela a été notre première réserve, celle qu'a faite M. Villemin, qu'à aucun moment il ne pourrait être question de faire exécuter directement des travaux par une société, mais que tous les travaux à exécuter, de même que tout stockage de matériaux, seraient faits par des hommes de métier.

Ce qu'il faut retenir, c'est que cette société foncière fait un geste qui peut nous mener à l'exécution de ce que nous demandons.

Faisons les réserves que le président a indiquées, celles que j'ai faites en son temps, et remercions ceux qui ont été les créateurs de cette société financière qui va permettre de construire le logement que nous réclamons tous.

M. Descœur : Monsieur le Président, je désire vous demander si vous ne pourriez pas, par une communication dans nos journaux du bâtiment ou ailleurs, intervenir auprès du Ministère au sujet des faits suivants : La semaine dernière, dans un journal, on nous signalait des travaux publics à exécuter au canal de Bourgogne, et on invitait les entrepreneurs à soumissionner avant le 1o octobre ;

cette annonce paraissait le 8. Le délai qui restait aux intéressés était, vous l'avouerez, un peu court. J'en ai déduit que ces travaux étaient adjugés d'avance et qu'on ne faisait appel à la concurrence que pour la forme.

M. Villemin, *président* : Nous avons déjà fait mille démarches pour obtenir que la durée de publication de 21 jours ne soit pas diminuée.

M. Bianco, *architecte* : Avez-vous connaissance, Monsieur le Président, du cahier des charges de la vente de terrains au Maroc ?

M. Villemin, *président* : Ça, c'est autre chose.

M. Bianco, *architecte* : Si vous n'en avez pas connaissance je me fais un devoir de vous le signaler. Ce cahier des charges règle justement le mode d'achat et l'obligation de construire des bâtiments ; il empêche l'accaparement.

M. Villemin, *président* : En effet, je sais ce que vous voulez dire. A la suite de spéculations qui se sont produites à Tanger, à Casablanca, Fez, et autres lieux, le protectorat a décidé d'empêcher par tous les moyens possibles cette spéculation et, au lieu de laisser vendre à l'amiable, il a fait des lotissements. Ces lotissements ont été mis en adjudication sous la forme française, mais avec l'obligation formelle de contruire sur les terrains acquis, dans un délai maximum de deux ans, des habitations d'une valeur proportionnelle à celle des terrains. Cette décision a été excellente pour enrayer la spéculation. Les acquéreurs qui ne construiraient pas dans le délai qui leur est imparti se verraient retirer les terrains achetés. Les villes qui désirent empêcher la spéculation, peuvent s'inspirer de ce qui a été fait au Maroc.

La séance est levée à 18 h. 30.

SÉANCE DU SAMEDI 11 OCTOBRE 1919

(Matin)

La séance est ouverte à 9 h. 3o.

M. RAMBAUD, *adjoint au maire, président* : Messieurs, je
déclare la séance ouverte.

M. le Maire de Lyon se serait fait un grand plaisir de venir
diriger la discussion qui va s'ouvrir. Retenu malheureusement jusqu'à ce soir, il m'a prié de le remplacer. Je le
regrette pour vous et pour moi.

M. le Maire est une de ces personnalités qu'il est très
difficile de remplacer. Vous aurez cependant ce soir l'occasion de l'applaudir. Nous allons, ce matin, entreprendre la
discussion d'une des plus importantes questions du congrès :
« La crise du bâtiment ».

Nous savions bien que, fatalement, au lendemain de ce
cataclysme — quatre années de guerre — de profonds sou-
bresauts économiques troubleraient notre pays. Nous espé-
rions pourtant, au lendemain de l'armistice, après la
victoire si chèrement remportée, voi la France meurtrie se
relever et, le travail reprendre plus fort que jamais. Hélas,
il n'en a rien été. La situation est tout autre que celle que
nous avions envisagée et nous souffrons actuellement de la
plus grave des crises : la crise du logement. Lyon ne pouvait
pas se désintéresser d'une question aussi importante, et

c'est dans le but d'étudier les causes de cette crise et les moyens d'y remédier que M. le Maire eut l'idée de réunir dans un congrès toutes les compétences.

Les causes de cette crise sont, hélas, nombreuses, les unes dépendant des autres, et les responsabilités sont quelquefois très haut placées. Vous aurez, Messieurs, ici, à rechercher ces causes et surtout à rechercher les moyens pratiques de les faire cesser et de remédier à la crise.

Parmi ces causes on peut en citer quelques-unes qui augmentent tous les jours d'intensité : la spéculation érigée presque en dogme, la crise des transports — crise si étrange qu'on la dirait presque voulue — une menace sourde mais certaine de dictature de trusts et, il faut bien le dire, cette sorte de vague de paresse qui a failli submerger non seulement la France, mais l'Europe entière.

Avant d'entrer dans le sujet, permettez-moi, Messieurs, de vous dire : élevons-nous au dessus des discussions, reportons nos esprits vers ceux qui sont glorieusement tombés pour la défense des droits et de la liberté, et sauver la France de l'esclavage. Ecoutons leur voix ; elle nous vient des tranchées encore sanglantes et des régions si barbarement dévastées. Ils nous disent : « Nous avons opposé nos poitrines à la horde envahissante pour que la France soit plus libre, soit plus belle et plus florissante. Grâce à nous, la victoire a surgi, mais vous, qui restez, avez une grande tâche à accomplir : celle de compléter par votre travail assidu, par vos efforts unis, la victoire que nous vous avons donnée. Si vous ne le faites pas, vous serez indignes de notre sacrifice qui alors serait vain. »

Au dessus de nos discussions, le souvenir sacré de ceux qui sont tombés doit planer et nous inciter plus spécialement à la concorde, à l'union intime dans l'effort commun pour le plus grand bien de notre pays. (*Applaudissements.*)

Je donne la parole à M. Villemin.

M. VILLEMIN : Monsieur le président, vous me donnez la parole, c'est un peu en contradiction avec ce que vous avez dit au début de nos séances. Vous aviez demandé à ceux qui voulaient prendre la parole de se faire inscrire. Or, je ne me suis point fait inscrire, je n'avais pas l'intention de prendre la parole.

Messieurs, je regrette autant que vous l'absence de M. Herriot, car il était en somme le pivot, la pierre angulaire du Congrès, et son absence m'embarrasse fortement. M. le Maire aurait été mieux qualifié que moi pour traiter la question, car indépendamment de ses qualités personnelles il a ce mérite de tenir la queue de la poêle (je vous demande pardon de l'expression). En sa qualité de maire d'une grande ville comme Lyon, où les inconvénients résultant de la pénurie des logements sont absolument remarquables, M. Herriot, grâce à ses puissants moyens d'investigation, grâce à sa situation prépondérante, non seulement dans sa ville mais dans nos administrations ministérielles, était celui qui était le mieux placé pour aborder les discussions actuelles.

Je vous avoue que, pris à l'improviste, je ne sais vraiment pas comment amorcer la discussion et je me demande s'il ne vaudrait pas mieux donner la parole à ceux d'entre vous qui l'ont demandée et qui ont probablement sur la question, des idées nettes, s'il ne vaudrait pas mieux, dis-je, donner la parole précisément à ceux qui tiennent la queue de la poêle.

Si cependant vous désirez, Messieurs, que j'amorce la discussion, je suis à votre disposition. Désirez-vous que j'amorce la discussion ?

Plusieurs voix : Oui, oui.

M. Villemin : Messieurs, M. Rambaud nous a défini tout à l'heure, en quelques phrases, quelques-unes des causes de la crise du bâtiment. Il vous a parlé de spéculation, de crise de transports, de défaut de production. Ce sont là des causes actuelles. Mais il en est d'autres qui, pour n'être pas de la même importance, n'en sont pas moins vraies. M. Rambaud, tout à l'heure, a évoqué une de celles-là lorsqu'il a parlé des deuils de guerre. Nous avions avant la guerre, beaucoup de jeunes entrepreneurs. La plupart d'entre eux ont été appelés sous les drapeaux par la mobilisation ; beaucoup ne sont pas revenus. Nos organisations, à cause de ces départs, se sont trouvées décapitées et pendant toute la durée de la guerre, elles ont été un peu comme endormies. Quelques-unes des personnalités de ces organisations qui ne sont pas parties, se sont bien réunies quand même, mais n'ont pu faire qu'une œuvre personnelle. Elles pouvaient d'ailleurs d'autant moins parler qu'elles auraient pu être désavouées. Elles ont pris, cependant, des responsabilités et ont fait tout ce qu'il leur était possible de faire.

Nous devons donc aujourd'hui nous réorganiser. Avant la guerre, nos organisations étaient insuffisantes pour défendre les intérêts de l'industrie du bâtiment. Elles le sont bien plus à l'heure actuelle, puisqu'elles sont pour ainsi dire démolies, inexistantes, et nous avons à faire face à des charges énormes, à prendre des responsabilités importantes. La première chose à faire est de créer une organisation nouvelle en faisant table rase de tout ce qui a été fait jusqu'ici, puis, nous mettant en face des difficultés et des besoins de l'avenir, prendre toutes les dispositions nécessaires pour parer à ces difficultés et satisfaire à ces besoins en créant les organisations adéquates que réclame la situation. Ces organisations, telles que je les conçois, j'en ai parlé hier dans la petite causerie impromptu que j'ai faite. Les organisations syndicales telles qu'elles sont permises par la loi de 1884 et de 1901 sont absolument insuffisantes. Nous nous en sommes servis pendant quinze ans pour faire l'éducation économique du bâtiment, j'estime et c'est presque avec orgueil que je le dis, qu'au moment où la guerre nous a surpris, nous étions prêts à entrer dans des voies nouvelles. Une nouvelle forme de cotisation avait été approuvée ; cette nouvelle forme de cotisation nous aurait permis de faire œuvre digne, efficace. Sans argent, il n'y a rien à faire ; l'argent est le nerf de nos organisations, comme

il est le nerf de la guerre. Seule, la cotisation proportionnelle était équitable. A la base de toute cotisation syndicale
il doit y avoir ce que j'appelle la cotisation de cuisine, celle
qui correspond aux besoins immédiats, qui oblige l'organisation à envoyer aux petits comme aux gros, les circu-
laires, puis, s'ajoutant à celle-ci, une cotisation proportionnelle. Quand je dis cotisation, permettez-moi de vous dire
que ce mot ne me plait pas beaucoup. Ce n'est pas le mot
cotisation qui conviendrait mais le mot prime d'assurance,
car il s'agit bien là d'une assurance qui doit vous préserver
des impédimenta, des inconvénients du métier.

La première chose que nous avons à envisager c'est de
mettre nos organisations dans la possibilité de vivre. Les
primes d'assurances devant, en outre, permettre la création
à côté de nos organisations, de ces organismes dont j'ai
parlé hier : section contentieuse, section législative, section
scientifique, etc.

Nous devons rester dans notre forme syndicale désintéressée qui nous permet d'avoir avec les pouvoirs publics des
relations plus faciles et plus libres. Il est évident qu'en parlant au nom d'une organisation désintéressée, nos demandes
ont plus de poids.

J'estime, d'autre part, et en raison même de ce qui a été
dit hier, que nous devons créer à côté de nos syndicats des
écoles mutuelles, des organisations de représentation vis-à-
vis des pouvoirs publics. Nous devons aussi créer des organismes commerciaux, industriels qui nous permettent de
lutter à armes égales avec ceux avec lesquels nous nous
trouvons en relations.

Hier, on a préconisé la constitution d'une société commerciale basée sur la loi de 1867 et les lois postérieures
qui l'ont modifiée. Il en est peut-être d'autres. Si j'ai
parlé de celle-là c'est parce qu'elle est mieux connue, qu'elle
s'adapte le mieux à nos organisations syndicales existantes,
puisqu'elle permet, à un personnel nombreux d'adhérer à
cette association, en même temps qu'elle permet de créer
des coopératives de construction et d'achat de matériaux.

Elle permet aussi, cette forme légale commerciale, de créer des banques, des caisses de crédit. Elle nous permet de nous mettre en rapport avec toutes les sociétés de crédit dont on a parlé hier, avec l'office dont parlait M. Pic, avec toutes ces sociétés de crédit qui touchent aux habitations à bon marché. Elle nous permettrait d'avoir un pied partout, d'être renseignés sur tout et de profiter de tous les avantages que nous devrions retirer de ces organisations. Il n'y a pas de si belle médaille qui n'ait un revers. Si nous voyons le beau côté nous pouvons un jour voir le mauvais qui détruirait le bon effet que nous aurait fait le premier.

Voilà comment j'estime que nous devons amorcer la crise du bâtiment.

Ces associations, indépendamment de ce que je viens de dire, peuvent nous permettre, selon les milieux et les besoins, de nous organiser de telle sorte que nous pourrons lutter avec les plus fortes entreprises, lorsque ce sera notre intérêt, l'intérêt de notre syndicat, de notre organisation.

Elles mettront entre nos mains les moyens puissants, moraux, financiers, techniques qui nous sont nécessaires, et si nous avons les organismes dont j'ai parlé tout à l'heure, nous pourrons suivre pas à pas, grâce aux cotisations, aux bénéfices de nos sociétés commerciales, les progrès de la science, non seulement au point de vue construction proprement dite, mais au point de vue emploi, choix des matériaux, recherche de matériaux nouveaux. On dit parfois : vivrions-nous mille ans nous serons toujours des élèves. C'est entendu, mais nous ne pouvons pas nier que chaque jour des matériaux nouveaux interviennent dans la construction des habitations et dans l'exécution des travaux publics. Le béton armé n'est pas si loin de nous pour que nous ayons oublié combien il a révolutionné le monde, combien il s'est imposé non seulement dans les travaux publics, mais encore dans les travaux particuliers. Le béton armé est une chose, demain ce sera autre chose. La chimie s'acharne à rechercher la transformation des matériaux existants pour les rendre plus accessibles aux entrepreneurs et aux consommateurs. Le

sous-sol français renferme des quantités de matériaux **dont**
on ne sait pas se servir. J'affirme que, dans la Somme, en
Champagne, on trouverait des sources inépuisables de matériaux qui permettraient de recouvrir la France entière
de constructions solides.

Tout cela pouvons-nous le faire isolément. Pouvons-nous
le faire comme petit entrepreneur? Non; il faut nous unir,
faire les sacrifices nécessaires, en bons Français, en bons
industriels que nous sommes. Voyons net et loin et disons-
nous que rien n'est impossible; les poilus l'ont prouvé dans
les tranchées que rien n'était impossible aux Français ; nous
devons le prouver, nous aussi, dans notre travail.

Vous avez parlé, Monsieur Rambaud, de spéculation. Il
est incontestable qu'on spécule, et je vous assure que, pour
un entrepreneur qui a des travaux ce n'est pas agréable à
dire parce que c'est aller incontestablement à l'encontre de
ses intérêts les plus chers. Il est incontestable que nous sommes victimes d'une spéculation éhontée. Il est incontestable
que tous les éléments dont nous avons besoin, que ce soient
des matériaux, des machines, sont portés à des prix tels que
la construction est devenue presque impossible. Ces prix
qu'on nous impose sont-ils corrélatifs aux prix de revient de
ces matériaux et de ces machines? Je réponds : non. Ils sont
la synthèse de l'organisation des fournisseurs quels qu'ils
soient, qui s'entendent, qui ont fait les sacrifices nécessaires que nous n'avons pas fait, pour se grouper, et qui
nous imposent leurs conditions sans que nous soyons
capables de les discuter. (*Bravos.*)

Si j'avance ces faits, c'est parce que j'en ai la preuve.
C'est la vérité, et la vérité doit être mise à nu. C'est ainsi
que lorsque le Gouvernement, les ministres compétents
créèrent le Comité des chaux et ciments, ils oublièrent
d'inviter Messieurs les consommateurs et nos clients à en
faire partie. Pour eux, nous n'étions que des quantités
négligeables. Ce Comité n'était composé que de représentants de l'Administration de la guerre, des administrations
des ministères et de fournisseurs.

Frappé de la façon d'opérer du comptoir des matériaux qui décalait les relations entre entrepreneurs et fournisseurs en ce sens que, lorsque personnellement je demandais que tel ou tel de mes fournisseurs me fournisse tels ou tels matériaux on m'en indiquait un autre quelquefois aux antipodes par rapport à la situation de mes chantiers. Cet autre, je ne le connaissais pas, je n'avais jamais eu de relations avec lui, et j'étais obligé de subir sa loi, d'accepter ses matériaux. Je dus, pour sauvegarder ma responsabilité, avoir derrière moi, dans mon bureau, un bureau de chimistes chargés d'essayer les matériaux que je recevais et que l'on m'obligeait à employer. J'adressai une réclamation à M. Loucheur. Je ne reçus pas de réponse. J'insistai et aberration on décalait les relations commerciales, par quels aberration on déclarait les relations commerciales, par quels défauts de méthode on procédait au Comité des chaux et ciments, M. Loucheur me dit : « Mais comment se fait-il que vous ne disiez pas cela au Comité? » — « Il faudrait d'abord que j'en fasse partie, lui répondis-je, et comme je ne lèche pas les bottes dans les antichambres, on m'a oublié. » — « Mais alors, vous en ferez partie » répliqua-t-il. En effet, huit jours après cette conversation, j'en faisais partie.

Arrive la première séance. A cette époque déjà nous payions des prix formidables. Or, quelle ne fut pas ma stupéfaction lorsque, à cette première séance, j'entendis demander une augmentation nouvelle et cette demande était faite par les plus importants, par les plus meneurs des fournisseurs. Je protestai immédiatement et je m'attirai la réponse suivante : « C'est une affaire difficile à discuter en Comité général. » — « Alors, si cela est si difficile, vous devez avoir au moins une commission des prix ? », dis-je à mon interlocuteur. « Y a-t-il une commission des prix?» — « Il n'y en a pas », me fut-il répondu. Je demandai alors sur-le-champ qu'on voulût bien en constituer une. C'était tellement logique qu'elle fut constituée séance tenante. M. Fougerolle et moi eurent l'honneur d'en faire partie.

Lorsque cette commission se réunit, les fournisseurs renouvelèrent la demande d'augmentation qu'ils avaient formulée au sein du Comité général. A leur demande nous répondîmes simplement : « Il nous semble que vos prix sont exagérés; nous ne savons pas comment ils sont déterminés; pour tabler sur votre demande d'augmentation, il nous faudrait connaître les sous-détails des prix. Etes-vous prêts à nous les fournir? » — « Comment, vous nous demandez communication de nos comptabilités? » — « Je ne vous demande rien, dis-je. Je refuse simplement de vous accorder les augmentations que vous nous demandez si vous ne les justifiez pas. » Il n'y avait pas moyen d'aller contre ce raisonnement.

La commission était présidée par un brave commandant du génie. Je me tournai alors vers lui et lui dis : « Veuillez me dire comment les prix ont été constitués; ce ne doit pas être tellement mystérieux que nous, membres de la commission des prix, nous ne sachions pas sur quel parquet glissant nous allons esquisser nos pas. » — « Je n'y vois pas d'inconvénient », me répondit le commandant. « Voici comment les prix sont déterminés : on prend un prix moyen — ce prix moyen était à peu près exact, il était fixé à 35 francs la tonne pour les ciments, sur fer, usine — De cette somme doit être déduite une quantité constante, une dépense constante. Cette quantité constante c'est le charbon nécessaire à la fabrication du ciment. Il faut 5oo kilos pour faire une tonne de ciment. » Je lui fis observer que 35o kilos suffisaient. Mais, voulant être large, je passai sur les 5oo kilos de charbon parce qu'il devenait de plus en plus mauvais à ce moment-là; 5oo kilos de charbon valaient 15 francs en moyenne. « On soustrait alors de la somme de 35 francs la constante 15 francs relative au charbon. Il reste alors 20 francs. » A quoi étaient applicables ces 20 francs? Au prix de la matière première, à la main- d'œuvre, aux frais généraux de l'entreprise, aux bénéfices enfin. Cela, Messieurs, est indiscutable. Voilà les quatre éléments auxquels était applicable la constante.

Il eût semblé juste, ces 20 francs étant admis, qu'on dise, en ce moment la main-d'œuvre est augmentée de 25 %, donc la partie des 20 francs qui correspond à la main-d'œuvre doit être augmentée de 25 %; les frais généraux sont augmentés de 25 %, la partie afférente aux frais généraux doit être augmenté de 25 %, etc. Quant aux bénéfices, je ne vois pas qu'il y ait lieu de les multiplier par quelque chose. Et bien, savez-vous ce qu'on faisait ? On multipliait simplement cette constante par 3; c'est-à-dire le prix de la matière par 3; le prix de la main-d'œuvre, les frais généraux et les bénéfices par 3. Et à ces 60 francs on ajoutait la valeur du charbon, le transport, etc. Voilà comment étaient constitués les prix des chaux et ciments que nous avons payés pendant la guerre. Depuis l'armistice, ces prix ont-ils beaucoup diminué? Ne sont-ils pas allés chaque jour en augmentant, et n'augmentent-ils pas encore chaque jour? Si, n'est-ce pas. Je suis sûr que les exagérations du début sont encore les exagérations de l'heure actuelle.

Lorsque je protestais contre cette façon de faire, lorsque je disais que, devant de telles explications, nous n'avions qu'à refuser les demandes d'augmentation qui nous étaient faites, que s'il appartenait aux consommateurs d'en accepter une, c'était à la condition qu'une comptabilité parfaitement en règle soit produite et prouve que l'augmentation demandée était justifiée, pour laisser aux industriels le juste bénéfice auquel ils ont droit pour se couvrir de leur responsabilité, de leur travail et pour se réserver une poire pour la soif, j'avais en face de moi des fournisseurs, mais aussi un brave officier ; je ne pouvais donc pas dire toute ma façon de penser. J'ai tourné la difficulté en disant à cet officier : « Mon cher commandant, je comprends dans quelle situation d'esprit vous étiez, lorsque vous avez accordé cette multiplication formidable. Vous vous êtes dit : la guerre va être longue, par conséquent il vaut mieux accorder une très large augmentation, de façon à ne pas être obligé tous les quinze jours de revenir sur les prix des ciments.

Evidemment, mon commandant, vous avez fait une œuvre
très large — il était honnête, cet officier, j'en suis convaincu — mais il me semble qu'il n'y a pas eu en face de
vous la même largeur de vues, de pensée, puisque quinze
jours après avoir accordé une première augmentation, on
vous en demandait une autre. » Il me répondit simplement : « Il n'est pas trop tôt qu'il vienne enfin quelqu'un
ici pour défendre l'argent de la princesse. »

Voulez-vous me permettre de vous donner une autre
preuve de l'augmentation non justifiée des matériaux. Ceci
est tout à fait particulier. J'avais traité une grosse affaire
de pierre avec une importante maison à un prix X. Une
convention était intervenue. Tenant compte des difficultés
de transport par chemin de fer, tenant compte des difficultés de mes transports par chevaux, j'avais fixé le nombre de wagonss que l'on devait m'expédier par semaine.
Au lieu de m'envoyer deux wagons, comme il était convenu, mon fournisseur m'envoya vingt-cinq wagons d'un
coup. Je me trouvais donc tout à coup en face de vingt-
cinq wagons à décharger et je n'avais pas d'hommes, pas
de chevaux, pas de fardiers. Je suis tout de même parvenu
à décharger mes wagons; j'ai encombré mon chantier et
j'ai demandé à mon fournisseur de surseoir à toute nouvelle expédition jusqu'à ce que j'eusse digéré ce que j'avais
reçu. Nous n'échangeâmes pas d'autre corrsepondance. Les
travaux devenant de plus en plus difficiles, je fus contraint,
d'accord avec mon client, de changer mon orientation, mon
chantier, pour pousser un atelier dont il avait absolument
besoin. Je n'avais pas besoin de pierre et mon fournisseur
ne me fit aucune sommation d'avoir à respecter mon marché. Lorsque, plus tard, je voulus reprendre la suite de
l'opération, mon fournisseur me répondit : « Je veux bien,
mais plus au même prix. » Je crois qu'au point de vue
droit, le fournisseur était dans son tort, attendu qu'il ne
m'avait pas mis en demeure de prendre livraison du restant de ma commande. Je n'élevais cependant pas d'objection, et je dis à mon fournisseur : « Vous me demandez

une augmentation parce que, entre l'époque où vous avez cessé la livraison et celle où nous sommes, il s'est écoulé un temps pendant lequel le prix de la main-d'œuvre et des transports se sont trouvés augmentés; je suis prêt à payer cette augmentation. » Mais cette augmentation qu'il me demandait était de 8o % du prix primitif. Inutile de vous dire que je protestais. Le fournisseur me fit observer que s'il était obligé d'augmenter le prix de la pierre cela n'était pas pour d'autres raisons que l'application de la journée de huit heures.

Je lui prouvais alors par un calcul indiscutable que la journée de 8 heures ne justifiait pas une telle augmentation et, poussé dans ses derniers retranchements, mon fournisseur finit par me répondre : « Je ne suis pour rien dans l'établissement des prix; c'est le consortium qui les a fixés; je ne puis rien diminuer. »

Je viens, Messieurs, de vous indiquer deux des causes, des plus grandes causes, de la crise du bâtiment. Ces causes ne feront qu'aller en s'aggravant si nous ne nous organisons pas suffisamment pour faire contre-poids à la puissance de nos fournisseurs. Il faut absolument que nous les fassions cesser.

Comment? En nous arrangeant avec nos fournisseurs, en discutant avec eux, non pas individuellement, mais par l'intermédiaire de nos organisations, de nos associations. Il n'y a qu'à ce titre que nous pourrons parler d'égal à égal avec eux. Ce n'est que par l'intermédiaire d'organisations comme celles-là que nous pourrons faire des tractations, non pas éphémères, mais des tractations qui nous permettront, d'une part, de nous retourner vers le client et de lui dire : « Je traite avec vous sur telles et telles conditions; si, par suite de causes indépendantes de ma volonté ces éléments viennent à être augmentés, il est bien entendu que mon marché subira la même augmentation. » C'est l'équité et la justice. Le client pourrait supposer qu'il ne trouvera pas son compte dans cette combinaison, c'est une erreur. Les prix établis d'après ce principe seront certainement de beaucoup inférieurs à ceux qu'il paie aujourd'hui. Pour remédier à la crise du bâtiment, il faut que nous soyons capables de faire des tractations avec nos fournisseurs en ce qui concerne la durée des marchés, le prix, la qualité de la fourniture. Je vous défie de le faire si nous ne sommes pas organisés financièrement, techniquement, commercialement.

Vous avez parlé aussi, Monsieur Rambaud, de la crise des transports et vous avez semblé émettre un doute sur sa réalité. Vous vous êtes demandé si cette crise n'était pas voulue.

M. RAMBAUD : En effet, on peut se demander si elle n'est pas voulue.

M. VILLEMIN : Il est inutile de vous dire que cette crise des transports m'a aussi beaucoup préoccupé et j'ai eu l'occasion d'en entretenir M. Claveille, au cours d'une audience que j'ai eue avec lui. Nous avons causé en bons camarades. J'ai pour lui une grande estime et beaucoup d'amitié. Il est un de ceux en qui j'aurais la plus grande confiance. Comme je savais son temps précieux et que je n'avais moi-même pas de temps à perdre, j'avais rédigé un questionnaire que je lui remis en lui demandant d'y répondre. Sur ce questionnaire j'avais résumé toutes les raisons qui pouvaient expliquer la crise des transports. Sur la question du matériel, M. Claveille me dit : « Evidemment, nous avons bien autant de wagons que nous en désirons, mais ce sont les machines qui nous manquent ; celles en service sont fatiguées et les fameuses locomotives américaines se fatiguent plus que les nôtres ; nous ne sommes donc pas tout à fait à la hauteur au point de vue des machines. » J'affirme, moi, Messieurs, que si ces machines pouvaient fonctionner à plein, nous pourrions faire un trafic qui serait, d'une façon régulière, égal aux trois quarts de celui d'avant-guerre. Ce ne serait peut-être pas suffisant pour remédier à la situation, mais si ces transports étaient bien réglés, ils permettraient à l'industrie de recevoir les matériaux nécessaires à la reprise de son activité et à évacuer tout au moins les matières ouvrées des usines. Il est évident que les besoins augmentant, la fabrication augmentera aussi, et les machines actuellement en service ne sauront suffire à la tâche. Mais des nouvelles machines commandées arriveront, les anciennes seront réparées, les moyens de transport, par conséquent, augmenteront en même temps que les besoins de l'industrie.

En ce qui concerne les voies, il est incontestable qu'elles sont dans un état lamentable. J'en ai eu la preuve en venant ici; j'ai été cahoté de la plus belle façon. La voie est fatiguée, il n'y a pas de doute. Ce n'est cependant pas la seule raison qui fait que la crise du transport est aussi aiguë. La crise est due aussi en partie aux difficultés de chargement et de déchargement dans les gares. Je connais une compagnie de chemins de fer — je ne veux pas dire le nom — qui a conçu ses gares de la façon suivante : lorsqu'il était question de créer une gare, les agents de cette compagnie se posaient la question suivante · voyons de quel côté va se faire le trafic ? de ce côté-ci, et bien, nous allons ouvrir la gare en amont. Il en était ainsi fait. Résultat : la gare était bouchée en aval; toutes les gares de cette compagnie ont été conçues de la même façon. Si dans ces gares il ne devait y avoir que le mouvement journalier, ce ne serait qu'un petit malheur; mais, en l'absence de gare de triage et la gare étant en cul-de-sac, l'embouteillage était la règle.

Enfin il y a un autre motif qui explique la crise des transports, c'est celui-ci : j'ai omis de vous en parler au début de ma causerie : Nous avions tous, avant la guerre, dans nos industries, des stocks importants de marchandises de toutes sortes, marchandises fabriquées, matières premières, etc. Chacun de nous avait, d'autre part, dans sa garde-robe, dans ses greniers, dans ses appartements, des quantités considérables de réserves. Nous avons tous, durant les quatre années de guerre, vécu sur ces réserves, parce que nous sommes des gens économes. Nous avons usé nos vêtements, nos chaussures, notre linge. Est arrivée la fin de la guerre, nos réserves étant épuisées, nous nous sommes tous trouvés à la fois avoir des besoins immenses et précisément à une époque où le trafic est déjà réduit. Représentez-vous la quantité de wagons qui seraient nécessaires pour transporter la masse de marchandises que les 3o millions de Français auraient besoin de recevoir pour reconstituer leurs réserves, leurs stocks. Pensez à ces voitures de vêtements militaires que l'on rencontre parfois dans les rues et vous aurez une idée du nombre considérable de machines qu'il faudrait pour transporter là où il en est besoin, toutes ces marchandises. Ces exemples vous expliqueront pourquoi la crise des transports est si aiguë. Nous avons un trafic réduit et nous aurions des masses de marchandises à transporter. Parlons maintenant du personnel. M. Claveille me dit que le personnel était suffisant, mais qu'il n'était pas au point et qu'un certain temps serait nécessaire pour faire son éducation. M. Claveille ajouta enfin que l'acuité de la crise n'était pas seulement dans les raisons que nous venions d'examiner, mais dans d'autres que ses fonctions lui interdisaient de me faire connaître. Je dus les chercher moi-même ces raisons. En faisant causer les uns et les autres dans les ministères, en rassemblant toutes les petites indiscrétions, on finit par se faire une opinion, et cette opinion est celle-ci. Avant la guerre, on pouvait être en contact avec la gare expéditrice et la gare réceptrice au moins pendant douze heures. On tolérait même que les intéressés vinssent dans les gares avant l'heure, voire même le dimanche, retirer leurs marchandises.

Aujourd'hui, le temps pendant lequel on peut être en contact avec les gares est strictement limité à dix heures. Et le trafic devrait s'intensifier du fait de la reconstitution de nos stocks, du transport des matières premières. Nous nous trouvons donc à ce point de vue encore en état d'infériorité considérable.

Si, Messieurs, on avait outillé les gares en conséquence, si on avait aménagé les quais de chargement et de déchargement dans le sens indiqué hier par M. Cambon, par l'installation, comme il le disait, des outils nécessaires à ces opérations rapides, si on avait constitué les gares de triage de sorte qu'on puisse aborder les quais de tous côtés, on aurait atténué considérablement les inconvénients résultant de l'application de la loi de huit heures. Mais ce travail que je viens de vous indiquer, croyez-vous qu'il soit aujourd'hui si simple à faire? Malheureusement non. Les gares sont presques toutes anciennes; elles sont presque toutes enveloppées dans les agglomérations. Pour élargir les voies de triage, il faudrait exproprier, il faudrait détourner des égouts, des boulevards, il faudrait étudier une organisation spéciale et créer à l'entrée et à la sortie des gares des voies de triage conçues de telle façon que les wagons ne viennent pas s'y embouteiller.

La réalisation d'un tel programme entraînerait des dépenses considérables.

M. Borderel : Les gares sont fermées de midi à deux heures; cela gêne beaucoup l'exécution de notre travail.

M. Villemin : Nous sommes embouteillés du fait que l'application de la loi de huit heures a, d'une part, diminué considérablement le contact des fournisseurs et des réceptionnaires avec les gares, du fait que le matériel fixe des quais de déchargement est insuffisant, du fait que les gares n'ont pas été conçues pour un trafic dans tous les sens. Nous sommes, en définitive, absolument handicapés. Le remède à la crise des transports, nous pouvons l'indiquer aux pouvoirs compétents. Fort de votre approbation, j'ai fait paraître, à ce sujet, une lettre ouverte, dans nos journaux du bâtiment, à M. le Ministre des transports. Mais, comme le bâtiment n'est pas tellement considérable dans ses influences, qu'une simple lettre écrite par le vice-président n'a qu'une valeur relative, j'ai porté la question devant le groupement qu'a constitué M. Clémentel. M. Clémentel a classifié le commerce et l'industrie en 21 groupements et il a

constitué ce que nous appelons la confédération générale
de production. Je suis le parrain du titre.

'Ces 21 groupements fonctionnent, croyez-le bien ; ils
n'abandonnent rien de leur indépendace quoiqu'ils aient été
constitués par un ministère.

J'ai donc porté la question des transports devant ce groupement et l'avant-veille de mon départ pour Lyon, je fus
convoqué par M. le Préfet. Je ferai publier dans les journaux de France une lettre extrêmement remarquable dans
laquelle la question des transports sera nettement posée,
avec les remèdes que j'ai préconisés. Nous nous adresserons
aux journaux, quoiqu'on ait dit qu'il n'y avait rien à faire
avec eux sans argent. Je ne sais donc pas si notre lettre sera
publiée, car n'ayant pu jusque-là nous constituer financièrement, nous n'avons pas d'argent à leur offrir. Nous espérons cependant en trouver quelques-uns qui voudront bien
publier notre lettre sans nous demander de l'argent.

Enfin, Monsieur Rambaud, vous avez parlé de dictature,
de trusts. Evidemment, sur ce sujet, nous sommes du même
avis. Tout à l'heure, je disais, en effet, que nos fournisseurs, par leur organisation, étaient arrivés à une telle entente, que nous n'avions plus à discuter avec eux, non seulement les prix, les conditions de livraison, les questions
de qualité, mais même les questions de paiement. Ce ne
sont pas les grands trusts américains, avec des capitaux
formidables agissant dans tous les sens, c'est un trust plus
réduit, un cartel.

On a parlé, on parle encore, de grands trusts de l'entre-
'prise. On parle de grands consortiums d'accaparement de
matériaux. Si nous ne nous dépêchons pas, si nous ne recon-
naissons pas la justesse et l'opportunité des arguments qui
ont été invoqués ici, ces trusts se constitueront contre nous,
malgré nous et comme de petits garçons que nous sommes,
nous nous mettrons à genoux et nous baiserons encore les
bottes de ceux qui nous soutireront notre argent et notre travail.

Je ne vois pas d'autres moyens pour arriver à nos fins : la

diffusion, dans la presse, de nos idées, de nos façons de voir. En présence de tels faits, il ne nous reste qu'à faire aussi le trust de l'entreprise. Après tout, si quelqu'un nous jette à l'eau avec un boulet au pied, on a bien le droit de se séparer de ce boulet et de saisir la main de celui qui nous la tend pour sortir de l'eau. S'il y en a parmi nous qui ne veulent pas réagir, nous nous passerons d'eux. Il faut que, petits et grands, le comprennent, c'est l'avenir de nos enfants qui est en jeu.

Enfin, M. Rambaud a soulevé la question de la production. Le principal élément, le plus pénible, le plus terrible de la crise du bâtiment, c'est le défaut de production. De quoi provient-il ? En partie de ce fait que beaucoup des nôtres, beaucoup de nos collaborateurs, des plus jeunes, des plus forts, sont restés au champ d'honneur. Cela provient aussi de ce que, après une période de tension nerveuse, aussi longue, aussi terrible que celle que nous avons subie et à laquelle nos ouvriers n'ont pas échappé, il est forcé qu'une sorte de réaction, de besoin de repos, de farniente succède à cette terrible épreuve, à ces préoccupations formidables qui nous ont été imposées pendant la guerre. La chose n'est d'ailleurs pas particulière à notre époque ; elle fut constatée après tout cataclysme, notamment après la campagne de 1814. Cet état doit cependant arriver à sa fin. En attendant, nous avons pensé obvier aux inconvénients du moment en contractant un accord en votre nom, au nom de la Fédération Nationale du Bâtiment, avec nos ouvriers. Cela m'amène à m'étendre longuement sur la question parce que je suis obligé de prendre des points d'appui pour étayer ce qui me vient à l'esprit. Nous avons pensé, lorsque nous avons été convoqués au Ministère du Travail, pour discuter devant le Ministre avec les délégués de la Confédération Générale du Travail, la loi de huit heures, que, s'il y avait lieu d'en accorder le principe, il y avait lieu aussi de réclamer des modalités en tenant compte des besoins généraux des régions intéressées. Nous étions arrivés à convaincre les représentants de la C. G. T. Il avait été décidé qu'un article de la loi qui devait être soumise au Parlement prévoierait que, pour les industries de plein air et saisonnières dont nous sommes, des modalités pourraient être décidées entre les syndicats ouvriers et patronaux. La lutte fut dure, elle n'aboutit pas à mes conclusions. J'ai remis à quelqu'un d'entre vous le travail extrêmement important que j'ai fait et qui a été discuté devant le Ministère du Travail, en présence de Jouhaux, qui a dû déclarer que tous les chiffres que je donnais étaient exacts, et reconnaître que du fait de l'application intégrale de la journée de huit heures, notre production diminuerait forcément de 3o %, que cette diminution de 3o % nous empêcherait toute exportation. En multipliant le cœfficient des travaux exécutés annuellement en France par le cœfficient 3o %, la somme que nous trouvons et qui doit être déduite du total de notre production est de beaucoup supérieure au total de nos exportations. Si nous ne réduisons pas dans des proportions de 3o à 35 % nos consommations intérieures, aussi bien celles de bouche que les autres, nous continuerons à nous endetter dans cette même proportion.

Comme conclusion à ce travail, j'émettais l'avis que la journée de huit heures ne pourrait être appliquée en France que lorsque les pays dévastés auraient été reconstruits, et lorsque la situation économique du pays serait redevenue normale. Je demandais, d'autre part, que la question de la journée de huit heures ne soit pas soumise, jusqu'à ce moment-là tout au moins, à une juridiction internationale, parce que je suis de ceux qui croient que là encore nous respecterons nos engagements alors que l'étranger ne les respectera pas. En Belgique, on fait huit, neuf et même douze heures ; en Allemagne, en Hollande, aux Etats-Unis on en fait autant. Croyez-vous que nous pourrons supporter ces à-coups ? Croyez-vous que je ne pensais pas juste quand je disais : Oui nous sommes partisans de la journée de huit heures, mais modalités d'abord, préparation à son application ensuite, et surtout pas de loi internationale qui nous condamnera à rester fidèles à notre parole, alors que les autres, marchands d'argent, marchands de conscience, s'en ficheront comme d'une guigne. Je ne fus pas suivi par mes collègues, et je me trouvais dans une situation telle qu'il me fut difficile de protester.

Dans la déclaration qui fut faite au nom de l'industrie et du commerce, on prit tous mes arguments et c'est en vertu de mes arguments que l'on conclut à l'application simplement des modalités. J'étais couvert de fleurs, c'était mon travail tout entier qui passait.

Que s'était-il passé ? On avait enfin admis ce principe que nous avions admis nous-mêmes et qu'on ne pouvait moins faire que d'admettre parce que je suis convaincu que si nous mettons de la méthode dans nos organisations industrielles, agricoles et commerciales, nous arriverons à faire produire par des machines de telles quantités de marchandises avec une telle facilité, une telle rapidité, et à si bon marché, que nous pourrons considérablement, et sans aucun inconvénient, réduire les heures de travail, d'abord dans l'industrie, où l'hygiène est mauvaise (mines, industries chimiques, verrerie), de partout enfin où l'ouvrier fatigue énormément, dans ces enfers, du genre de celui que j'ai vu à Strasbourg, où l'on étirait de la tôle pour en faire des tôles ondulées.

Nous devions voter le principe de la journée de huit heures, mais notre devoir était également de réserver l'avenir, de dire que tant que nous ne serions pas outillés, éduqués, non seulement patrons, intellectuels, techniciens, mais aussi praticiens, tant que nous n'aurions pas compris la force de l'association tendant à un même but, c'est-à-dire à une plus forte production avec les efforts maxima mécaniques et minima humains, nous n'arriverions pas à satisfaire aux besoins de l'avenir.

Un autre fait enfin constitue pour nous une cause d'infériorité énorme, c'est notre faible natalité. J'y reviendrai tout à l'heure, quand nous parlerons de l'apprentissage. Je veux vous donner cependant quelques chiffres très édifiants. Les pertes humaines de l'Angleterre, si l'on tient compte de ses travailleurs hindous, et l'on doit en tenir compte, leur nombre en est tellement élevé, se trouvent comblées par le nombre de ces indigènes. Grâce à ces hommes, l'Angleterre n'a rien perdu de sa main-d'œuvre. Si, toutefois, j'écarte brutalement les 125 millions de travailleurs hindous de l'Angleterre, et que je ne considère que les travailleurs anglais, je remarque que cette nation est encore frappée trois fois moins que nous. Grâce à l'apport de sa natalité et des travailleurs indigènes, elle ne se sentira plus de la guerre dans un an. L'Italie est encore beaucoup plus favorisée que nous ; en dix-huit mois elle aura bouché tous ses trous. Les Etats-Unis, sans parler de l'immigration, étant donnée la puissance de leurs machines, ont presque rétabli leur équilibre à l'heure présente. L'Allemagne, une fois moins frappée que nous, au point de vue des pertes en hommes, avec sa natalité formidable, sera relevée avant nous. A l'heure actuelle, nous pouvons dire que notre natalité est au-dessous de notre mortatalité.

Quand nous parlerons de la réorganisation du travail, je vous rappellerai cette autre cause d'infériorité. Au point de vue de la production, au cours des discussions contradictoires qui eurent lieu au Ministère du Travail, il nous a été formellement promis par les représentants de la C. G. T., Jouhaux, Merrheim, etc..., que la production ouvrière ne serait pas diminuée ; l'engagement fut pris de la façon la plus formelle. Eh bien ! je constate simplement, je ne veux pas en tirer de conséquences : cet engagement n'a pas été tenu. En dépit des promesses formelles, les grèves se sont abattues sur notre pays comme, l'année dernière, les coups de Foch s'abattaient sur l'armée allemande en déroute. Aujourd'hui, ce n'est plus Foch qui frappe sur l'armée allemande, ce sont les grèves qui frappent notre organisation sociale. L'une est à peine terminée qu'une autre surgit, qu'une troisième, qu'une quatrième sont en préparation. Ce que je viens de vous dire est encore une cause de non-production, de diminution dans la quantité et dans la qualité du travail. Ces questions doivent préoccuper tous ceux qui n'ont pas en vue le sophisme et la révolution, mais la conservation républicaine et sociale. A l'heure actuelle, il faut regarder les choses en face. Il ne peut y avoir en France que deux partis : celui de la conservation française et sociale et celui de la conservation républicaine.

Nous n'arriverons à apporter un remède à la crise de la production qu'en nous organisant fortement, en faisant en sorte que les promesses faites soient tenues d'un côté comme de l'autre. Je regrette que M. Herriot ne soit pas là pour lui rappeler combien, même les meilleurs, se trompent. L'autre jour le Sénat a voté une loi étendant la capacité civile aux syndicats professionnels. Cette loi était réclamée depuis longtemps. On disait : il faut que les syndicats aient des responsabilités, car c'est de l'irresponsabilité que nous mourons. Il faut que les syndicats, qui sont des organismes actifs, pour avoir des responsabilités, puissent posséder. Reportez-vous au projet de loi déposé au Parlement sur la question et vous verrez cette condition continuellement invoquée. On a voté le projet de loi mais toujours en y ajoutant le petit article en question : le ver dans la fleur. Que dit cet article : Que le patrimoine des syndicats ne sera pas saisissable toutes les fois qu'il sera appliqué à leurs bibliothèques, dispensaires, à toutes les œuvres sans exception qui peuvent être nécessaires à la vie et à l'extension des syndicats. Il résulte de ces dispositions que je vous défie d'invoquer la responsabilité des syndicats pour un sou vaillant, en vertu de cette fameuse loi. C'est plus grave que vous ne pensez, parce que cette décision est la conséquence écrite de ce dogme de l'irresponsabilité.

Je tiens à vous rappeler ce fait, M. Borderel et ceux qui m'ont connu il y a une quinzaine d'années doivent s'en rappeler. Vous vous rappelez cette loi votée par le Parlement anglais il y a quinze ans après la grève des mécaniciens. Les mécaniciens dans les Trade-Unions avaient signé avec les firmes anglaises un contrat par lequel ils s'engageaient à ne pas faire de grève avant telle ou telle date si les conditions insérées au contrat étaient parfaitement respectées. Ne tenant pas compte de la signature donnée, une grève formidable éclata. Les patrons anglais admirablement organisés résistè-

rent et les ouvriers anglais durent reprendre le travail aux
conditions anciennes. Mais alors ils firent soumettre immédiatement au Parlement, par ceux des leurs qui en faisaient
partie, cette proposition de loi, qu'il ne pouvait être fait aucune saisie sur le matériel de la collectivité ouvrière, etc. Au
vote de cette loi, je prévoyais, il y a quinze ans, que l'Angleterre se trouverait un jour en présence des plus grandes difficultés. En sapant cette base de la responsabilité, l'Angleterre
faisait non seulement une œuvre immorale, mais elle se pré-
parait à des luttes tellement homériques que le Premier disait
qu'il s'agissait de toute la vie future de la nation. La nation
anglaise l'a compris, et dernièrement elle a réagi comme un
seul homme non pas contre la grève des cheminots, mais
contre la loi de l'irresponsabilité. (*Applaudissements.*)

M. Rambaud : Je demande à dire quelques mots au sujet
de la discussion. En consultant la liste des orateurs qui devaient prendre la parole sur la question, j'ai constaté qu'aucun de ces orateurs ne représentait l'entreprise. C'est pour
cette raison que j'avais pensé, et je crois en cela traduire le
sentiment de l'Assemblée, que c'était à vous, Monsieur Villemin, que devenait revenir l'honneur de présenter les vues de
l'ensemble des Chambres syndicales sur la crise du bâtiment.

Messieurs, vous avez entendu les explications très étendues
et très documentées de M. Villemin sur la question de la crise
du bâtiment, quelqu'un d'entre vous demande-t-il la parole?

M. Martin, *président de la Chambre syndicale des Propriétaires :* Messieurs, je désire donner sur la question qui vient
d'être traitée l'opinion de ceux qui sont déjà propriétaires,
qui sont dans le bâtiment et qui n'en sont pas plus fiers
pour ça.

Autrefois, il y a longtemps, il était honorable d'être propriétaire. Hélas ! cette époque est passée, et je dois vous dire
que les 5 ou 6.000 propriétaires lyonnais que nous repré-
sentons n'ont pas, pour le moment, la moindre envie de

faire, ce qui se faisait autrefois très volontiers, possédant un petit immeuble, en construire un second.

C'est à cause de cette absence de construction que nous voyons à Lyon des banques, des grands magasins, des bureaux, des appartements luxueux s'installer alors qu'on ne voit pas un seul immeuble moyen à destination de logements en construction. Les raisons de cette abstention sont énumérées très complètement dans le rapport de M. Chéron au Sénat sur la proposition de loi, sur la prorogation des baux et locations verbales. M. Chéron disait dans son rapport à la Commission du Sénat : « Dès avant la guerre, les « capitaux s'éloignaient de la construction, devenue de plus « en plus coûteuse et de moins en moins rémunératrice. « Depuis que les hostilités ont amené les Pouvoirs publics à « prendre toute une série de mesures exceptionnelles à l'égard « des baux à loyers, la situation s'est considérablement aggra- « vée. D'autre part, le prix des matériaux, de la main-d'œu- « vre et les frais de toute nature applicables aux immeubles « s'étant accrus dans les proportions que l'on sait, tout mou- « vement de construction immobilière se trouve arrêté. Ce « n'est point l'élévation des impôts qui le facilitera. Enfin, « tout obstacle apporté au libre jeu des contrats ne fera que « le paralyser davantage encore. »

J'ai été très heureux d'entendre tout à l'heure les explications précises et complètes de ce que les propriétaires constatent comme une marée montante, l'élévation du coût des constructions.

Lorsqu'on veut construire, les conseils techniques nous le disent, il faut multiplier les prix d'avant guerre par 35o %. Cette augmentation épouvantable arrête tout désir actuel de construction.

On nous a indiqué les causes de cette élévation de prix ; il nous faut chercher les remèdes. Nous serions heureux, soit pour les constructions nouvelles, soit pour l'entretien des anciennes, que ces causes d'augmentation cessent, et que cette marée effroyable revienne en arrière.

A ce sujet, j'ai le devoir de vous signaler l'état d'âme par-

ticulier des Pouvoirs publics et de l'opinion publique à l'égard
des propriétaires. Très franchement, vous êtes pour la plus
grande partie propriétaires, vous devez avoir la même opinion que nous à cet égard. Avant la guerre, les relations
entre propriétaires et locataires n'étaient pas bonnes, mais
depuis la guerre elles sont devenues insupportables.

Je ne citerai pour preuve de cet état d'âme qu'un chiffre :
les dix décrets moratoires rendus successivement au sujet de
la propriété, et la loi du 9 mars 1918 qui passa six fois de la
Chambre au Sénat, chaque fois péjorée, et sortit enfin au
jour le 9 mars. Les propriétaires étaient résignés. Ces décrets
n'étaient cependant que le commencement de leurs déboires.
A l'heure actuelle, en effet, le pouvoir législatif vient d'aggra-
ver les conséquences de cette loi et il ne se passe pas de
jour que de nouveaux projets contre la propriété soient
déposés.

Je me permets de comparer cette façon de procéder à
l'égard de la propriété immobilière à celle que l'Etat a employée vis-à-vis de deux catégories importantes et utiles à
l'ensemble de la nation française : celle des porteurs de
valeurs étrangères et celle plus importante encore de ceux qui
font pousser le blé. L'Etat a eu besoin des porteurs de valeurs.
Les valeurs étrangères n'étaient pas comme nos immeubles
en façade sur la rue; elles n'étaient pas à portée de la main du
pouvoir public. Les représentants du pouvoir public se sont
donc adressés très poliment, très doucement, aux porteurs de
titres et avec un grand coup de chapeau, ils leur ont
dit : apportez-nous vos valeurs, vous serez bien gentils, nous
vous donnerons 25 % d'augmentation sur les revenus et au
moment de la vente une notable plus-value. Voilà comment
le pouvoir public, ayant besoin de titres, a agi avec les porteurs. Vis-à-vis des paysans qui produisent le blé nécessaire
à la subsistance française, le pouvoir public a employé les
mêmes procédés qu'à l'égard des propriétaires. C'est un
fait public que la taxation à un prix inférieur au prix des
autres grains a eu pour résultat, les deux premières années
de la guerre, d'inciter les paysans à semer de l'avoine au

lieu du blé. Résultat: la récolte en blé diminua d'une façon inquiétante.

Le gouvernement finit, pour remédier à cet état de choses, par accorder aux propriétaires des prix acceptables, 75 francs il y a deux ans, 73 francs cette année. Aujourd'hui, il manifeste son intention d'entrer dans une voie plus large en accordant à ceux qui font pousser le blé des bénéfices importants. Il a raison.

Je constate donc que le Gouvernement a trois poids et trois mesures. A ceux dont il avait besoin, mais qu'il ne tenait pas sous la main, il a assuré un traitement convenable ; à l'égard de ceux dont il avait besoin pour loger la population, mais qu'il tenait sous la main, il a pris des lois d'exception sans leur accorder aucune indemnité. Je connais un exemple du traitement spécial infligé aux propriétaires. Le voici : Un propriétaire avait une grande maison remplie de petits locataires. Les décrets moratoires, la loi de 1918, ne lui assureront point de rémunération, sauf 50 % des pertes vaguement promis et lentement donnés. Dans ce même immeuble, ce même propriétaire avait un local scolaire, vide naturellement. L'Etat eut besoin de ce local pour y installer un hôpital, il le réquisitionna ; c'était très naturel, et accorda une très juste indemnité payée depuis longtemps.

Cet état d'âme vis-à-vis des propriétaires persiste malheureusement. Si on pouvait dire : la loi de 1918 a clos l'incident, l'affaire est finie, liquidons cette guerre, repartons de nouveau et travaillons, nous aussi, à la reconstitution de la France, ce serait très bien, mais il n'en est pas ainsi. Il y a six à huit jours, de nouvelles dispositions législatives contre les propriétaires ont été publiées dans les journaux. Les malheureux propriétaires sont accusés d'être les artisans de la vie chère et on rappelle les dispositions de la loi pénale qui punissent les spéculations illicites ; on menace des peines les plus graves les propriétaires coupables de spéculations illicites. Nous comprenons très bien cela. Il est certain que si, parmi les propriétaires, il s'en trouve se livrant à la spéculation, ils sont répréhensibles. Mais qu'est-ce que la spéculation en matière de propriété ?

Indépendamment de cette menace, cette loi nouvelle renferme une disposition vraiment grotesque. On s'imagine que le propriétaire cache ses locaux vacants. Or, il n'y en a pas de vacant. Le locataire use de la faculté que lui offre la loi et se garde bien d'abandonner son logement. S'il le quitte, c'est pour le céder à une autre personne, avec bénéfice bien entendu. Nous voyons tous les jours des cessions de locaux intervenir. Ces cessions se font à beaux deniers comptant. Le locataire qui s'en va se fait payer largement et grassement par le successeur qu'il présente au propriétaire. Voilà pourquoi il n'y a pas de locaux vacants. Dans cette loi, les locataires sont arrivés à faire insérer l'obligation pour les propriétaires de faire connaître et inscrire dans des conditions déterminées leurs locaux vacants avec les prix des loyers. Il n'y a rien à faire à Lyon dans ce sens, car les locaux sont demandés dix fois avant que l'on sache même qu'ils vont être vacants. Cette disposition n'aura donc aucun effet sur la crise. Elle indique seulement la mentalité déplorable du législateur vis-à-vis des propriétaires, voilà tout.

Nous ne voyons pour le moment aucun remède à la renaissance de cette construction que nous appelons de tous nos vœux. Le bâtiment à Lyon est insuffisant pour loger les quelques centaines de mille étrangers qui sont venus s'y fixer.

Je me pose cependant une question. Avant la guerre on se logeait en France. Or, à la suite de ce malheureux cacaclysme, 1.500.000 de nos compatriotes n'ont plus besoin de logements. Cela représente bien des familles réduites. Comment se fait-il donc alors que la crise du logement soit si aiguë ? Il est probable qu'il doit y avoir dans les campagnes de nombreuses maisons vacantes. A Lyon, cela est incontestable, les logements font défaut.

Les appartements manquent parce que les propriétaires ne peuvent pas pécuniairement, et qu'ils ne veulent pas moralement, contribuer à solutionner le problème de la crise du logement en faisant construire de nouvelles maisons.

M. Borderel : Les gens des campagnes viennent de plus en plus habiter les villes.

M. Martin : Quels sont les remèdes à la situation. Je vais vous en indiquer deux. Premièrement, nous serions bien inspirés en émettant le vœu que la propriété immobilière soit assimilée à la propriété mobilière ; deuxièmement, qu'on cesse de prendre contre elle des lois d'exception. Ce sont des lois qui tuent l'ancienne confiance du propriétaire dans sa maison et l'orgueil qu'il avait à avoir pignon sur rue. Il est las d'être constamment en butte à l'hostilité du pouvoir public et des locataires. Vous savez tous que le mot « vautour » n'a pas été inventé pour rien. Ce dernier projet de loi voté contre nous est plus décourageant que grave. Les propriétaires honnêtes ne sont pas atteints ; cette loi ne les inquiète pas.

C'est pour toutes ces raisons que les propriétaires, en présence des propositions de placement qui se présentent chaque jour, à 6 % impôts déduits, sont tentés d'y placer les quelques économies que la loi leur a laissées.

Ce que nous demandons comme remède éloigné à cette crise du bâtiment, c'est que les pouvoirs publics cessent leur hostilité contre la propriété immobilière, admettent son assimilation à la propriété mobilière. Cela ne nous empêchera pas d'avoir des charges, la propriété immobilière sera toujours frappée. Nous les acceptons, ces charges, mais dans la proportion de celles imposées à la propriété mobilière.

En second lieu, et c'est l'argument économique, il faut que le capital engagé dans la construction nouvelle soit rémunéré au même titre que le capital mobilier. Construire à l'heure actuelle, c'est multiplier le prix ancien par 3 1/2. Les prix de location atteignent alors des prix épouvantables. Cependant, si l'on veut des bâtiments nouveaux, si l'on veut que les capitaux aillent à la construction, il faut que ce capital soit rémunéré. Nous espérons que le chiffre de 35o % d'augmentation, incontestable en ce moment, s'abaissera et nous en serons heureux.

Les propriétaires sont malheureux en ce moment-ci ; ils sont frappés dans leurs charges, par les augmentations de primes en cas de sinistre. A ce sujet nous devons vous dire que nous avons été émus de quelques gros sinistres survenus à quelques pauvres propriétaires qui étaient assurés sur la valeur ancienne de leurs immeubles. Quelques-uns ont bu un bouillon formidable.

Pour prévenir de pareils déboires, nous avons dû dire à nos adhérents d'assurer leurs immeubles pour une valeur double de celle d'avant guerre. Cette opération entraînera pour eux le doublement du montant de leur prime d'assurance.

Les propriétaires n'ont qu'une idée : voir le prix de la construction diminuer pour permettre la construction de maisons nouvelles. Mais ils craignent que cette diminution ne soit longue à venir. Ils espèrent cependant que le prix de 350 % d'augmentation pourra bientôt être ramené à 200 %. Il faut s'attendre à voir, longtemps encore le prix des locations se maintenir à un taux élevé.

Pour que la construction reprenne, il faut que les locataires se résignent à payer un prix de location suffisant, afin qu'entrepreneurs et propriétaires aient un intérêt à construire des maisons neuves.

Voilà, Messieurs, l'état d'âme des propriétaires.

M. Villemin, *président :* Messieurs, afin de bien affirmer la solidarité qu'il doit y avoir entre le bâtiment et les propriétaires, je tiens à rappeler que dès le moratorium j'ai adressé aux sénateurs et députés une lettre protestant contre toute atteinte à la propriété, en disant que diminuer la propriété c'était réduire à néant l'industrie du bâtiment. Je ne m'attendais pas à ce que les lois d'exception contre la propriété aillent si loin. Ce qu'a dit M. Martin est tout à fait exact. Je suis le premier qui ai dit au Parlement que le fait de moratorier les loyers était une forme très nette de réquisition, et que, par conséquent, les propriétaires devaient être traités comme tout réquisitionné. M. Borderel m'a combattu en disant qu'employer le mot réquisition était une erreur absolue.

Un jour, j'ai rencontré M. Chéron. Je lui ai exprimé ma façon de penser et je lui ai dit : vous ne pouvez nier, qu'en fait, il y a réquisition ; vous devez donc agir avec les propriétaires comme avec les réquisitionnés. Dans un rapport de M. Chéron, paru quelques temps après, on voit apparaître le mot « réquisition ».

Personnellement j'ai donc fait le nécessaire. Je suis de ceux qui croient qu'attenter à la propriété, c'est attenter aux droits sacrés, imprescriptibles des propriétaires. C'est attenter à la vie de la nation. Qu'est-ce qui stimule les initiatives, sinon la propriété qui apparaît dans vos rêves ? La propriété sera encore pendant longtemps le critérium de toute énergie, de toute initiative, de toute virilité. Nous pouvons donc protester contre toute atteinte qui y est portée.

M. FERRIER, *ingénieur, licencié-ès-science* : Messieurs, de toutes les choses intéressantes que l'on nous a dites depuis trois jours, il semble que le problème de l'habitation ait trois faces principales :

1° Les conditions générales de groupement et de disposition ou urbanisme ;

2° Les conditions financières et administratives qui peuvent favoriser ou entraver l'essor de cette industrie ;

3° Les conditions techniques locales ou générales qui permettent l'exécution plus avantageuse des plans les mieux conçus.

Ces trois faces de la question peuvent se relier par un seul mot, à savoir que l'habitation est une richesse.

On peut donc appliquer à son étude la méthode analytyque en partant de la formule générale de la richesse que je vous rappelle, car elle n'est pas encore très connue :

$$\text{Richesse} = \frac{\text{Matière} + \text{Energie} + \text{Vie}}{\text{Temps} + \text{Espace}}$$

Je n'aborderai pas la discussion détaillée de cette formule. Elle nous donnerait sur la question des aperçus précieux et nous serions encore là après-demain.

Je puis cependant vous dire qu'on en déduit que le meilleur urbanisme consiste à supprimer les villes. C'est la voie que vous a indiquée M. Benoit-Lévy. La ville est en effet une anomalie économique due à la nécessité d'augmenter le rapport $\frac{\text{Vie}}{\text{Espace}}$ pour augmenter la richesse. On ne peut rétablir les conditions normales qu'en détruisant l'influence de l'espace et du temps par le transport rapide de la vie.

De la deuxième face de la question je ne dirai rien, car la richesse suit des lois naturelles qui sont la force des choses, et que la force des choses se rit de la force des règlements.

Toute méconnaissance de ces lois ne peut qu'avoir un effet défavorable sur la création de cette richesse.

J'arrive à la troisième question qui me paraît être la plus immédiatement intéressante pour ce Congrès. Comment construire à bon marché ?

D'abord nous ne voulons pas de ce bon marché qui est toujours cher. Nous en voulons pour notre argent, c'est-à-dire de la construction ayant le coefficient de prospérité maximum. La théorie montre que c'est celle qui durera le plus longtemps, par rapport au temps passé à la construire et à l'entretenir, car la seule chose qui coûte c'est le temps de la vie humaine. Tout le reste, matière, énergie, vie végétale, animale, ne coûte que suivant le temps passé par l'homme pour le recueillir et le transporter.

L'habitation à bon marché est donc, en principe, la grotte, mais elle est rarement confortable et d'ailleurs elle est rare.

Si nous pouvions construire entièrement avec les matériaux sortis des fouilles et qui ne coûtent par conséquent rien, nous aurions fait un grand pas. Pour cela il faut analyser les fonctions qu'ils ont à remplir et appliquer à chaque fonction le matériau sur place qui conviennent le mieux.

Nous avons ainsi la fonction portante, que l'on doit d'ailleurs réduire, car la construction en étage est comme la ville une anomalie économique. On doit y appliquer les matériaux résistants, ce qui est facile, grâce aux liants hydrauliques. Il y a ensuite la fonction calorifuge qui absorbe la plus grande masse de matériaux. Mais la terre que l'on trouve partout est un excellent calorifuge gratuit, meilleur que l'air qui n'est bon que s'il est immobilisé. Il y a aussi la fonction hydrofuge et la fonction décorative qui sont assurées par les couches superficielles. L'adaptation de ces principes est alors du domaine du technicien, à qui l'économiste et le logicien ont tracé la voie, mais il devra avant tout, se préoccuper de mise en œuvre nécessitant le moins de temps d'homme.

A son tour, il devra reprendre la méthode analytique pour étudier la combinaison logique des matériaux. Quant à la réduction du temps, la voie a été complètement tracée par Taylor.

Vous savez que sa méthode consiste à décomposer tout travail en une série d'opérations simples. C'est ce que vous faites quand vous établissez un mémoire, et chacun sait que vous possédez sur ce point une méthode analytique des plus parfaites. Puis chaque opération est décomposée en gestes et on chronomètre ces gestes. Il faut ensuite éliminer toutes les opérations inutiles et organiser son chantier pour qu'il y en ait le moins possible. On recommence le même triage pour les gestes ; chacune de ces opérations amène généralement à de petites modifications dans l'outillage et surtout dans sa disposition.

. . . .

A ce propos, on m'a dit qu'en Amérique l'on posait 1.500 briques en 10 heures. En France, on pose 750. Il paraît qu'en Angleterre la moyenne n'atteint pas 350.

M. Villemin : Il est même défendu d'en poser plus de 350.

J'ai beaucoup correspondu avec les Américains, je n'ai jamais pu savoir si ces 1.500 briques correspondaient au travail d'un homme ou d'un homme et de son aide. Il est évident que si l'homme, pour poser ses briques, a derrière lui 3 ou 4 aides, le bénéfice n'est pas aussi grand que semblent l'indiquer les Américains. Je ne prétends pas que la méthode américaine n'est pas bonne, mais j'attire votre attention sur certains chiffres qui peuvent paraître excessifs.

M. Ferrier : Un ouvrier supplémentaire préparant le travail, cela correspond à deux compagnons.

M. Benoit-Lévy : Aux Etats-Unis l'atelier est constitué comme vient de le dire M. Ferrier. Il y a un compagnon pour préparer le travail.

M. Ferrier : ..... Enfin quand ceci est fait il reste à obtenir l'exécution rapide des gestes et cela dépend :

1° Du bon choix des ouvriers ;

2° Du bon rapport existant entre l'amplitude du geste et l'effort développé, c'est-à-dire des proportions de l'outil.

Il y a longtemps que les constructeurs ont taylorisé les escaliers en fixant le rapport de la hauteur à l'emmarchement.

Cette étude des gestes, qui est un gros travail, ne peut se faire avantageusement que si ces gestes doivent se répéter très fréquemment. C'est là ce qui conduit à la standardisation et en fixe le caractère. Il ne s'agit pas de faire des constructions identiques. Il faut, et il suffit que les gestes à faire restent un petit nombre de gestes simples.

Mais alors souvent beaucoup d'entre eux pourront être faits par une machine automatique ou non qui les fera beaucoup plus vite, ou en fera plusieurs à la fois, ou enfin multipliera la force de l'homme pour rendre son geste moins fatigant tout en réalisant de grands efforts. Mais toujours la machine doit avoir un coefficient de prospérité maximum, c'est-à-dire faire économiser beaucoup plus de temps qu'elle n'en a nécessité pour sa construction et son entretien.

En résumé, je serais heureux si vous reteniez de ceci :

1° Qu'on ne peut réduire le prix de la construction qu'en réduisant le temps passé, par le choix des matériaux, leur méthode de mise en œuvre taylorisée, la standardisation et le machinisme bien conçus pour faire gagner du temps ;

2° Que pour obtenir ces divers résultats, la méthode analytique de raisonnement logique est le plus puissant outil de création de méthodes et d'outils nouveaux, que l'esprit français est particulièrement adapté à cette méthode et que l'on doit y avoir largement recours, plutôt qu'à la méthode de débauche expérimentale américaine, qui est à la fois moins puissante, plus longue et beaucoup plus coûteuse.

L'expérience intervient toujours pour contrôler, confirmer et mettre au point, mais il faut lui tracer la voie féconde.

M. Germani, *président de la Société Immobilière d'Oyonnax* : Messieurs, la petite ville d'Oyonnax est très bien représentée ici aujourd'hui, nous sommes venus douze. Si toutes les communes de France s'étaient fait représenter dans les mêmes proportions, la salle du Conservatoire n'aurait pas suffi pour nous tenir tous. Ceci dit pour vous montrer tout l'intérêt que nous portons à la question de la crise du logement.

A Oyonnax la crise du bâtiment était telle que nous nous sommes inquiétés d'y parer le plus rapidement possible et nous avons essayé du premier coup de faire bien, comme c'était notre devoir.

Avant la guerre, la petite ville d'Oyonnax faisait pour 25 millions d'affaires. Depuis l'augmentation des prix de la matière première, ce chiffre d'affaires atteint presque 100 millions. Quoique petite, cette ville n'est pas négligeable dans la nation. Nous exportons des peignes et des objets fabriqués en celluloïd, de l'autre côté de l'Atlantique.

Nous ferions un chiffre plus considérable encore si nous

avions de la main-d'œuvre et cette main-d'œuvre **nous** manque faute de logements. Nous n'avons, à Oyonnax, aucun appartement, aucun atelier vacant. Pendant la guerre nous avons créé une école professionnelle à l'usage des mutilés et nous avons appris notre métier à ces malheureux, dont la plupart se sont définitivement installés à Oyonnax, où ils ont fait venir leurs familles. Ceci explique, en partie, l'absence de logements à Oyonnax. Nous pourrions occuper 5 ou 6.000 ouvriers de plus si nous pouvions les loger ; nous connaissons des Lyonnais qui viendraient volontiers travailler à Oyonnax ; ils n'y viennent pas parce qu'il leur serait impossible de se loger.

En présence d'une telle crise nous avons fondé une société immobilière, sous l'égide de la loi Ribot de 1908.

Nous avons rédigé des statuts que nous avons montrés au Président. Celui-ci nous a dit : comme vous êtes naïfs de compter sur l'aide des pouvoirs publics. Ne savez-vous donc pas que les lois sont faites pour être violées ? Nous avons répondu que la loi serait appliquée et nous l'appliquerons. Et l'année prochaine, ce sera 100 maisons que nous construirons à Oyonnax.

Je ne veux pas, Messieurs, retenir votre attention plus longtemps, je suis moi-même pressé de retourner à mon travail. Aussi je terminerai en souhaitant que les théories, émises ici, passent le plus rapidement possible dans le domaine de la pratique.

Dans cette intention, je présente à vos suffrages la résolution suivante :

LE CONGRES DE L'HABITATION,

Après avoir entendu tous les orateurs développer les moyens à employer pour organiser l'industrie du bâtiment sur des bases modernes au point de vue de l'outillage et d'une entente de tous les intéressés qui devra être mise exclusivement au service de la Nation;

Considérant que les initiatives les plus courageuses se heurtent à l'apathie de l'administration routinière et arriérée;

Considérant qu'il y a urgence à reconstruire les pays dévastés;

Considérant qu'il faut absolument que le taudis disparaisse pour conserver à la nation les 300.000 personnes qui meurent chaque année de la tuberculose;

Vu la date prochaine des élections administratives et législatives,

INVITE les électeurs à ne voter que pour les candidats qui ne veulent plus de routine et qui feront de l'habitation hygiénique un facteur de bien-être général, moral et matériel.

Un congressiste : Vous appelez les maisons des taudis, ce n'est pas flatteur pour les propriétaires. ;

M. GLEIZE : Monsieur le Président, je voudrais clore la discussion extrêmement courtoise, engagée hier et continuée ce matin, en faisant remarquer que la Caisse Foncière de Crédit, comme le Comptoir Général populaire dont j'ai parlé, ne sont pas destinés à faire une concurrence à l'entreprise. Nous avons purement et simplement envisagé le problème, en ce qui concerne nos adhérents, et nous avons pensé que nuos pouvions faire profiter toutes nos industries françaises, des expériences et de l'organisation que nous voulions faire. Ce n'est donc pas comme des concurrents que nous nous présentons, mais comme des gens qui veulent aider à résoudre la question de la crise du logement.

Lorsque vous dites que vous craignez des trusts de matériaux de la part de notre organisation, je vous réponds que vous avez tort, car nous n'avons pensé à créer la société dont je parle, qu'au moment où le coût de la construction est devenu réellement prohibitif.

Notre but est de permettre à nos adhérents de construire des logements économiques, aussi économiques que peuvent le permettre le prix des matériaux et de la main-d'œuvre. Il n'est absolument pas dans l'idée de notre organisation de raréfier les matériaux en les stockant, je proteste contre une telle opinion. Le prix élevé des matériaux ne peut être de notre fait, puisque nous venons à peine d'éclore.

Nous ne sommes pas des concurrents, mais des collaborateurs (*Applaudissements.*)

La séance est levée à 11 h. 30.

SÉANCE DU SAMEDI APRÈS-MIDI

La séance est ouverte à 15 heures.

M. Rambaud, *président :* Messieurs, quelqu'un demande-t-il la parole sur la question de la crise du bâtiment. Messieurs les délégués des organisations ouvrières ? Personne ne demande la parole sur ce sujet ?...

La parole est donnée à M. Bernard, directeur de l'Association Industrielle, Commerciale, Agricole.

M. Bernard : Messieurs, c'est en ma qualité de directeur de l'Association Industrielle que je viens vous entretenir quelques courts instants, de deux questions. Sur l'une, la crise du logement, la discussion étant close, je me bornerai simplement à dire le sentiment des industriels. Sur l'autre, la question de l'apprentissage, j'ouvrirai la discussion.

Sur la première question, j'ai simplement le devoir de dire aux entrepreneurs, ici réunis, quel est le sentiment des industriels en matière de construction. Pour eux le problème est double, il y a un problème d'usine et un problème de logements ouvriers.

Le problème d'usine est spécial à chaque industriel, voire chaque bâtiment suivant sa destination. S'il est facile sur ce point de donner des idées générales, il est, par contre, infiniment plus difficile de faire de la taylorisation, à cause des circonstances de chaque espèce, seuls quelques éléments pourraient être standardisés.

Le problème de logements ouvriers est le problème social,
et je dois dire que tous les industriels de Lyon s'en préoccupent vivement. Vous connaissez le développement de
Lyon depuis la guerre, 3oo.ooo habitants nouveaux ont
réussi à s'y tasser, dans des constructions anciennes et mal
commodes qui étaient déjà insuffisantes pour la population
qui existait antérieurement.

Avec les prix actuels, on ne construit plus et il est urgent
de faire quelque chose. Nous croyons dans notre milieu,
que la solution réside dans deux ordres de facteurs : le
facteur transports et le facteur prix. Il est certain que si
les ouvriers vivent à l'heure actuelle dans des taudis, ce
n'est certes pas par plaisir, mais par la nécessité d'être à
proximité de leur travail. Ils se logeront plus loin de leur
usine, lorsque les moyens de transports pour aller de la
maison à l'atelier seront plus faciles.

Il appartient donc, avant toute autre chose, de faciliter
très largement les transports, en faisant pression sur les
compagnies de tramways et en permettant la décongestion
de Lyon en surface. La baisse des prix résultera fatalement
de cette première amélioration. En effet, il sera facile de
trouver à des prix abordables, les terrains nécessaires à de
nouvelles constructions, et de procéder par des programmes
beaucoup plus amples. C'est alors qu'il vous appartiendra,
à vous et à vos syndicats, d'apporter des possibilités de constructions simples, pratiques et rapides qui permettent la
réalisation pratique des constructions nouvelles.

J'aborde maintenant la question de l'apprentissage.
Quoique ayant le très grand honneur de parler le premier
de la question, il ne m'appartient pas — il y a ici des personnes plus qualifiées que moi pour le faire — de poser le
problème d'une façon générale.

Je n'ai pas à faire un cours de développement de l'apprentissage, sur les causes de la crise ni même de l'ensemble
des moyens d'y remédier. J'estime que dans un congrès il

y a des choses plus utiles à faire. Chacun doit essayer, dans la mesure de ses moyens, d'apporter sur quelques points une idée précise. Voici, pour ma part, les trois idées précises sur lesquelles je prierai le Congrès de porter son attention.

La première de ces idées est celle-ci : L'apprentissage industriel subit une crise sans précédent ; tous, quel que soit l'ordre de vos occupations, vous éprouvez des difficultés considérables à trouver celui qui, demain, deviendra le vrai « compagnon » capable de devenir un contremaître, un chef d'atelier. Il y a unanimité pour reconnaître qu'il est difficile de trouver un collaborateur. Il appartient à toutes les organisations purement syndicales, dans chaque profession, de favoriser dans la mesure de leurs forces l'éclosion d'institutions professionnelles d'enseignement, susceptibles — connaissant mieux les besoins — de mieux diriger les intelligences.

De toutes les faces de l'apprentissage il y en a une à laquelle on a guère songé jusque-là, c'est l'apprentissage commercial. Plus votre affaire sera grosse, mieux elle marchera, et plus, celui qu'on appelait jadis l'improductif, l'employé de bureau, aura la prépondérance dans votre affaire. Il sera l'homme qui standardisera, qui taylorisera, qui assurera tous les systèmes de classement imposés par l'évolution des services commerciaux.

Ce collaborateur, où le prendre ?...

A l'heure actuelle on peut trouver, d'une part, de bons élèves des écoles primaires supérieures, d'autre part, des élèves de l'enseignement technique, des écoles commerciales ou spéciales. Entre ces deux ordres d'enseignement il n'y a rien. Combien avez-vous souffert de voir de bons petits hommes de 16 ans, dans la tête desquels il pourrait y avoir quelque chose, être abandonnés, faute d'avoir quelqu'un pour leur montrer, leur enseigner sous une forme commerciale ce qu'ils doivent savoir.

Pour ceux-là, je crois que cette branche de l'apprentissage doit être entreprise en dehors des écoles. Il faut faire des cours du soir en faveur de l'apprentissage commercial, cours qui permettraient aux jeunes gens de devenir de bons employés sur lesquels on puisse compter.

Ici, à Lyon, nous avons essayé de créer un cours l'année dernière et nous avons eu la satisfaction de voir nos adhérents y envoyer leurs jeunes employés. L'enseignement qui leur a été donné leur a été très profitable.

Les patrons eux-mêmes qui les occupaient ont constaté et reconnu que les jeunes gens sortis de ce cours leur avaient rendu de réels services. Ils se tenaient mieux à leur tâche et paraissaient mieux comprendre les problèmes qui agitent la vie économique.

Deuxième idée : Si vous élevez ceux du bas vers le haut, vous devez en même temps songer que ceux qui vont rentrer dans l'entreprise avec l'idée de devenir un chef, neuf fois sur dix ne savent pas ce que c'est. Nous avons pu tous le constater. Nous estimons que les associations industrielles doivent étendre, ce qui a été ébauché à Paris, la mise en contact de celui qui fait des études supérieures, élève de centrale, de chimie, avec les industriels, afin qu'il se rende compte des besoins immédiats d'une affaire. C'est très joli d'avoir un ingénieur, s'il ne sait pas mettre une pièce sur un tour. C'est très joli d'avoir un homme fort en droit commercial, s'il est incapable de rédiger une lettre. Il faut leur montrer, à ces jeunes gens, la vie telle qu'elle est. Il faut leur faire l'apprentissage de la vie économique, immédiate et positive.

Nous devrions créer un organe dans le même genre qui mette en contact de jeunes collaborateurs débutants avec ceux qui ont déjà l'expérience des affaires. Il faut des sortes de conférences vivantes, peut-être dialoguées, suivies de visites et d'expériences pratiques, pour faire sentir comment les connaissances doivent s'appliquer pratiquement.

Enfin, voici une troisième idée : Je le dis, je ne sais si c'est avec honte ou orgueil, je ne suis qu'un bon provincial qui aime bien Lyon. A ce titre, je crois devoir dire que les organisations parisiennes devraient faire plus qu'elles ne font pour la province. Je parle de l'institution de l'enseignement. A l'heure actuelle, il faut que les idées d'organisation économique de science appliquées, que nous examinons depuis trois jours, pénètrent non seulement dans l'esprit des patrons, mais atteignent aussi tous les collaborateurs de l'entreprise elle-même. On ne peut le faire que par l'enseignement vulgarisé, par cours d'imprimés. Il faudrait demander aux institutions de Paris, qui pratiquent ce genre d'enseignement, de faire imprimer, polycopier leurs cours, de façon que les industriels puissent, avec les cours supérieurs et les moyens, intéresser leurs chefs d'atelier, et avec leurs cours simples, tous ceux qui veulent travailler.

Paris est le foyer intellectuel de la France, il a le devoir impérieux de répandre par tous les moyens sa science sur les provinces, et je suis sûr que ce sera à la fois une bonne action et une bonne affaire.

Voyez le *Journal de l'Université des Annales*, il ne s'adresse qu'à une clientèle ayant une curiosité littéraire, cependant il a un tirage formidable, à plus forte raison une revue qui renfermerait en substance des renseignements techniques, aurait, j'en suis sûr, un énorme succès ; le jour où l'on mettra les chefs d'atelier dans la possibilité de recevoir de l'enseignement par correspondance, de se tenir au courant des procédés nouveaux, des grandes idées de tous ordres qui éclosent chaque jour, il est certain que l'on aurait un service à la fois scientifique et social de tout premier ordre.

Toutes meilleures compréhensions des difficultés et de leur solution, tout élèvement de l'esprit, selon la science et la psychologie, doit être considéré comme une des bases essentielles à l'amélioration de la destinée humaine.

L'ouvrier qui ne fera qu'exécuter machinalement le mouvement taylorisé, le taylorisme qui commandera ce mouvement sans voir ni mieux ni plus loin, tous deux me semblent également peu enviables et être quelque peu des dangers sociaux. Il nous faut toujours améliorer la pensée de l'enseignement sur lequel se base notre évolution.

Je résume :

1° Enseignement commercial ;

2° Enseignement de la vie pratique aux théoriciens ;

3° Enseignement à la province de l'esprit de Paris, qui est incomparable, voilà ce qu'il faut réaliser.

Nous avons le devoir — si l'on ne veut pas que ce Congrès soit une vaine parlote — de faire quelque chose de pratique, de favoriser toutes les cultures au profit de tout le monde.

M. RAMBAUD, *président :* Je remercie M. Bernard du développement très intéressant de la question de l'apprentissage qu'il vient de nous faire.

Je donne la parole à M. Villemin, qui connait bien la question, pour avoir fait des rapports intéressants à ce sujet.

M. VILLEMIN : Je vous avoue, Messieurs, qu'à l'heure qu'il est, je suis un peu effrayé de prendre la parole sur la question si intéressante en même temps que si complexe, de l'apprentissage.

L'orateur qui m'a précédé vous a dit d'excellentes choses. Il a parlé comme quelqu'un qui voit en praticien. Il est allé au plus pressé. Il est évident que les propositions qu'il nous a faites sont immédiatement acceptables, parce qu'immédiatement réalisables ; il est évident que les propositions qu'il a faites, si elles recevaient une application très étendue, donneraient des résultats. Ceux-ci ne seraient peut-être pas généralisés, mais ils pourraient être excellents par endroits. Cela dépend, en effet, de la valeur individuelle des professeurs.

Je m'explique en disant, qu'en telle matière et de la façon dont il l'a proposé, tel vaudra le professeur, tel vaudra l'enseignement. Ce professeur disparu, un autre lui succède ; il n'a pas la même façon de voir, de penser, de son prédécesseur. L'enseignement tombe dans le chaos.

C'est la désaffection des jeunes gens qui, ayant commencé un cours sont obligés de l'abandonner parce que l'enseignement de celui qui succède à leur premier professeur, diffère complètement de l'enseignement de ce dernier.

Je me suis rappelé, quand vous avez parlé de l'enseignement technique, Monsieur Bernard, que j'étais membre du Conseil supérieur de cet enseignement. Ce Conseil se réunit une fois par an. Lorsque j'étais encore au temps où je me figurais que c'était arrivé, j'avais cru devoir remplir mon rôle sérieusement et j'avais demandé à visiter les établissements qui étaient sous la surveillance du Conseil supérieur de l'enseignement technique. Je les ai visités et j'ai été absolument surpris de constater combien, sur la même matière, le même sujet, le professorat était différent d'un établissement à l'autre, combien il avait été difficile de synthétiser l'enseignement technique de Paris. Je les ai toutes visitées ces écoles. J'ai même failli avoir des duels avec des conseillers municipaux parce que je leur montrais combien différents étaient les résultats constatés, de ceux publiés dans les monographies de leurs écoles.

Je vous avoue que j'ai une confiance très médiocre dans l'intervention administrative en ce qui concerne l'enseignement. Je suis obligé d'entrer dans des généralités pour mieux me faire comprendre. Vous savez que notre enseignement professionnel technique et commercial est placé sous l'autorité de divers ministères : Commerce, Instruction publique et un autre. Ils sont trois à tirer le manteau chacun de leur côté. L'Instruction publique ne doit pas empiéter sur le Commerce et inversement. On en est à ce point que, lorsque le Commerce professe telle chose, l'Instruction publique se hâte de professer le contraire.

Que ressort-il de cet exposé toujours critique ? Permettez-moi en passant de vous dire que je regrette de vous apparaître souvent comme un bougon. Ceux qui, comme moi, observent, tirent des conséquences des choses, chronomètrent les résultats, trouvent que les efforts et les dépenses considérables faites d'une façon divergente par nos diverses administrations n'ont abouti qu'à de piètres résultats. Vous-même, Monsieur Bernard, vous venez de confirmer mes affirmations en disant que certaines initiatives privées avaient dû elles-même créer un cours d'enseignement commercial et technique pour obtenir des résultats répondant aux désirs des industriels et commerçants.

Je suis d'accord avec vous, quant aux directives que vous avez données. A ce sujet, je dois vous dire que certain jour, M. Dupuy, ministre des Travaux publics, me convoqua dans son cabinet et me dit : Je voudrais que vous me causiez de la question de l'apprentissage, je n'y comprends rien.

— Ce n'est pas entre deux portes que l'on cause d'une question comme celle-là, lui répondis-je. Consacrez-moi quelques heures de votre temps et je vous en causerai.

— Alors, vous ne voulez pas me répondre, répliqua-t-il.

— Je ne peux pas, une question comme celle-là mérite beaucoup d'attention.

— Dans ces conditions, me dit M. Dupuy, nous allons faire ceci : Je vais partir en vacances ; voulez-vous me rédiger un projet de loi qui renfermera toute la question telle que vous la comprenez. Je l'étudierai en vacances et, à mon retour, je vous ferai appeler ; nous aurons alors une conversation aussi longue que vous le désirerez.

— Je répondis à M. Dupuy : Mais vous oubliez que je suis un maçon, je ne sais pas empiler les articles de lois ; je ne sais empiler que les briques.

Nous nous sommes séparés et j'ai immédiatement travaillé à la rédaction de ce fameux projet de loi que vous connaissez pour la plupart. Je le lui ai adressé. Pendant qu'il l'examinait, je revoyais moi-même mon travail et je m'aperçus que j'avais oublié quelques petites choses ; je rédigeai immédiatement quelques notes additionnelles que je mettais dans ma poche. A son retour de vacances, M. Dupuy me fit appeler dans son cabinet et me dit : « J'ai étudié votre projet, mais tout de même il est loin d'être complet. » Qu'est-ce qu'il lui manque ? Je n'avais pas encore sorti mon petit boniment qui était dans ma poche. Il me dit ce qui lui manquait. Je sortis alors mon papier et M. Dupuy me dit combien il était heureux de constater que nous étions du même avis. Certaines parties de mon projet étaient, en effet, incomplètes. « Etant donné que vous avez remarqué ces imperfections, cela prouve que vous avez étudié mon projet », dis-je à M. Dupuy, et celui-ci de répondre : « Je dois vous avouer que j'ai été deux fois ministre, j'ai été sénateur, journaliste, j'ai fait étudier la question vingt fois sans jamais rien y comprendre. Aujourd'hui, après avoir lu votre projet de loi je connais la question presque aussi bien que vous. Tant que je serai au Parlement je vous assure que rien ne se fera si ce n'est dans le sens de votre projet de loi. »

C'était le projet Dubief qui était en relief à cette époque. « Si je vais contre Dubief, me dit encore M. Dupuy, j'aurai le Parlement à dos ; je ne m'engage donc pas à faire voter aucun autre qui n'entrerait pas dans vos vues ». M. Dupuy a tenu parole. Il s'est toujours opposé, au Parlement, à tous les projets qui ne concordaient pas avec le mien. Il a fallu une séance du matin, une de ces séances où les lois sont votées par surprise, par les quelques députés présents, pour que le projet Astier soit voté.

Ce projet que j'avais fait, je le ferai rééditer à nouveau. En attendant, je me permets de vous en définir les grandes lignes, d'une façon aussi concise que possible.

De même que pour faire un civet, il faut un lièvre ; pour faire de l'apprentissage, il faut des apprentis, ou tout au moins, des jeunes gens qui ont l'intention d'entrer en apprentissage. En avez-vous, en aviez-vous avant la guerre ? Non, avant la guerre, il y avait une désaffection de l'apprentissage. Et lorsque par hasard vous en aviez un qui commençait à savoir quelque chose, à vous rendre quelques petits services, il se trouvait toujours un concurrent pour vous l'enlever par l'offre dun salaire supérieur. Ce n'était pas la question d'argent qui chagrinait le plus le patron de l'apprenti lorsque cela lui arrivait, c'était le froissement d'amour-propre. Le patron désabusé se disait : on m'a enlevé mon gamin, je ne ferai plus d'apprenti.

Avant la guerre donc, non seulement les jeunes gens en

apprentissage étaient peu nombreux, mais on n'en trouvait plus qui consentissent à devenir des apprentis.

Cette situation m'avait amené à penser, pour remédier à cette crise, qu'il fallait forcer les parents à mettre leurs enfants en apprentissage, et l'article 1ᵉʳ de mon projet disait : « Tout père de famille devra justifier qu'il donne à ses enfants une profession qui leur permettra de vivre. » Quand je disais profession, je ne voulais pas dire profession manuelle. Cet article était donc, en fait, l'obligation au travail. Est-ce que je me trompais tant que cela quand je demandais cette obligation ? Ne sentez-vous pas aujourd'hui que vous serez peut-être obligés, demain, en face des grèves générales, de mettre la main à la pâte, de vous substituer à l'ouvrier qui manquera ? Vous serez obligés demain d'avoir l'étoffe d'un ouvrier. Je prétends que j'étais un précurseur quand je demandais l'obligation, pour un père de famille, de donner une profession à ses enfants. Pourquoi le législateur n'a-t-il pas accepté cette façon de voir ? La loi de 1882 oblige bien les parents à faire donner l'instruction primaire à leurs enfants. Est-ce que l'instruction primaire, au point de vue fin de la vie d'un citoyen, est plus indispensable que l'éducation et que l'instruction professionnelle ? Si un homme ne sait faire que des règles de trois, il ne mangera pas souvent des merlans. A l'instruction il faut joindre l'éducation professionnelle. Cette dernière devrait même dominer l'instruction théorique. Remarquez que je ne suis pas ennemi de l'instruction théorique, mais je crois que les deux doivent aller de pair. Il ne faut pas bourrer le crâne des enfants ; il faut leur donner des leçons de choses beaucoup plus approfondies qu'on ne le fait. Il faut, tenant compte des milieux, des besoins, des régions, donner un commencement d'éducation professionnelle et commerciale aux enfants dès le plus jeune âge. Je ne veux pas dire qu'il faille leur donner un métier, une profession, mais leur donner l'aptitude à se servir de leurs mains, de leurs yeux. Ce qu'il nous faut, ce sont des gens qui sachent voir, qui sachent tenir l'outil dont on peut avoir besoin à un certain moment de la vie.

Quand je demandais l'obligation, pour tout père de famille,
de donner une profession à ses enfants — et si le Parlement
ne s'est pas emparé de la question c'est simplement parce
qu'il a eu peur des électeurs — j'estimais que si la collectivité
avait le droit, dans l'intérêt de la moralité supérieure, dans
l'intérêt économique supérieur, d'exiger cette obligation, elle
avait aussi le droit de demander au commerce et à l'industrie
de reconstituer son matériel humain comme on reconstitue
l'autre matériel. L'industrie et le commerce auraient dû comprendre cette obligation. Certain jour, en m'asseyant à ma
table de travail pour jeter quelques notes sur le papier dans
le but de préparer une conférence sur la question — conférence qui m'avait été demandée par le Congrès de Bordeaux
— j'éprouvai de grandes difficultés ; je trouvai que le problème que j'abordai était un problème extrêmement difficile et je pensai que se lancer tête baissée dans une question
pareille sans l'avoir approfondie, c'était faire œuvre de mauvais citoyen. Que faire ? J'avais quinze jours devant moi. Et
bien, le lendemain je partais à la ville, à l'instruction publique, au local du Conseil supérieur de l'enseignement technique et je râflais les 5o ou 1oo volumes qui traitaient de la
question de l'apprentissage. Je prenais mes notes de voyage
en Suisse, en Allemagne, en Belgique, je réunissais tous ces
éléments, je compilais les notes qui m'avaient été données
dans les différentes administrations et j'arrivais ainsi à savoir
ce qui s'était fait à l'étranger et à pressentir ce qui devrait
être fait dans notre pays.

Quand j'eus posé ces deux principes : obligation pour le
père de famille de donner une profession à ses enfants et
obligation pour l'industriel et le commerçant de reconstituer
l'apprentissage, j'eus à me poser la question : qui est-ce qui
sera chargé de résoudre le problème ? Je regardais encore ce
qui s'était fait à l'étranger et je fis comme Christophe Colomb,
je trouvai un œuf. Cet œuf, c'était la Chambre de Commerce.
Les Chambres de Commerce ont été créées spécialement pour
défendre les intérêts du commerce et de l'industrie. Je me
figurais naïvement qu'en cette qualité on devait leur confier
la direction de l'apprentissage. Cela fut fait ainsi et cela ne

marcha pas du tout. Les Chambres de Commerce ne se souciaient pas du tout de prendre cette direction en mains. C'était pour elles un surcroît de travail formidable. J'avais donc, comme le prophète, prêché dans le désert. Cependant, le président d'une Chambre de Commerce, celle de Limoges, s'était associé avec une autre personnalité ; à eux deux ils démarquèrent mon projet, et sans aucune discussion législative, l'adaptèrent d'une façon complète aux besoins de Limoges. Malheureusement, ils se heurtèrent toujours à cet obstacle dont j'ai déjà tant parlé : l'absence d'argent. Il leur fallut faire des efforts énormes, il fallut que des gens donnassent de leur poche et de leur temps pour arriver à créer quelque chose et ce quelque chose était-il une organisation d'ensemble ? Non, ce n'était pas une organisation d'ensemble, car au lieu de s'adresser à plusieurs milliers d'enfants elle ne s'adressait qu'à quelques centaines seulement.

Voilà pourquoi, malgré leur effort intelligent, le président de la Chambre de Commerce de Limoges, et son associé ne sont pas arrivés à de grands résultats. On ne peut nier cependant que ceux-ci, s'ils ne furent pas probants, quant au fond, le furent quant à la forme.

Cette question de l'apprentissage devenant toujours plus difficile, en même temps que la nécessité de faire des apprentis devenait de plus en plus impérieuse, je dus rechercher un moyen de substituer aux Chambres de commerce un organisme existant ou à créer. Je trouvai après pas mal de tâtonnements. Il me semblait à cette époque qu'il était absolument indispensable de mettre le travail sur un tremplin, de le magnifier autant qu'on le pouvait, de magnifier non seulement le travail intellectuel et scientifique, mais aussi le travail manuel bien ordonné, bien enseigné, bien accompli, qui est tout à fait aussi indispensable à la vie de la collectivité que le travail intellectuel, que le travail scientifique. Je pensais donc que, puisqu'il y a un Institut scientifique, qu'il n'y avait pas de raison pour qu'il n'y en eût pas aussi un institut de métier. Pourquoi cet institut ne serait-il pas l'organisation autour de laquelle graviterait la question de l'apprentissage ?

Quand je dis institut de métier, je ne veux pas dire institution générale comme le sont toutes les organisations de nos ministères. Ce serait une erreur de créer un institut général ? Ce qui est exact pour une profession peut ne pas l'être pour l'autre. A mon sens, l'industrie et le commerce devraient être classifiés en vingt groupements. Ces groupements seraient classifiés d'une façon différente de la classification adoptée par le ministère, en ce sens qu'elle serait faite en tenant compte du travail manuel fait dans ces industries. Certaines industries hurleraient d'être ensemble dans un même groupement. L'institut comprendrait les industries par **genre** d'opérations dans le travail.

J'envisageais ces instituts de la façon suivante : Les enfants seraient pris par l'institut dès leur sortie de l'école, des inspecteurs spéciaux les suivraient, rechercheraient quelles sont leurs aptitudes et leur ferait donner l'éducation professionnelle de l'œil et de la main.

L'institut de métier servirait de trait d'union entre les parents et les industriels qui auraient besoin d'apprentis. En somme, il dirigerait les enfants vers les industries les plus aptes à les recevoir.

Puis enfin, je posais et je pose toujours le principe, que l'apprentissage devait se faire à l'atelier, qu'il devrait être la règle générale et que sauf dans des cas particuliers, horlogerie par exemple, l'apprentissage devait être fait à l'atelier, au magasin, toutes les fois que la chose était possible.

Ce principe étant admis, je disais l'institut suivra les enfants à l'atelier, il rédigera, d'accord entre les associations patronales et ouvrières, la charte de l'apprentissage, c'est-à-dire le contrat, et en surveillera l'exécution de façon que l'apprenti ne puisse pas se dérober à son devoir, pas plus que le commerçant ou l'industriel.

Les stipulations de cette charte devront être respectées absolument par les deux parties et des sanctions vis-à-vis des patrons comme de l'apprenti devront intervenir dans le cas où les uns et les autres ne rempliraient pas leurs obligations.

Des sanctions, elles seront toujours possibles du côté du patron, mais du côté de l'apprenti, quelles seront-elles ? Elles seront morales. Dans l'organisation de l'apprentissage, il pourra être admis qu'à la fin du contrat, après avoir subi avec succès les épreuves d'un concours organisé sous la haute surveillance de l'institut de métier, l'apprenti recevra un certificat qui sera sa récompense et qui le consacrera compagnon. Celui qui aurait failli ne recevra pas de certificat.

Parmi les enfants sortant d'apprentissage et ayant satisfait à toutes les conditions une sélection pourrait être faite. Ces enfants sélectionnés recevraient dans un atelier supérieur dirigé et organisé par l'institut de métier, une éducation professionnelle supérieure, en même temps qu'on leur enseignerait les méthodes taylorisantes. Ils sortiraient de cet institut de métier, non pas seulement avec les capacités d'un bon ouvrier, mais avec celles d'un ouvrier capable d'enseigner à son tour les méthodes taylorisantes.

Un contremaître convaincu de ces méthodes pourrait les enseigner à son tour dans son atelier. Dans beaucoup de cas, ce contremaître pourra devenir lui aussi un excellent petit patron.

Je ne terminerai pas là la besogne de l'institut de métier. Cet institut devrait justifier son nom en s'attachant les hommes les plus compétents, en matière professionnelle, en matière d'enseignement, en matière de sciences. Indépendamment des cours spéciaux donnés aux enfants dans chacune des spécialités de l'institut, ces personnalités, par des conférences appropriées, leur donneraient l'enseignement nouveau résultant non seulement de leurs travaux personnels, mais encore de l'étude de toutes correspondances que l'institut entretiendrait avec l'étranger. Si nous voulons que l'enseignement puisse nous donner satisfaction, il faut qu'il y ait à la base cet enseignement de la méthode, il faut que l'organisme chargé de faire l'apprentissage soit en communication avec les industries similaires du monde tout entier. Cet organisme devra se tenir au courant de tous les progrès réalisés dans toutes les branches de l'activité de façon à en faire profiter les élèves de l'institut.

Dans cet institut, j'y voyais des bibliothèques superbes, contenant tout ce qui touche à la profession envisagée. Je voudrais que, dans cet institut, l'on créât non seulement des ouvriers capables, des contremaîtres dont la valeur serait indiscutable, mais que l'on y créât une atmosphère où l'on y respirerait les progrès de la science.

Voilà comment j'envisageais la question de l'apprentissage lorsque M. le Préfet de la Seine, jugeant qu'il fallait que les villes se préocuppent de la question elles-mêmes, puisque le Parlement paraissait vouloir la prendre toujours par ses petits côtés, décida la création d'une commission préfectorale pour étudier la question. Deux industriels furent désignés pour en faire partie, j'eus le plaisir d'être un de ceux-là.

En cette qualité, je recommençai la visite des écoles professionnelles de Paris que j'avais déjà faite comme membre du Conseil supérieur de l'enseignement technique. Je la fis avec quelques conseillers municipaux et généraux dont quelques-uns avaient les opinions les plus avancées. Je fis ensuite un rapport extrêmement complet. Après dix-huit mois d'études, de visites, de comparaisons, la discussion fut ouverte. M. Deville, qui était président de cette commission, se chargea de faire le rapport de nos travaux, et j'ai le très grand plaisir de vous dire que les conclusions de ce rapport étaient absolument conformes aux idées que j'avais émises au sein de la commission, idées que j'avais fait accepter par les membres du Conseil municipal, qui avaient trouvé que ma manière de penser ne pouvait que magnifier le travail et donner à l'ouvrier l'indépendance.

Ce rapport fut discuté au Conseil municipal et au Conseil général. Il fut adopté par ces deux assemblées. A quelque temps de là, j'eus le plaisir d'apprendre que l'école d'Orient allait être transformée et que la ville de Paris essaierait de transformer les autres dans le même sens. Je serais extrêmement désireux de voir faire pour Lyon, par le Conseil municipal de cette ville, ce qu'ont fait le Conseil municipal de Paris et le Conseil général de la Seine concernant l'enseignement. Je sais combien M. Herriot est un réalisateur, combien il est tenace, lui aussi, dans ses volontés. Si cette affaire lui convient, et qu'il se mette dans la tête de la réaliser, je suis convaincu que c'est comme si c'était déjà fait.

Permettez-moi de revenir sur la question des frais d'apprentissage. Je maintiens le principe du paiement de l'apprentissage par le commerce et l'industrie. En effet, ce n'est qu'en faisant nous-mêmes les frais de cette organisation que nous pourrons en conserver la direction technique, que nous pourrons avoir voix au chapitre, que nous ne risquerons pas d'être noyés dans les délégués de l'Administration pleins de bonne volonté, sans doute, mais parfaitement incompétents, quelquefois.

J'avais imaginé le paiement de ces frais sous deux formes : sous la forme d'une taxe dite d'apprentissage, proportionnelle à la classe de la patente de chacun de nous et une taxe proportionnelle à l'importance de la main-d'œuvre employée. Le montant de cette taxe serait versé directement à l'Institut de métier qui gèrerait les fonds.

Si dans la question de l'apprentissage les intérêts du commerce et de l'industrie sont en jeu, ceux de la collectivité le sont aussi. L'Etat, les départements et les communes devraient donc, eux aussi, intervenir dans la constitution de ces Instituts en fournissant les locaux et des subsides, de façon qu'il ne soit pas dit que l'Administration se désintéresse d'une question pareille.

J'ai encore quelques mots à ajouter à un point de vue tout à fait particulier. Dernièrement je lisais dans les journaux de Paris une décision prise par le Conseil municipal ayant trait précisément à ce que disait ce matin M. le Président de la Chambre des propriétaires de Lyon. Aucun des propriétaires parisiens ne se souciant de construire des logements ouvriers, Paris surchargé du supplément d'habitants qu'il a reçu pendant la guerre, a du voter des sommes considérables et décider de créer à ses frais des logements ouvriers. Voilà ce que j'ai lu dans certains journaux de Paris.

J'ai pensé, en lisant cet article, qu'il y avait peut-être là une occasion de favoriser l'apprentissage. Pourquoi les chambres syndicales parisiennes n'iraient-elles pas trouver le préfet de la Seine et lui dire : Vous voulez construire des habitations ouvrières, Monsieur le Préfet. Pourquoi ne profiteriez-vous pas de la construction d'un certain nombre de ces maisons pour y faire de l'apprentissage, de l'apprentissage réel, de l'apprentissage qui aurait une double opportunité, celle d'abord de répondre à nos besoins immédiats, celle aussi de donner un métier à ces malheureux orphelins de la guerre ou à ces autres malheureux enfants que les parents ne sont pas en état d'élever ?

Ne serait-ce pas faire une excellente action, au point de vue de l'apprentissage et au point de vue patriotisme, de prendre ces enfants, de leur apprendre un bon métier, de leur donner une instruction théorique adéquate aux besoins de ce métier, de leur donner une éducation morale, de retirer de la rue et de la misère ceux qui y seraient tombés ? Ne pourrait-on pas demander aux organisations qui s'occupent des orphelins, de confier aux chambres syndicales, sous la surveillance de M. le Préfet, ceux de ces orphelins qui auraient les capacités nécessaires, tant au point de vue physique qu'intellectuel pour travailler, pour en faire de bons ouvriers ? Ne croyez-vous pas que ce serait là l'occasion d'un recrutement facile et opportun ? Ce serait une occasion admirable pour nos chambres syndicales de faire passer dans la pratique les théories que nous développons.

J'ai demandé à la Chambre syndicale de la maçonnerie de payer une deuxième cotisation, applicable seulement à la réalisation de l'apprentissage ; j'ai eu le plaisir d'apprendre par la Commission de la trésorerie de cette Chambre, que nous avions 85.000 francs en caisse. Avec ces 85.000 francs nous allons demander — et si cette somme n'est pas suffisante nous ajouterons le complément — au préfet de la Seine de nous donner deux ou trois pièces de terrains sur les fortifications, en face des quartiers ouvriers ; sur ces terrains nous édifierons des internats pour y recevoir ceux de ces enfants qui sont privés de parents, les loger, les nourrir, les entretenir, les éduquer, les faire travailler ; j'estime que Lyon doit, en ce qui le concerne, procéder de la même façon, puisque comme Paris, elle souffre de la crise du logement.

Pourquoi Lyon n'essaierait-elle pas de créer la charte de l'apprentissage, pourquoi n'essaierait-elle pas de réglementer, d'organiser cet apprentissage ? Ce serait faire œuvre utile, ce serait rendre service non seulement à la ville, à l'industrie du bâtiment, mais aussi à ces enfants malheureux qui, recueillis et éduqués, deviendraient de bons citoyens. Il s'agit là d'un moyen pratique, réalisable demain si l'on veut.

Tout à l'heure, en déjeunant, je causais de la question avec le nouveau Président de la Chambre de Lyon. Il me disait : « Le moyen que vous préconisez est excellent, et qu'est-ce qui empêcherait nos chambres syndicales d'acheter elles-mêmes des terrains, ou d'en louer à longs baux, et d'y construire à l'aide de la main-d'œuvre des apprentis. » Les maisons ainsi construites pourraient être revendues ou données à bail. Les apprentis seraient rémunérés de leur travail. Les parents de ceux qui en ont encore, tout en nous les confiant, pourraient conserver leurs enfants auprès d'eux. Ils recevraient une indemnité suffisante pour les entretenir, et ces enfants pourraient, en outre, se constituer un pécule qui ne serait pas à dédaigner.

C'est sur un terrain pratique que je me place, et je demande aujourd'hui au Congrès des habitations de Lyon de prendre des dispositions de principe qui puissent être mises en œuvre dès la fin des travaux du Congrès.

M. Rambaud, *président :* Messieurs, je suis sûr d'être l'interprète des sentiments de l'Assemblée, en adressant à M. Villemin nos félicitations pour le développement si précis et si judicieux qu'il vient de nous faire de la question de l'apprentissage. Nous le remercions du surcroît de travail qu'il s'est imposé pour apporter au Congrès, où il est intervenu d'une façon si efficace et de tout son cœur, l'appui de son autorité et de sa compétence.

La ville de Lyon, Monsieur Villemin, s'est beaucoup préoc-
cupée de la question de l'apprentissage, non seulement de
l'apprentissage proprement dit, mais aussi des organismes
divers qui concourent à l'apprentissage. A Lyon, nous avons
la Société académique d'architecture, la Chambre syndicale
des entrepreneurs, la Société d'enseignement professionnel,
etc. Indépendamment de ces organisations qui s'intéressent
tout particulièrement à cette question, la Ville a créé, sous
l'impulsion de son maire, des écoles techniques et professionnelles.

Mais il s'agit là, en effet, d'efforts séparés sans lien commun. Chacun de ces organismes tire souvent, l'un à hue,
l'autre à dia. Or, à l'heure actuelle, au moment où la question de l'apprentissage devient plus évidente, au moment où
la nécessité de former des apprentis, pour remplacer ceux de
nos ouvriers qui sont, hélas, tombés pendant la guerre, se
fait sentir plus impérieusement, il est indispensable de réunir
tous les efforts. Une loi a déjà été votée par le Parlement.
Comme pour toutes les lois, le législateur est bien parti d'un
bon sentiment, mais le texte en a été tellement dénaturé
qu'on se demande comment il faudrait faire pour l'appliquer.

L'idée de M. le Maire, en faisant inscrire cette question de
l'apprentissage à l'ordre du jour du Congrès, était justement
de susciter une discussion d'où sortiraient, à son avis, des
directives précises.

Les directives exprimées par M. Villemin sont précisément
très intéressantes et semblent parfaitement convenir à la
situation. Les résolutions qui sortiront de cette discussion
serviront de guide à l'organisation, ici-même, de cet institut
de métier que préconise M. Villemin, voire même à la construction d'immeubles par les apprentis eux-mêmes.

Toute la question est de rassembler les éléments qui
doivent concourir à la solution du problème de l'apprentissage.

M. Villemin : Je puis vous affirmer que, tout à l'heure,
M. le Président de la Chambre syndicale m'a promis de

faire tout son possible pour, d'accord avec la municipalité,
mettre en route la question de l'apprentissage à Lyon.

M. Bore, *président de l'Union des Chambres syndicales
de Roanne :* La façon scientifique dont vient d'être traitée
la question de l'apprentissage dépasse les vues que j'avais
eues sur la question.

Je me souviens qu'au Congrès de Bordeaux la question
avait été agitée, mais pas avec une envergure pareille. La
question n'avait pas atteint un tel degré : c'est-à-dire faire
de l'apprentissage une espèce d'institution.

Evidemment ce qu'on apprend à l'école on l'apprend
dans un livre. On se grave la théorie dans le cerveau. Mais
pour réaliser l'ouvrage, il faut un outil. Si vous voulez
créer un institut de métier, vous serez obligés d'avoir un
vaste bâtiment.

M. Villemin : Je demande que l'enfant, au sortir de
l'école primaire, où il aura reçu une éducation de l'œil
et de la main entre à l'atelier où il travaillera. Il ne s'agit
pas d'une école.

M. Bore : Si je ne me trompe, vous avez divisé les
professions en catégories et vous voulez créer un Institut
pour chacun des vingt groupements que vous aurez créés ?
Apprendrez-vous, par exemple, à un enfant à faire une
brique, une tuile; lui ferez-vous construire une usine? Il
me semble qu'il serait plus simple de dire à ce jeune
homme : Vous voulez apprendre à faire des briques, mon
garçon, voici un pays qui est tout prêt à vous accueillir, et
vous lui donnez le nom de cinq départements dévastés dans
lesquels il y a des tuileries à reconstruire. Allez là, vous y
ferez votre apprentissage en même temps que vous recons-
truirez le pays.

Pour un mineur, la première difficulté n'est pas de savoir
pousser un wagon. La première difficulté, après la guerre,
c'est la réparation des dégâts causés aux mines. Ce qu'il

faut apprendre au mineur aujourd'hui, c'est d'abord la remise en état d'une mine.

Si vous voulez un plâtrier, lui apprendrez-vous à faire une cloison, un plafond? De la façon dont vous voulez créer ces Instituts, vous ne ferez que des ouvriers incomplets. Je vois dans cette méthode un renoncement aux principes anciens.

Avez-vous à vous plaindre des anciens apprentis qui sont des hommes aujourd'hui? N'ont-ils pas été des bons ouvriers, ceux-là? Ils ne sont cependant pas passé à l'Institut. Ils ont simplement passé entre les mains d'entrepreneurs qui avaient le souci de leur travail, du bien fini de leur œuvre, et qui donnaient à l'apprenti des notions techniques bien définies. A notre époque, on encourageait les apprentis au travail et sans argent; aujourd'hui, vous voudriez presque mettre les apprentis à notre charge. Vous faites appel à notre portemonnaie, mais à force de l'ouvrir, ce portemonnaie, à force d'en tirer des sous, il finira par ne plus rien rester dedans.

Si ce que vous nous proposez aujourd'hui nous avait été demandé il y a cinq ans, avant la guerre, nous l'aurions peut-être accepté. A ce moment, je n'avais pas trente-trois mois de front, et pour ma part, j'aurais peut-être fait le sacrifice. Vous parlez aujourd'hui d'augmenter les cotisations; demain que nous demanderez-vous? Nous ne pouvons pas toujours payer.

Etes-vous bien sûr, d'autre part, que l'apprenti suivra la ligne de conduite que vous voulez lui tracer? L'apprenti a un père dont il faudrait connaître la mentalité.

M. Villemin : Notre collègue n'a pas compris; il a vu la question à l'envers, je ne lui en fais pas le reproche.

M. Bore : J'admire vos principes; je voudrais qu'ils passent dans la pratique demain. Mais cela est impossible. Avant la guerre, il fallait pleurer pour avoir 5o.ooo francs pour la construction d'un édifice: personne ne les aurait prêter. Il a fallu 38o milliards pour faire la guerre. On les a trouvés. Notre budget national passe de 5 à 23 milliards, et nous avons, indépendamment de ce budget, notre dette à amortir.

Si nous admettons vos principes, ce n'est plus 23 milliards que les Français auraient à payer : il faudrait y ajouter 20 autres pour faire les travaux nécessaires à la reconstruction des régions envahies, etc., etc.

N'a-t-on pas dit ce matin qu'on avait créé des chemins de fer en disposant les gares de telle façon qu'elles sont constamment embouteillées.

Tout cela c'est à revoir. Si vous voulez des solutions rapides, il ne faut pas conserver les moyens en usage depuis soixante, quatre-vingts ans. Il ne faut pas continuer à faire remorquer les barques sur les canaux avec des ânes ou des chevaux. Il faut aller vite, il faut des chemins de fer, des voies navigables, des routes.

Vous avez reconnu qu'il était impossible d'entreprendre des travaux dans les régions dévastées avant que les voies de communication soient remises en état. Que l'on fasse ces routes d'abord. Pensez-vous laisser croire qu'en participant moralement à l'édification d'une nouvelle société, nous arriverons à quelque chose ? C'est impossible. On n'a pas voulu faire payer leur dette aux Allemands. Nous devons d'abord payer ce que nous avons à payer.

M. Villemin : Je suis heureux de la contradiction; mais je dois bien dire cependant que notre ami est un peu naïf.

Quand vous me reprochez, Monsieur Boré, de vous demander des cotisations pour l'apprentissage, vous avez l'air de dire que c'est une dépense que vous ne ferez pas. Vous la ferez quand même. Si vous ne voulez pas faire cet apprentissage, que je préconise, l'Etat le fera lui-même et, au lieu de dépenser 100 sous comme nous le ferions, c'est 10 francs que l'Etat dépensera, et ces 10 francs c'est vous qui les paierez. C'est incontestable. Il faut que l'apprentissage se fasse et il se fera ; il se fera par l'Etat ou par nous-mêmes. Organisé par l'Etat, dont l'incompétence est notoire, cet apprentissage nous coûtera dix fois plus que si nous l'organisons nous-mêmes.

Je vous propose de vous substituer à l'Etat, d'accomplir votre devoir d'industriel et de commerçant. Il n'y a que nous qui pouvons enseigner l'apprentissage dans ses parties techniques et pratiques. En le faisant, cela vous coûtera encore moins cher (*Très bien.*) Je vous ai dit que j'envisageais l'apprentissage à l'atelier, et si je demande une organisation spéciale de l'apprentissage, c'est pour y créer la méthode. Je vous demande de constituer une organisation par spécialisation, qui commencera par l'atelier pour finir par l'Institut supérieur. Vous avez parlé, Monsieur Boré, de briqueteurs et de briqueterie. Non, je ne demanderai pas qu'on apprenne à faire cela. Je ne demanderai pas à un apprenti de devenir un briquetier. Je demanderai seulement à l'Institut de métier d'étudier ce qui doit être montré à l'apprenti, comment il doit être placé en apprentissage, quelle doit être la durée de celui-ci. Dans certains corps de métier, l'apprentissage doit être de deux, trois ou quatre ans; dans d'autres quelques mois suffiront. C'est là qu'il faut de la méthode. Vous avez fait allusion à la profession de mineur. Savez-vous que la profession de carrier-mineur est une profession difficile. Est-ce que vous croyez que l'éducation de l'apprenti mineur-carrier consistera à lui apprendre à pousser un wagon ? Son éducation consistera à attirer son attention sur tous les risques qu'il court en travaillant de telle ou telle façon, en sapant là où il ne faut pas, en fumant là où il ne doit pas. En un mot, il faudra lui apprendre quelles sont les précautions indispensables à prendre pour éviter les accidents. On lui donnera des notions géologiques très simples sur la matière. Cela se fait en Allemagne; pourquoi ne le ferions-nous pas? Demandez à trois ou quatre enfants parisiens de vous expliquer comment pousse le grain. Aucun d'eux ne sera capable de vous l'expliquer.

Posez la même question à un enfant de Munich, je vous
garantis qu'il vous donnera la réponse immédiatement, .
parce qu'il aura vu donner le coup de charrue, il aura vu
pousser le blé, il l'aura vu battre, etc., etc. Je prétends que
l'éducation professionnelle à donner aux enfants n'est pas
seulement une éducation manuelle théorique. L'erreur précisément est de leur donner une éducation théorique trop
élevée. Il ne faut pas pousser l'enfant plus haut qu'il n'est
nécessaire. Il faut mettre à sa disposition tous les'moyens,
tous les éléments qui lui permettront de connaître la matière
qu'il est appelé à manier, à transformer. Au mineur, au briquetier, est-ce vous, est-cemoi, qui irez leur dire : tel ou tel
outil est mal conditionné ; si on faisait de telle ou telle façon,
si on employait telle ou telle méthode, le travail serait fait
dans un temps plus court ? Est-ce que l'outil n'est pas fonction de la production ? J'ai été obligé moi-même de modifier
les outils de mes ouvriers parce qu'ils n'avaient pas les
notions professionnelles nécessaires pour se rendre compte
des imperfections de leurs outils. En échange, j'ai vu quelquefois des contremaîtres, des forgerons, venir me demander
si, en procédant de telle ou telle façon, on n'obtiendrait pas
des résultats meilleurs; mais ceux-là avaient une éducation
théorique et pratique.

A Nancy, où je faisais des forages, après avoir traversé
une couche d'argile et de sable mouvant, je suis tombé sur
des éléments extrêmement durs. C'étaient des excréments
d'animaux antédiluviens. Au cours des siècles, ils s'étaient
tellement durcis que pas un outil ne résistait. J'ai envoyé
immédiatement sur le chantier des barres à mines dont les
pointes d'attaque étaient nombreuses. En modifiant un simple outil, je suis arrivé à gagner un temps énorme. J'étais
sur le chantier lorsque les ouvriers ont atteint cette couche ;
mais peut-il toujours en être ainsi?

N'est-ce pas normal d'apprendre à nos ouvriers à voir,
à comprendre que la machine, l'outil, ne sont pas destinés
à ne jamais être modifiés, mais au contraire à être toujours
améliorés selon les besoins, les nécessités du travail. De

telle sorte que, maintenant, le métier le plus simple demande un apprentissage consistant en leçons de choses, en exemples.

J'irai même plus loin : j'ai vu des gens de cinquante ans incapables de donner un coup de pioche comme il faut parce qu'ils n'avaient jamais appris.

M. Bore : Pendant la guerre, nous avons vu des gens qui n'avaient jamais tenu que des porte-plumes devenir d'adroits mineurs.

M. Villemin : Je résume en disant que notre collègue a mal compris. Je recherche l'apprentissage à l'atelier. L'Institut donnera les cours théoriques indispensables aux besoins de cet apprentissage.

M. Bore : Alors c'est l'ancien système.

M. Villemin : Je n'ai jamais dit le contraire. Je suis partisan du travail à l'atelier, et de la création d'une organisation qui permette de suivre les enfants à l'atelier.

J'ai le regret de dire que les jeunes gens qui ne sont pas passés par l'atelier, qu'on a mis immédiatement dans les écoles professionnelles, où ils n'ont travaillé manuellement que quelques heures par semaine, ne savent pas se servir des outils quand ils arrivent à l'atelier. On leur a donné une éducation supérieure, et cet outil qu'on leur donne et dont ils ne savent pas se servir, ils le méprisent bientôt, puis quittent la profession.

Tout ce qui a été dépensé pour eux est donc perdu. C'est ce que nous voulons éviter. Nous voulons créer de l'ordre, de la méthode. Est-ce votre opinion ? (*Applaudissements.*)

M. Steiner, *entrepreneur à Moulins* : Messieurs, je vous demande la permission d'ajouter quelques mots à ce qui vient d'être dit, de part et d'autre, sur la question de l'apprentissage.

Je connais un homme qui, après avoir été dans une école scientifique, a pris ses deux baccalauréats. A 24 ans il a pris l'oiseau et pétri le mortier. Cet homme, c'est moi.

J'ai appris le métier sous toutes ses formes. Je l'ai appris à mon contremaître, qui était âgé de 35 ans au moins au moment où il est entré chez moi.

· Aujourd'hui, cet homme est un mouleur distingué pouvant faire n'importe quoi, en fait de moulure, pouvant lire des coupes ; son fils est capable d'en faire autant.

J'estime donc que, en travaillant, on arrive toujours. Celui qui possède un peu de théorie arrive à la pratique plus facilement que celui qui n'en possède pas du tout.

Un jeune homme de 16 ans sachant pourquoi il faut travailler, bien dirigé, ayant une conduite exemplaire, arrivera sûrement à de bons résultats s'il allie la théorie à la pratique.

M. Benoit-Lévy : Je désire, au titre de simple citoyen français, remercier M. Villemin.

Ce qu'a dit M. Villemin dépasse le cadre des questions qui sont actuellement à l'étude. C'est la France d'hier, d'aujourd'hui, de demain qu'il a symbolisée.

Nous devons sanctifier le travail, a-t-il dit ; cela veut dire d'abord : les industriels ont le devoir de faire accomplir ce travail dans les meilleurs conditions possibles. L'usine ne doit pas être une prison, l'usine doit être le palais du travail. Cela veut dire ensuite que l'ouvrier, dans ces usines bien aménagées, dans ces chantiers bien compris, travaillera avec conscience et loyauté. L'ouvrier doit comprendre ce qu'il fait.

Tous ceux qui se sont promenés dans les boyaux du front savent qu'il n'a pas été suffisant d'avoir des soldats pour gagner la bataille. Il a fallu les éduquer, ces soldats, et ce qui a fait, vers la fin de la campagne, la supériorité du poilu français, c'est la spécialité dans laquelle on l'avait placé. Chaque soldat du front était devenu un spécialiste fusilier, mitrailleur, grenadier, etc., etc. Aux grenadiers, aux fusiliers mitrailleurs d'élite, on a donné des insignes spéciaux. Ils en étaient fiers, je vous assure, de ces insignes, parce qu'ils se rendaient compte qu'ils ne devaient cette récompense qu'à leur travail.

J'ai vu dans un cours de fusils-mitrailleurs que j'ai suivi, des hommes d'humble condition qui m'étaient supérieurs, à moi, qui avait de l'instruction. Comme moi ils se souvenaient des termes techniques qu'on leur apprenait et mieux que moi, et plus vite que moi, ils manipulaient et remettaient en place les différentes pièces du fusil-mitrailleur. Pourquoi? parce qu'ils avaient appris à se servir de leurs mains.

Je me suis rendu compte qu'à moi, élevé avec l'éducation bourgeoise, imbécile, insuffisante des lycées de Paris, il me manquait quelque chose : c'était de savoir me servir de mes mains.

Pour avoir des citoyens conscients, il ne faut pas élever les enfants dans les officines politiques, mais dans de vraies écoles où ils apprennent à travailler avec leurs mains, leur esprit et leur cœur. (*Applaudissements.*)

M. BIANCO, *architecte* : Messieurs, après m'être fait inscrire, j'avais abandonné l'intention de prendre la parole sur la question de l'apprentissage parce que je me sentais fatigué.

Emu de ce que M. Villemin a dit de la question, je ne puis résister à la tentation de dire quelques mots.

M. Villemin a parlé d'Institut. Je connais un Gouvernement qui a créé un Institut, qui le subventionne. Cet établissement, qui compte 150 élèves, reçoit les jeunes gens de 14 ans possédant déjà une instruction et une éducation primaires. La durée des cours est de cinq ans.

Une personne que je connais bien et qui sort de cet Institut, m'offre de me donner tous les documents concernant cet établissement. A mon tour, j'offre de les communiquer à M. Rambaud, s'il le désire.

Je suis convaincu que la consultation de ces documents l'intéresserait énormément.

Dans cet établissement, qui s'appelle « Institut des Arts et Métiers », il y a une discipline que j'apprécie énormément, principalement en ce qui concerne le travail et le respect des supérieurs, qualités que l'on ne voit plus aujourd'hui autour de soi sur les chantiers. Cette discipline, je vous la recommande spécialement ; il y a quelque chose de bon à en tirer.

On travaillait beaucoup autrefois, à l'Institut; aujourd'hui je ne sais pas ce que l'on y fait. Mais ce que je sais bien, c'est que, toutes les fois qu'il expose les œuvres de ses élèves dans un concours, cet établissement remporte un premier prix, quand il n'est pas hors concours. Ce que j'avance n'est un secret pour personne, il est facile de le vérifier.

Dans cet Institut, on peut voir le même homme, qui n'est pas un charlatan, forger une fleur, dessiner une tête d'homme ou faire un modelage. Tous les élèves de l'école sont capables d'en faire autant; ils savent faire les chapeaux, travailler la mécanique; ils savent reconnaître de quoi est fait un tissu, monter un tour, faire une bague, un bijou, relier un livre, composer la pâte à papier, etc. Ces hommes ne sont pas je l'affirme, des phénomènes, ce sont simplement des élèves de l'école.

La seule exagération que l'on rencontre dans cet institut, c'est la durée du travail qui est de quatorze heures.

Quel contraste avec un apprenti d'aujourd'hui. J'en ai un chez moi ; il a fait ses études à Nice. Il voudrait 250 francs par mois, c'est le prix que l'on paye un bon employé. Comment voulez-vous devant de telles exigences faire des apprentis ?

M. Villemin : Dernièrement, au cours d'une conversation entre amis, je développais cette question. J'avais à côté de moi le fils d'un ministre belge. Ce jeune homme m'apprit qu'en Belgique il y avait une université du travail. En Belgique, vous le voyez, on a déjà magnifié le travail. Quand il y a trois ans, je préconisais la création d'un institut de métier, j'ignorais l'existence de l'université belge.

En Suisse, les polytechnicums sont en quelque sorte des instituts de métier.

Je sais qu'il existe un institut à Milan et qu'il donnait avant la guerre de bons résultats. Quoique les professeurs étaient des Allemands, il n'en est pas moins vrai que cet institut a fait des hommes de premier ordre.

Il ne faut pas nous effrayer des mots. Il faut mettre à sa place le travail qui est certainement un des adjuvants les plus importants de la production.

M. Rambaud : Nous sommes tout disposés à recevoir les documents que M. Bianco voudra bien nous communiquer.

M. Clermont fils : Quoique très jeune, j'ai 23 ans, et quoique je puisse vous paraître inexpérimenté, j'ai beaucoup remarqué et observé. J'ai beaucoup fréquenté les jeunes gens et je puis vous affirmer qu'il en existe, peu hardis, qui désirent ardemment que l'on fasse quelque chose pour eux. Les bonnes volontés sont existantes.

Etant militaire, j'ai été instructeur en matière de moteurs d'aviation et d'automobile. Dans l'exercice de ma fonction j'ai coudoyé des manœuvres, des individus de barrières de Paris. J'ai constaté qu'ils n'avaient pas une aussi mauvaise mentalité qu'on pourrait le croire. Ils ne demandent qu'à acquérir un peu de cette théorie que vous voulez bien mettre à leur disposition (*Très bien !*)

M. Villemin : A l'appui de ce que vient de dire M. Clermont fils, permettez-moi d'ajouter ceci :

J'ai vu au Maroc de petits indigènes de 10 à 12 ans venir me demander de monter dans ma voiture, en lapin, faire avec moi des randonnées de plusieurs centaines de kilomètres. Lorsque nous nous arrêtions, ils regardaient curieusement la machine, se faufilaient dessous, nous rendaient mille services.

Je suis convaincu que si l'on savait éduquer cette race, elle nous rendrait les plus grands services. Ces indigènes ont un besoin d'études, de travail dont vous ne vous faites pas une idée.

Je prétends que si le général Lyautey avait fait, au Maroc, un institut de métiers, nous aurions à l'heure actuelle, trois ou quatre cents jeunes gens capables d'aller dans nos colonies de l'Ouest de l'Amérique y exploiter les bois dont nous avons un si grand besoin.

La séance est levée à 14 h. 45.

SÉANCE DU SAMEDI SOIR

La séance est ouverte à 20 h. 35.

M. Herriot, *maire de Lyon* : Messieurs, je déclare la séance ouverte, et dès maintenant je désire, après avoir expliqué les raisons qui m'avaient fait désirer ce Congrès, remercier toutes les personnes qui m'ont prêté leur concours à cette occasion.

Je le ferai très rapidement. Vous allez ce soir assister à la séance de clôture du Congrès, une des plus importantes. Nous allons proposer à votre ratification les vœux qui résument les travaux des différentes séances du Congrès. C'est l'important, et si je devais intervenir sur les questions qui ont été discutées, et en tirer des conclusions, je vous demanderais la permission de ne le faire qu'en fin de séance.

Pour l'instant, je veux simplement vous dire quelles sont les raisons qui m'ont fait désirer ces réunions.

Si j'ai prié nos amis de Lyon, toujours si prompts à répondre à l'appel de leur Maire, et nos invités du dehors, de vouloir bien se joindre à eux, c'est parce que, dans ma pensée, cette Foire de Lyon doit être un grand laboratoire de travail. Au cours de la Foire, je n'entends pas seulement qu'on échange des ordres commerciaux, mais à l'occasion de ces échanges qui appellent tant d'hommes de pays différents, et dont le nombre ne fera d'ailleurs que croître, je voudrais qu'on discutât dans un grand esprit d'entente d'abord, et de réalisation ensuite, tous les problèmes que posent le renouvellement incessant de l'activité humaine.

Les formules n'ont qu'un temps ; elles vivent, puis s'épuisent. L'esprit intelligent, l'homme utile, est celui qui s'aperçoit à temps, pour son pays et les autres mêmes, de l'épuisement de ces formules, et en cherche de nouvelles. Il aurait bien tort s'il voulait les chercher autrement que dans les données de l'expérience et le concours loyal de tous les intéressés.

Parmi ces problèmes qui se posent en France, il n'y en a pas de plus grave que le problème de la crise de la construction.

Je sais bien que l'on résout facilement ces problèmes dans des discours. J'entends dire, au Parlement et ailleurs : nous construisons, nous construirons. On conjugue le verbe construire à tous les temps et l'on s'imagine que l'on a fait quelque chose. Régulièrement on provoque des applaudissements et souvent le Français, de caractère débonnaire, s'imagine que la question est résolue parce qu'il a donné son approbation à un projet à peine ébauché.

Ici nous ne pensons pas de même. Je crois qu'il faut aborder le problème courageusement, franchement. Je crois que la reprise de la construction, en France, sera une œuvre difficile, que le problème de la reconstitution de nos finances sera une œuvre pour laquelle il faudra un courage infini, et, de la part des hommes politiques, bien peu de souci de leur popularité et surtout le souci de leur devoir. J'estime qu'il n'est pas trop tôt de préparer la solution de ces questions. La préparer c'est l'abréger. Je crois, en effet, que définir un problème c'est avancer vers la solution ; définir un problème, c'est presque l'avoir résolu.

Plus, pour ma part, j'avance dans la vie administrative, plus je m'aperçois qu'il n'y a qu'une méthode pour aborder les difficultés humaines, c'est celle qu'emploient les hommes intelligents, c'est l'analyse. Et je vois avec plaisir qu'en Angleterre, en Amérique, où l'on s'occupe aussi de ces problèmes, les hommes les plus hardis posent comme principe la nécessité de revenir à cette méthode d'analyse.

Un problème se pose. Voyons de quoi il est fait. Quels sont ses éléments constitutifs ?

C'est pour arriver à définir les éléments de cette crise que j'ai eu l'idée de constituer ce Congrès.

On disait autrefois, avant la guerre, en riant, « quand le bâtiment va tout va ». C'était une formule, un adage, on n'en mesurait plus la valeur. La guerre a démontré que c'était vrai. Nous voyons que quand le bâtiment ne va plus, rien ne va plus. Si nos pères avaient inventé ce proverbe, c'était parce qu'il leur paraissait résumer les longues expériences et une grande sagesse.

Tant que le travail de la construction n'aura pas repris sur la place à peu près normalement, je ne sais pas très bien comment on pourra envisager cet avenir économique, qui nous est absolument indispensable si nous voulons vivre. Car si on peut retarder l'examen de la question on ne peut pas l'éluder éternellement. Nous devons regarder bien en face les charges qui pèsent sur nous. Plus on les regarde, plus on en étudie les conséquences honnêtes, plus on voit que, si l'on ne travaille pas, si l'on ne trouve pas des méthodes de travail et de production, nous sommes menacés de rester dans cette situation constamment incertaine qui est celle où nous nous débattons aujourd'hui.

Vous avez bien voulu, Messieurs, répondre à mon appel. Je ne puis citer chacun de ceux qui ont apporté ici leur collaboration, leurs compétences. Cependant il me serait impossible d'ouvrir cette séance sans remercier M. Villemin, président de la Fédération Nationale du Bâtiment, qui a bien voulu quitter Paris pour venir ici présider aux plus importantes de nos discussions. Je le remercie. Je connais sa compétence. Je l'ai rencontré souvent à des Congrès. Je lui suis bien reconnaissant, à lui qui occupe une si grande place dans le travail parisien, d'avoir bien voulu descendre jusque vers ses amis de province. Je remercie M. Lignon, qui a bien voulu me remplacer et présider la séance d'ouverture du Congrès.

Je remercie M. Jaussely, grand prix de Rome ; M. Benoît-Lévy, qui a fait des conférences sur les jardins ouvriers ; M. Borderel, qui a traité des banques d'entreprises ; M. le professeur Pic, qui s'est spécialement occupé des questions de législation sociale ; M. Kemp, délégué de Luxembourg, ami sincère et actif. Je suis heureux de saluer M. Aloïs Sasek, représentant de la presse tchéco-slovaque, et M. Jourdain, adjoint au maire de Saint-Quentin. Je remercie M. Trélat, directeur de l'Ecole spéciale d'architecture de Paris, de sa haute autorité.

J'ai peut-être commis quelque oubli et je m'en excuse. Je voudrais, d'une façon générale, pour être sûr de n'oublier personne, donner mon témoignage de gratitude à l'ensemble de toutes les organisations, quelles qu'elles soient, qui ont pris part à ce Congrès : organisations techniques, patronales et ouvrières.

J'aurais désiré que les organisations ouvrières prissent part à ces discussions. J'ai causé ce soir de la question à un homme que je me proposais de remercier en dernier lieu, à M. Rambaud. Je lui ai demandé si les organisations ouvrières avaient pris part aux discussions. Je pense qu'elles auront, au moins, suivi le Congrès, et j'aurais aimé entendre leur voix.

Ce que nous défendons ici, c'est l'intérêt public. L'homme qui a provoqué ce Congrès ne se place à aucun point de vue particulier. C'est l'intérêt public, sous toutes ses faces, que nous voulons aborder résolument. Je sais des hommes, dans l'industrie du bâtiment, que j'aurais été heureux d'entendre, le cas échéant.

Ceci dit, je vais maintenant, Messieurs et aussi Mesdames — car je vois dans la salle des dames qui ont eu le courage de venir dans cette enceinte écouter des discours, plutôt que d'aller au spectacle — après avoir remercié les uns et les autres, je vais donner la parole au rapporteur des vœux. Mais avant je dois adresser, je les avais gardés pour la fin, mes remerciements et aussi les vôtres à M. Rambaud, mon collègue et ami.

En le priant de présider ce Congrès à ma place — car je

suis de ceux pour lesquels il n'y a pas beaucoup de chômage — je savais que je mettais à la tête de l'organisation un homme actif, aimable, droit et sûr. J'insiste sur ces dernières qualités.

Je suis assuré que vous n'avez eu qu'à vous louer de son aménité, et je le remercie, au nom de la Ville de Lyon, d'avoir si bien rempli sa tâche. (*Applaudissements.*)

M. VILLEMIN : Monsieur le Maire, Mesdames, Messieurs, les travaux extrêmement rapides du Congrès n'ont pas permis d'apporter à la rédaction des vœux autant de soin que nous aurions désiré y apporter.

Vous nous en excuserez et vous comprendrez que ce que nous avons surtout voulu faire, c'était affirmer de la façon la plus concise possible ce qui avait été discuté ici et ce que vous sembliez avoir accepté par vos applaudissements.

Je passe donc à la lecture de ces vœux :

CONGRÈS DE L'HABITATION — VŒUX DE M. VILLEMIN

LE CONGRÈS,

Considérant que les enseignements de la guerre sont tels qu'il en résulte que la méthode et l'esprit d'association peuvent seuls permettre à l'Industrie du Bâtiment de vaincre les difficultés qu'elle a créées;

Considérant que pour vaincre ces difficultés, il faut mettre en œuvre des forces morales, financières et techniques qui ne peuvent être constituées par des individualités restant isolées ;

Que les forces à obtenir ne peuvent l'être que par l'association;

Que les associations sous la forme syndicale sont limitées dans leur action effective par les lois de 1884 et de 1901;

Qu'en conséquence il est urgent d'en créer d'autres ayant toutes les capacités civiles et commerciales;

Que ces nouvelles associations devront avoir pour objet :

1º De rechercher tous les matériaux nécessaires à l'industrie du bâtiment, d'en provoquer la fabrication, le stockage et le transport;

2º De rechercher quelles sont les machines les plus perfectionnées tant au point de vue de la main-d'œuvre qu'à celui de leur conservation et de l'économie qu'elles apporteront dans la fabrication des matériaux; de faire fabriquer ces machines, dc les acheter et de les agencer selon les milieux et les besoins;

3° De rechercher et d'unir en des faisceaux puissants toutes les forces morales qui peuvent concourir à l'œuvre de reconstruction de nos malheureux départements dévastés et d'agrandissement des cités et à la rénovation économique de notre Pays;

4° De rechercher les moyens financiers permettant de satisfaire aux obligations résultant des charges que l'entreprise va assumer du fait des paragraphes ci-dessus et du fait des avances qui devront être faites à la clientèle existant dans les régions libérées;

Qu'en conséquence, il y a lieu de préconiser :

A. La constitution de Sociétés commerciales basées sur les lois de 1867 et suivante;

B. Que la forme de Sociétés à capital et personnel variables paraît être la mieux appropriée aux circonstances et aux besoins actuels, que c'est aussi celle qui s'adapte le mieux aux organisations syndicales existantes, c'est-à-dire à la constitution de Sociétés coopératives de construction de matériaux et de machines;

C. Que cette forme permet aux associés de rechercher les moyens de crédit les plus propres à mettre à la disposition des associations ainsi créées, les capitaux dont elles auront beoin;

D. Que parallèlement à la création des associations de construction et d'achat, il y a lieu de créer immédiatement des Banques mutuelles d'entreprises qui permettront à l'entreprise d'avoir immédiatement à sa disposition les crédits nécessaires à la mise en marche des nouvelles organisations.

Que ces Banques lui permettront de rechercher avec plus de facilités et d'efficacité les Sociétés de Crédit qui peuvent coopérer ou être associées à leur œuvre;

Le Congrès décide qu'il sera fait en ce sens la propagande la plus active pour arriver à ce résultat. Il précise que des facilités financières doivent être données aux Coopératives ouvrières de production.

M. CHARIAL : Je constate que ce vœu n'intéresse que les organisations patronales. On fait allusion aux lois de 1867 et suivantes. C'est dans l'intention de créer des consortiums. Il ne s'agit pas précisément dans ce vœu de venir aux méthodes rationnelles, de faire de la coopération et d'intéresser la classe ouvrière. On parle de consortiums des fournisseurs, le vœu qui nous est présenté fait appel aux patrons dans le même but.

Je ne vois pas, dans ces résolutions, un moyen d'arriver à la diminution du prix de la construction. Qui nous dit que le consortium patronal ne voudra pas, lui aussi, spéculer sur les matériaux comme les fournisseurs ?

En un mot, dans tout cela, il n'est pas question d'intéresser la classe ouvrière. Je vous dis que tant que vous ne donnerez pas aux ouvriers la part des bénéfices qui leur revient vous n'arriverez à rien.

M. LE MAIRE : Je crois que ce vœu s'applique aux sociétés à participation ouvrière.

M. PIC : La société à participation ouvrière était à peine connue avant la guerre. La loi de 1917 donnera certainement satisfaction à M. Charial. Une société capitaliste peut se doubler d'une coopérative de la main-d'œuvre.

Cette loi qui régit ce genre de société est une loi intéressante. Il faudrait pouvoir généraliser cette forme de société qui rapproche le capital du travail. Je sais qu'une société a essayé de réaliser ce rapprochement : il serait bon de rechercher quels résultats elle a obtenus.

M. VILLEMIN : Je ferais remarquer que nous ne parlons pas d'entreprise. L'en-tête du vœu porte « .....permettre à l'industrie du bâtiment... ». Cela a été fait avec intention. Cela signifie l'entreprise et ses collaborateurs ouvriers.

Nous laissons de cette façon la porte ouverte à toute initiative ouvrière. Il nous est impossible de parler au nom des ouvriers, puisque eux-mêmes n'ont rien demandé.

Je me rallie d'une façon nette à la proposition de M. Pic, en ajoutant la loi qu'il a indiquée. On a tellement pondu de lois depuis la guerre qu'il nous est difficile, en raison de nos soucis professionnels, de suivre d'une façon parfaite toutes ces questions.

M. PIC : C'est une loi d'avril 1917.

M. Villemin *:* J'ajoute à mon vœu la loi stipulée par **M.** Pic :

A. La constitution de sociétés commerciales basées sur les lois de 1867 et suivante (avril 1917).

M. le Maire : Il faut qu'il soit précisé que dans ce vœu sont englobées les sociétés coopératives dont parle M. Charial, sociétés qui se fondent sur la loi de 1867. Mais aussi sur les deux lois postérieures.

Il est bien entendu que les coopératives de construction du type de celles présentées par M. Charial sont comprises dans les sociétés pour lesquelles le Congrès demandera des facilités.

Je vous dirai qu'à mon avis, pour former ces coopératives de production, ce qui manque, c'est moins l'instrument légal que le crédit.

C'est le crédit qui manque le plus et c'est pour cela que je posais tout à l'heure la question au représentant d'une société financière. Ce sont les crédits qu'il faut trouver à ces sociétés.

Il faut aider les coopératives de production.

Messieurs, je mets aux voix le vœu présenté avec l'addition proposée par M. le professeur Pic. Le paragraphe *a)* sera ainsi conçu : « La constitution de sociétés commerciales basées sur la loi de 1867 et suivante (avril 1917).

(Adopté.)

APPRENTISSAGE — VŒU DE M. VILLEMIN

Considérant :

Que l'apprentissage ne peut être organisé d'une façon rationnelle sans intervention législative;

Que cette intervention doit avoir pour objet :

1° De rendre obligatoire pour tous les pères de famille de donner une profession à leurs enfants;

2° D'imposer aux industriels et commerçants d'organiser l'apprentissage des métiers et du commerce;

3° De rendre obligatoire une taxe destinée à satisfaire aux obligations de l'apprentissage;

4° De créer des organisations, telles que des Instituts de Métier qui seraient chargés de mettre de l'ordre, de la méthode et de la pérennité dans les questions d'apprentissage, d'enseignement professionnel;

5° Que ces instituts prenant l'enfant dès l'école primaire puissent le conduire pour l'apprentissage dans les ateliers, et, après sélection faite parmi les meilleurs apprentis, placent les sélectionnés dans des écoles supérieures où le Taylorisme leur sera enseigné avec toute la technique indispensable pour faire des ouvriers de premier ordre, des contremaîtres et des patrons pour la petite et la moyenne industrie;

6° Que la direction technique des instituts soit confiée aux représentants du Commerce et de l'Industrie;

Que subsidiairement et en attendant leur réalisation législative, des Sociétés d'apprentissage soient créées par les intéressés;

Qu'à ces Sociétés soient confiées les constructions de maisons ouvrières décidées en si grand nombre par les grandes municipalité trop à l'étroit pour leur population actuelle;

Que des Internats soient créés à cet effet pour y recevoir les apprentis, orphelins de la guerre;

Que les Villes aident les Sociétés d'apprentissage à construire ces internats en leur concédant les terrains nécessaires et en le aidant de leurs subsides et de leur personnel;

Que des concours de sortie d'apprentissage aient lieu pour donner une sanction morale et effective au bon vouloir des apprentis et leur donner un titre dont ils pourront être fiers;

Le Congrès décide en outre de demander au Président, M. Herriot, de se faire son interprète auprès des pouvoirs publics et auprès du Parlement pour faire aboutir le vœu du Congrès.

M. Ferrier : Ne pourrait-on pas faire d'une pierre deux coups. On va créer des chantiers-écoles pour former des hommes; on va créer un Institut pour faire des recherches sur les méthodes de travail et sur les matériaux. Ces chantiers-écoles ne pourraient-ils pas servir à deux fins : enseignement pratique et recherche de nouvelles méthodes de travail? Ces recherches sont un peu difficiles à faire dans un laboratoire.

M. Villemin : Le Congrès semble avoir estimé que c'était une excellente manière d'aller plus vite en demandant la création de sociétés d'apprentissage. On demandera ensuite au législateur de nous donner les moyens de créer des Instituts. Si nous voulons que l'œuvre soit complète, il faudra que le législateur intervienne.

M. Ferrier : Ce n'est peut-être pas nécessaire.

M. Villemin : Les sociétés d'apprentissage n'auront pas la pérennité qu'aurait une organisation publique de l'apprentissage.

Ce que nous avons cherché à faire, c'est de nous substituer à l'absence de toute organisation d'études, de progrès, de pérennité. Les sociétés existantes serviront de base à la création de cet Institut, qui devra rester en contact permanent avec l'étranger et se tenir au courant de ce qui se fait en matière de machines et de travail.

M. le Maire : Il s'agit là d'une grosse question. Ce que je retiens du vœu, et que j'approuve, c'est le caractère obligatoire de l'apprentissage. Sur le reste, l'exécution des obligations, il y aurait des discussions très longues à instituer. Je demanderais simplement à M. Villemin s'il accepterait que la direction de l'Institut soit confiée à des représentants du commerce et de l'industrie et des organisations ouvrières. Vous n'aurez jamais d'apprentissage si les deux parties ne se sont pas mises d'accord pour l'organiser.

M. Villemin : J'ai toujours demandé l'intervention ouvrière en matière d'apprentissage. J'ajoute, au paragraphe 6 de mon vœu relatif à la direction technique les mots : « ... et des organisations ouvrières. »

M. le Maire : Il faut que ce soit précisé. Le problème de l'apprentissage ne devrait pas être traité isolément. Le moment est venu de faire un plan général d'éducation publique. Il faut qu'on nous donne un programme que nous n'avons pas encore. L'Angleterre vient de se le donner. Elle s'est donné un tel plan d'instruction publique pendant la guerre, qu'elle en sentira les effets bienfaisants dans quelques années. En Allemagne, tout un article de la nouvelle constitution est réservé à l'enseignement. Nous, nous avons bien une loi sur l'enseignement technique, mais il faudrait l'appliquer.

M. Villemin : Cette loi est applicable à des gens qui n'existent pas. Elle s'adresse aux apprentis et il n'y en a pas.

J'ai déclaré que ce n'était pas seulement l'enseignement professionnel qui méritait d'être réorganisé, mais l'enseignement tout entier, en allant de bas en haut et dans toutes ses parties.

M. le Maire : Nous sommes en pleine anarchie. Les enfants sont abandonnés au hasard en sortant de l'école primaire. L'enseignement est obligatoire jusqu'à 18 ans en Allemagne. Si nous voulons lutter contre les peuples voisins, alliés ou ennemis d'hier, il faut absolument que nous ayons une organisation qui vaille la leur. J'affirme que notre organisation professionnelle et publique est très au-dessous de l'organisation anglaise, par exemple.

Messieurs, je mets aux voix le vœu de M. Villemin, sous la réserve que j'ai faite.

(Le vœu présenté par M. Villemin est adopté avec l'addition au paragraphe 6° « et des organisations ouvrières ».)

VŒU DE M. JAUSSELY

1er Vœu. — Le Congrès émet le vœu que soit créé en France (comme il vient d'être fait au Japon) pour les applications de la loi Borkudet dès à présent et pour les améliorations constantes à apporter dans les villes conformément aux progrès nouveaux qui se révèleront, un Ministère qui donnera les directives générales aux Municipalités, en facilitera les travaux et les ententes intercommunales pour le développement des régions urbaines.

Il sera créé dans ce Ministère un office central de recherches de statistiques et de documentation consacrée des villes françaises et des principales villes de l'étranger.

M. Benoit-Lévy : La création de ce nouveau ministère me semble superflue. Nous avons déjà trop de ministres.

Il y a quinze ans que je mène le combat en France. Cela ne se sait parce que je ne le crie pas sur les toits. C'est quelquefois ce qui se connaît le moins qui est le plus utile. C'est ainsi qu'on a élevé une statue à Haussman parce qu'il fit soi-disant de grandes artères. Ce n'est justement pas cela qu'il a fait. Il a fait les égouts. Cela ne se sait pas parce qu'on ne descend pas souvent dans les égouts.

Depuis quinze ans, je me ballade en France avec ma boîte à projections. J'ai été longtemps traité d'idéaliste avec le sens péjoratif. Mes idées semblaient utopiques. Aujourd'hui, elles semblent épatantes et les sociétés d'habitations sont extrêmement nombreuses. Le moment est venu de considérer les efforts de tous. Le moment est venu de passer aux actes pour le plus grand bien de la patrie. Comment réaliser notre programme. Ce n'est pas, à mon avis, en constituant des ministères nouveaux, c'est en constituant un comité de gens d'action autour desquels viendront se grouper tous ceux qui veulent faire quelque chose. C'est là le sens de ma proposition de tout à l'heure. Au point de vue de la documentation générale, vous savez que la ville de Paris vient de faire des efforts considérables. La direction de l'Institut de Géographie et d'Histoire urbaine de Paris et de la Seine a été confiée à un homme compétent. Dans cet Institut on a réuni une documentation des plus intéressantes, des mieux organisées. Elle renferme une école dite d'urbanisme parce que ce nom est à la mode. Cela ne me plaît pas beaucoup, j'aime appeler un architecte un architecte, un entrepreneur un entrepreneur, et si cet architecte s'est spécialisé dans l'urbanisme, il n'en est pas moins un architecte. Il faut appeler les choses par leur nom. Je ne suis pas partisan de la création d'un nouveau ministère. Nous avons déjà trop, je vous l'ai dit, de ministres et de ministères. Il nous faut des hommes d'action, pas autre chose.

C'est vous, Monsieur Herriot, qui êtes le protagoniste de la nouvelle doctrine « Agir ». Agissons donc.

M. Jaussely : Il est possible de trouver tout de suite un ministre qui devienne un homme d'action.

Je ne traite pas cette question avec humour, mais avec gravité. J'ai expliqué dans ma conférence le problème urbain devenu non seulement un problème de la cité, de législation urbaine, de législation économique, mais aussi un problème national, et c'est parce que le problème est national qu'il est indispensable qu'il soit créé un organisme très haut placé, qu'il y ait à la tête de cet organisme des hommes considérables qui aient tout pouvoir.

Il y a très longtemps qu'il est question de créer ce ministère. On a parlé de ministère d'hygiène, c'est déjà le commencement du ministère de l'urbanisme.

L'urbaniste n'est pas seulement un architecte, il est aussi un ingénieur. Il est obligé de réunir des quantités de documents de toutes sortes, de science, d'économie sociale et politique, etc.

M. LE MAIRE : Si vous me le permettez, voici ce qu'il y a à retenir de votre vœu. Au fond vous avez partiellement raison tous les deux.

Voilà comment je concilierai l'opinion de M. Benoit-Lévy et celle de M. Jaussely.

M. Jaussely a bien raison quand il dit que l'on fait des lois sur les plans d'extension et que l'on dit aux communes : appliquez-les.

Est-ce que vous croyez que cela suffit, Messieurs? Mettez-vous à la place d'un malheureux maire plein de bonne volonté et qui n'est pas forcément un imbécile. En présence des lois nouvelles qui sortent tous les jours, les malheureux maires sont un peu prudents. Il faudrait qu'il y eût un ministère pour les diriger et leur dire dans quel sens les lois doivent être appliquées.

J'ai une idée, à laquelle je reviens sans cesse. C'est la suivante. Il y a bien un ministère, à l'heure actuelle, qui pourrait remplir cet office, mais il faudrait bouleverser absolument toutes ses conceptions : c'est le ministère de l'intérieur. Il n'y a pas en France, de ministère aussi arriéré que le ministère de l'intérieur ; c'est un ministère de l'ancien régime. On y fait la police et surtout la police électorale. Son occupation essentielle est d'y faire les élections.

Peu à peu on a dû céder aux besoins du temps et petit à petit on a donné des fonctions nouvelles au ministère sans supprimer les anciennes devenues inutiles. Habituellement quand on fait quelque chose, on le fait en deux temps ; on démolit et on reconstruit. En France on ne démolit pas. Le Français construit volontiers, mais ça l'embête de démolir. Pour ne vous en donner qu'un exemple. On a démoli la Bastille, mais quand on trouve une pierre ayant appartenu au bâtiment, on s'empresse de la mettre de côté. Je connais à Paris un endroit où l'on a rassemblé quatre pierres de la Bastille. Elles sont protégées par une petite barrière et on a placé un écriteau portant l'inscription : « Ruines de la Bastille. »

Je disais donc que petit à petit on avait donné des fonctions nouvelles au ministère de l'intérieur. C'est ainsi qu'à un moment donné la question de l'enfance s'est posée. On a pensé tout de suite que le ministère de l'intérieur ne pouvait pas se désintéresser de la question et on s'est rappelé qu'il y avait au quatrième étage du ministère de l'intérieur une pièce inoccupée ; immédiatement on a dit : ce sera le service de l'enfance. C'est ce qu'on appelle aujourd'hui la Direction de l'Enfance. Si d'autres problèmes se présentent on dit à un directeur : Vous vous occuperez de cela, vous n'y resterez pas longtemps et le service ainsi créé ne disparaît jamais.

Il y a au ministère une direction départementale et communale. Savez-vous ce qu'elle fait ? J'y suis allé l'autre jour, à 10 heures du matin, mais il n'y avait encore personne. Cette direction examine les papiers que lui envoient les communes. Elle examine si tel dossier envoyé est d'accord avec la circulaire numéro 400.000 et quelques, etc... La conclusion est qu'il faudrait dire au ministère de l'intérieur : laissez-nous faire nos élections nous-mêmes. Faites-nous un ministère qui soit un ministère s'occupant de grands objets intéressant la nation : santé publique, hygiène publique, enfance, urbanisme, etc... Je vois très bien au ministère de l'intérieur une grande direction de l'urbanisme. Un maire pourrait y venir et demander comment il doit appliquer, par exemple, la loi sur l'extension des villes. Le ministère de l'intérieur à son tour devrait pouvoir dire à ce maire : apportez-nous votre plan ; nous examinerons la question ensemble.

Je me contenterai pour ma part que le ministère de l'intérieur soit transformé et que de ministère politique qu'il est, il devienne un ministère de l'Administration intérieure du pays.

Vous avez parlé de l'urbanisme, Monsieur Jaussely, c'est très bien. Mais, dans les campagnes trouvez-vous que c'est propre, bien construit. Que pensez-vous des fumiers et des mares à canards ? Dans certains pays étrangers les villages des campagnes sont mieux tenus que chez nous. Ce que je demande, c'est la transformation radicale du ministère de l'intérieur et le développement d'une série d'institutions qui y sont constituées comme annexes.

M. Jaussely : Je suis de votre avis, Monsieur le Maire. La question de l'urbanisme est d'une telle importance pour le développement national que j'aurais préféré que le service soit constitué par une grande direction. Actuellement, la Commission supérieure du plan des villes dont parlait M. Benoit-Lévy ne se réunit pas suffisamment souvent. La Direction municipale et départementale se préoccupe dès ce moment de créer une sorte d'office de renseignements pour les municipalités.

C'est parce que je prévois que cet office sera peu important, qu'il manquera de fonds, qu'il sera insuffisamment organisé que je demande la création d'un organe plus important. Il sera difficile de rendre l'office actuel aussi important qu'il devrait l'être.

M. Benoit-Lévy : En 1915 j'ai eu le plaisir, au cours d'une de mes permissions, d'avoir la visite de M. Jacquier, qui était secrétaire. Nous avons constitué durant 15 ans toute une documentation que vous ignorez peut-être, Monsieur Jaussely.

M. Jaussely : Pas autant que vous le croyez.

M. Benoit-Lévy : M. Jacquier m'avait demandé au moment de sa visite, de m'occuper de la question. Je lui avais répondu que je m'en occuperais si je revenais de la guerre. Quand je suis revenu, M. Jacquier n'y était plus, il y avait à sa place un directeur. M. Jacquier a écrit au directeur de l'Administration départementale de passer le voir. Lundi le directeur m'a fait écrire par un de ses scribes d'aller le voir. Je me suis déplacé. Savez-vous ce que faisait ce directeur pour appliquer la loi ? Il compulsait des barêmes, il les compulse peut-être encore.

Je suis d'autant plus dans les vues de M. Herriot que j'ai précisément demandé une direction au ministère de l'intérieur s'occupant exclusivement de ces questions de plans de villes et de renseigner les municipalités.

Je voudrais par exemple que cet Office central réunît tous les documents possibles étrangers et français, en fasse tirer des épreuves, des photographies et en envoie à chaque municipalité. Celles-ci n'auraient ainsi pas besoin de refaire le travail de documentation préalable à l'étude de leurs plans. Cela n'a pas été adopté. Je vous assure qu'un semblable office serait très intéressant, mais que ce ne soit pas une direction administrative. Que l'on mette à la tête un homme résolu, un architecte avec lui, un entrepreneur très bien, mais confier la direction à un chef de cabinet ? Non. Il faut un comité actif, avec quelques hommes dévoués qui auront leurs collaborateurs dans les provinces françaises où il y a de bons entrepreneurs, de bons architectes.

M. le Maire : Messieurs, si personne ne demande la parole, je mets aux voix le vœu présenté par M. Jaussely, avec la modification suivante : Le mot « ministère » sera remplacé par les mots « Service public ».

(*Adopté.*)

2⁰ *Vœu.* — Le Congrès émet le vœu que dans chaque centre urbain important et en particulier dans chaque capitale régionale il soit créé un enseignement spécial de l'urbanisme sous la forme d'un institut analogue à l'Institut de géographie, d'histoire et d'économie urbaine que viennent de créer les Conseils municipal et général de la ville de Paris et du département de la Seine.

Il émet en outre le vœu qu'une propagande par la plume, la parole, le journal, les expositions, la photographie, etc., soit faite pour l'éducation immédiate des citoyens leur montrant les bienfaits des applications de l'urbanisme;

Et que, dès l'école primaire, les enfants soient instruits de la vie historique, économique et sociale de leur cité et qu'il leur soit donné un enseignement général élémentaire de l'urbanisme.

(Ce vœu mis aux voix est adopté.)

3ᵉ Vœu. — Le Congrès émet le vœu que, dans chaque ville, il soit créé un bureau d'étude permanent du plan, qui aura en même temps la charge des enquêtes constantes et la tenue à jour du casier général urbain;

Et que soit fourni au plus tôt aux municipalités, pour les applications de la loi Cornudet par le ministère des Travaux publics, les indications et plan concernant les grands travaux publics régionaux actuellement envisagés.

M. Jaussely : Messieurs, je crois vous faire remarquer qu'il ne faut pas confondre le casier général urbain dont je parle avec le casier sanitaire. Le casier urbain serait à développer, non seulement en ce qui concerne les grandes villes françaises, mais aussi en ce qui concerne les villes moyennes et les petites agglomérations.

Si nous voulons faire œuvre d'hygiène, c'est le seul moyen. Le casier urbain est autrement développé que le casier sanitaire.

Dans ma conférence, j'ai indiqué les très grandes lignes et les documents qu'il fallait rechercher pour établir un plan d'aménagement et d'extension.

La fin de ma conférence est une sorte de programme général que je ferai publier si vous le désirez.

Le casier urbain est une étude permanente de la vie de la cité à tous les points de vue, non seulement au point de vue sanitaire, mais au point de vue social, au point de vue des prix et des valeurs foncières qui jouent constamment. Le casier urbain est une tenue à jour de la construction sur les plans. L'ensemble des travaux tenus à jour détermine d'une manière mathématique ce qu'est la ville au moment où l'on veut l'examiner.

(Mis aux voix le vœu présenté par M. Jaussely est adopté.)

4° *Vœu.* — Le Congrès émet le vœu que les villes ne négligent pas les prescriptions du programme de la loi Cornudet et qu'en harmonie avec l'étude de leur plan d'aménagement, d'embellissement et d'extension, elles établissent des règlements de construction par zones favorisant particulièrement la création d'habitations ouvrières familiales entourées d'un jardin; et la création de servitudes hygiéniques, de servitudes archéologiques aux abords des monuments anciens et esthétiques pour la création d'un art urbain pouvant marquer l'époque.

(Adopté.)

M. Villemin : Nous arrivons maintenant à un vœu présenté par M. Calzan. Je vais le lire parce que j'en ai le devoir. Je ferai remarquer cependant que ce vœu fait double emploi. A moins que M. Calzan le retire, il sera soumis à l'Assemblée.

VŒU DE M. CALZAN

Attendu que l'Urbanisme est une science, qu'il y a lieu de centraliser les efforts et les documents nécessaires à l'étude de cette science, le Congrès émet le vœu qu'un Institut d'Urbanisme soit créé à Lyon.

M. le Maire : Je ne vois pas très bien ce que serait cet institut. L'institut d'urbanisme doit être l'administration municipale, à mon sens.

M. Rambaud : A la suite de la discussion sur la question du plan d'extension, M. Calzan avait déclaré que la commission n'avait pas, à sa disposition, un local pour se réunir, et des documents pour étudier. S'il y avait eu un institut il aurait pu y trouver tous les documents qui lui auraient parus utiles.

M. Jaussely : Vous disiez, Monsieur le Maire, que vous ne compreniez pas bien ce que pouvait être cet institut d'urbanisme ? Puisque j'ai fait allusion à l'Institut d'histoire de Paris, je peux me permettre de vous indiquer quelles sont les grandes lignes du fonctionnement de cet institut.

Cet institut se divise en quatre cours. Le premier cours, professé par un bibliothécaire érudit de Paris, est un cours d'utilisation des documents qui se trouvent dans les livres, dans les archives des municipalités. Les élèves apprennent à tirer des conclusions des indications des plans, des données des statistiques.

Un autre cours se divise en deux sections, la première s'occupe de l'économie urbaine des villes françaises, en particulier Paris ; la deuxième s'occupe de l'économie urbaine pour Paris et les villes étrangères. Voilà la composition générale de ce cours.

M. le Maire : Je vous remercie, Monsieur Jaussely. Je connais l'institut d'urbanisme de Paris. Il publie même une revue dans une desquelles j'ai lu un article très intéressant.

Mais pour Lyon, je ne vois pas très bien l'institut d'urbanisme. J'étudierai la question.

Ce que je vois très bien, ce serait la création à l'Université, aux frais de la ville de Lyon, d'un cours public où seraient étudiées les questions relatives à l'amélioration et à l'extension des villes.

Nous n'avons pas en France de politique municipale au sens vrai du mot.

Dans ce cours on étudierait les questions d'écoles, de bains, de sous-sols des villes, du tout à l'égout, etc...

Aujourd'hui, quand nous étudions une question telle que celle du tout à l'égout, nous sommes obligés de rechercher toute notre documentation. Cette documentation varie constamment, il faut bien le dire.

M. Trélat, *architecte à Paris* : L'Ecole d'architecture de Paris a été particulièrement critiquée à son début parce qu'elle avait un cours d'hygiène. A ce moment cela semblait une chose extraordinaire. Aujourd'hui ce cours d'hygiène est considérablement développé et il aborde toutes ces questions.

Il y a dix ans que nous abordons la question de la cité dans nos programmes. L'année de la guerre, un grand programme avait été tracé. Il s'agissait de créer une grande cité militaire avec des bâtiments où tous les régiments auraient été représentés. Au centre il devait y avoir une école de guerre. Cette cité devait être élevée près de la forêt de Saint-Germain.

Cette organisation ne devait s'adresser qu'à un très petit nombre d'élèves. Le professorat devant être organisé d'une façon luxueuse.

L'urbanisme est une chose très intéressante. Remarquez que c'est essentiellement l'œuvre de l'architecte de s'occuper précisément de composer cet ensemble qu'est l'urbanisme.

VŒU DE M. VICTOR CAMBON

Le Congrès,

Après avoir entendu l'exposé fait par M. Victor Cambon sur l'organisation de la construction en général, exposé qui, entre autres choses, a mis en lumière d'une façon particulièrement saisissante les deux faits suivants :

1º La nécessité d'obtenir plus de célérité dans les travaux par l'emploi judicieux de machines appropriées et par un contrôle plus étudié de la juste utilisation de la main-d'œuvre;

2º Les retards que, par des formalités administratives vieilles jusqu'à la caducité, l'Administration centrale oppose à l'initiative des municipalités, notamment en matière de travaux publics;

Emet le vœu :

A. Que les méthodes de construction d'avant-guerre soient complètement modifiées, que l'on perfectionne le machinisme pour remplacer la main-d'œuvre partout où cela est possible et que le système de la taylorisation soit appliqué dans le bâtiment dans la plus large mesure afin de faire rendre à la main-d'œuvre son maximum d'effet utile et de réduire les prix unitaires de la construction;

B. Que pour obvier aux retards dus aux formalités administratives, les communes reçoivent un nouveau statut portant modification de la loi de 1884 et leur donnant une véritable autonomie, permettant, grâce à l'initiative de leurs municipalités, de bénéficier sans délai des améliorations qu'elles envisagent en faveur de la collectivité.

(Cette proposition, mise aux voix, est adoptée.)

VŒU DE M. PAUL PIC

Le Congrès émet le vœu que, dans le plus bref délai possible, chaque département français soit pourvu d'un ou de plusieurs offices publics d'habitations à bon marché destinés à servir de trait d'union entre toutes les œuvres publiques ou privées qui coopèrent au développement du logement populaire et hygiénique.

Il est désirable que, dans les départements tels que le Rhône, dont le chef-lieu est beaucoup plus peuplé que les autres cités industrielles de la région, le Conseil général prenne l'initiative de la création immédiate d'un office public départemental largement doté, sauf aux municipalités intéressées à créer par la suite des offices communaux ou intercommunaux.

(Adopté.)

VŒU DE M. GEORGES BENOIT-LÉVY

Le Congrès,

A la suite de l'exposé de M. Gleize, délégué des Forges de France;

Emet le vœu :

Que le Consortium constitué pour faciliter la construction d'habitations dans de bonnes conditions, mette les ressources de ces stocks à la disposition des municipalités, entrepreneurs, sociétés coopératives au même titre qu'elle le met à la disposition de ses adhérents.

M. GLEIZE : Je demande la parole pour dire simplement que c'est une affaire entendue. Ce vœu sera certainement retenu chez nous. Ces stocks seront mis à la disposition des villes qui voudront bien s'adresser à nous.

M. BENOIT-LÉVY : Et aussi aux sociétés coopératives d'initiatives privées qui voudront contribuer à des œuvres d'intérêt public.

J'ai réservé la question de fond. Un camarade de Vaise a fait remarquer que la loi permettait de prêter à un taux inférieur à celui indiqué par M. Gleize. M. Cénet, d'autre part, qui a assisté dernièrement à un Congrès, a confirmé que l'Etat consentirait des prêts à un taux minime.

M. Villemin : Dans le taux indiqué par M. Gleize, il y a l'intérêt et l'amortissement.

M. Gleize : Il s'agit d'intérêt et d'amortissement compris. J'ai expliqué que, pratiquement, l'industrie ne pourrait pas compter sur les capitaux mis à la disposition des sociétés coopératives pour la construction de maisons.

Il est bien certain que nous cherchons à résoudre le problème au point de vue de l'industrie française, le problème vu du côté ouvrier, c'est autre chose.

Nous avons, du reste, M. le Maire de Lyon le sait, cherché à faire une œuvre adaptable à toutes les sociétés quelles qu'elles soient, et nous avons pensé que nous pourrions nous associer avec les Comités départementaux qui s'occupent des constructions d'habitations, ou même avec les villes, pour créer un système financier tout à fait spécial qui permette à tout le monde, aux villes et à toutes les sociétés, de faire appel à nos capitaux. C'est alors que vous avez émis, Monsieur le Maire, cette idée parfaitement juste, que vous ne pensiez pas que la collectivité devait payer une partie des dépenses faites par l'industrie pour loger les ouvriers.

Il faut que ce soit l'industrie, appelée à bénéficier de la construction, par la stabilisation de son personnel, qui paie la dépense.

Voilà la façon de voir de la grande industrie française.

M. Benoit-Lévy : Dans ce vœu je n'ai parlé que de stocks, pour avoir l'unanimité. Je crois que nous sommes d'accord. S'il devait y avoir une discussion, ce serait sur la question de construction des maisons.

Quant au désir de voir cette Société mettre ses matériaux stockés à la disposition des entrepreneurs et des coopératives, nous sommes certainement tous d'accord. Je limite donc mon vœu à ceci.

En ce qui concerne l'autre point, j'ouvre la parenthèse. Les industriels sont libres de faire ce qu'ils veulent s'ils fournissent de l'argent. Seulement l'industriel n'est pas un individu ordinaire qui fait des choses avec de l'argent. L'industriel, surtout le gros industriel est une personnalité qui a une fonction sociale, une responsabilité sociale, je ne dis pas que les hommes actuels aient l'intention de le faire, mais ils peuvent disparaître, la direction peut évoluer, et alors qui nous dit que leurs successeurs ne standardiseront pas, non seulement les matériaux, ce qui est souhaitable, mais standardiseront le style des maisons, la forme des maisons, et ne couvriront pas ainsi la France de cités ouvrières uniformes dont nous savons tous les inconvénients. Il y a un moyen d'obvier à cet inconvénient et de mettre tout le monde d'accord. Lorsque les industriels seront isolés, ils construiront eux-mêmes sans s'embarrasser du fatras des lois. Lorsqu'ils seront dans un département où le préfet aura créé un Office départemental d'habitations à bon marché, comme dans la Seine, la loi de 1912, comme le faisait remarquer notre camarade de Vaise, non seulement permettra aux industriels, mais la circulaire ministérielle les encouragera à mettre des capitaux dans cette œuvre qu'est l'office départemental. Je crois que, dans ce cas, il serait souhaitable qu'il y ait entente précisément entre les industriels et les municipalités et les différentes personnes qui voudront faire des dons et legs à cet office.

M. Gleize : Ceci est tellement vrai qu'un grand nombre d'offices départementaux se sont adressés à nous et nous ont demandé des conseils en ce qui concerne leurs moyens d'action. Nous nous sommes toujours mis à la disposition de ces comités départementaux et nous leur avons dit que s'ils le voulaient nous pourrions former des combinaisons financières qui permettraient aux industriels de passer par l'intermédiaire des comités départementaux seulement ; il ne faut pas oublier que les façons de procéder et les désirs de l'industrie sont le plus souvent différents des façons de procéder et des désirs de l'Administration.

Vous savez que, dans l'industrie, on envisage la réalisation immédiate. Nous ne refusons pas, au contraire, d'entrer en relations avec les comités départementaux, mais nous voulons et nous tenons à expliquer que les industriels qui veulent réaliser immédiatement de même que les villes peuvent s'adresser à nous pour le faire, parce que nous avons tous les moyens.

M. Jacoton : La question que vous traitez intéresse particulièrement les sociétés d'habitations à bon marché. L'important est de savoir à quel taux on prêterait l'argent. Aujourd'hui, c'est 8 %. Si j'ai bien compté, ça fait plus de 6 % d'intérêt. Ce n'est pas intéressant, puisque nous avons des lois qui nous permettent d'avoir de l'argent à 2 %. Cinq cents millions dorment dans les caisses de l'Etat, on ne demande qu'à nous les prêter. Nous n'avons pas besoin de sociétés financières pour nous avancer ces fonds. Pour construire à bon marché il faut trouver de l'argent à bon marché.

A Lyon, nous sommes dans une situation spéciale. Nous avons sous la main tout ce qu'il nous faut, des terrains en quantité ; nous aurons bientôt le terrain des fortifications ; nous pouvons avoir du mâchefer gratis. Durant le Congrès, ce qu'on a cherché surtout, c'est à reprendre les travaux de construction. Nous n'avons pas tout à fait le même point de vue. Vous parlez de gros travaux, moi je parle de petits logements. Ce qui manque le plus, ce n'est pas le grand logement, c'est le petit. Pourquoi ? Il y a des raisons. Comme président d'une Société d'habitations à bon marché, je sais ce qui se passe. Savez-vous combien ont rapporté ces petits logements. Ils n'ont pas rapporté 5 %, ce que l'on a touché paie à peine les frais. Vous demandez que l'on construire des maisons collectives. Ce n'est pas là la question. Nous sommes dans une situation exceptionnelle. Ce qu'il faut, ce sont des petites maisons, la maison individuelle qui appartienne à l'ouvrier, sa maison à lui, dans laquelle à l'âge de la retraite il se retirera. Cela ne voux intéresse pas, mais, nous, travailleurs, qui demandons à nous mettre à la table sociale, cela nous intéresse. Je ne prétends pas avoir les idées de tout le monde, mais je soutiens une idée, celle des travailleurs. Nous ne parlons pas le même langage.

Ce que je veux retenir surtout, c'est que l'on cherche à nous faire admettre un taux d'intérêt que je trouve trop élevé.

M. Villemin : Je crois qu'en ce moment M. Jacoton se plaint que l'on mette trop de beurre sur son pain.

Nous nous sommes beaucoup plus occupés des petites maisons que des grosses, Monsieur Jacoton.

Il faut bien admettre que, dans la proposition qui nous est faite et sur laquelle j'ai fait toutes les observations qu'il y avait à faire, il est question d'une organisation se superposant à toutes les organisations votées par le Parlement. Elle s'y ajoute en venant offrir, dans le cas où l'argent n'arriverait pas assez vite, de fournir cet argent. Par conséquent, il s'agit d'une faculté et non pas d'une obligation.

Au sujet de la critique du taux d'intérêt, j'ai dans la tête des souvenirs extrêmement précis. Avant la guerre, le Crédit Foncier prêtait avec amortissement en 60 ans à 4,875 %. On vous demande 8 % en 30 ans et l'intérêt de l'argent à l'heure actuelle est au moins le double de ce qu'il était avant-guerre.

J'estime que la proposition faite par la Société financière en question est, en ce qui concerne le taux de l'intérêt, une proposition extrêmement avantageuse.

M. le Maire : Nous venons d'emprunter 25 millions pour la construction du Palais de la Foire. Nous avons emprunté au Crédit Foncier. Je viens de confronter mes souvenirs avec ceux de M. Villemin. On nous a prêté pour 60 ans au taux de 6,90 %.

M. Gleize : *C'est un taux énorme.*

M. le Maire : Nous avions mis en concurrence un certain nombre de banques. Ce qu'il faut bien comprendre, c'est que dans ce taux sont compris l'intérêt et l'amortissement.

M. Gleize : Savez-vous pour ce qui concerne notre société quelle est la proportion des frais généraux qui entrent dans cet intérêt ? 0,10 % seulement. Vous conviendrez que ce chiffre est insignifiant.

M. le Maire : Je voudrais poser une question au représentant du consortium.

Vous dites que vous prêterez aux coopératives. Vous savez d'autre part que le gouvernement autorise difficilement les communes à faire ces opérations financières.

Si le gouvernement refusait à une municipalité l'autorisation d'aider les coopératives de construction, la société que vous représentez consentirait-elle à prêter à la municipalité, qui, à son tour, prêterait à la coopérative les sommes en question, la ville se portant garant ?

M. Gleize : Parfaitement.

M. le Maire : Supposez que le gouvernement refuse de prêter aux coopératives de construction, accepteriez-vous de leur prêter les sommes qui leur sont nécessaires, la ville s'engageant à payer l'intérêt ?

M. Gleize : Parfaitement. Avec la signature de la ville, nous prêterions. C'est net.

M. le Maire : Très bien.

Messieurs, je mets aux voix le vœu que je viens de vous lire.

(Adopté à l'unanimité.)

VŒU DE M. GEORGES BENOIT-LÉVY

Au nom de l'Association des Cités-Jardins de France

Le Congrès,

Considérant que M. le sénateur Herriot, maire de Lyon, en prenant l'initiative de ce Congrès de l'habitation, a répondu à une nécessité urgente, entièrement négligée par les administrations de l'Etat;

Considérant que de ce Congrès, présidé par M. Villemin, sort une série d'enseignements qu'il y a lieu de développer;

Emet le vœu qu'une commission permanente du Congrès soit nommée afin de suivre l'application des vœux émis et d'entreprendre toutes études qu'elle jugera nécessaire.

M. le Maire : Si je comprends bien, vous demandez qu'il reste quelque chose de permanent de ce Congrès, une commission qui suivrait les études et provoquerait d'autres congrès.

M. Benoit-Lévy : Je constate que l'Administration gouvernementale est inexistante. Tout le monde n'est pas forcé d'avoir la même opinion à ce sujet, moi, je donne la mienne.

On a fait une loi sur le plan des villes, je connais un peu cette loi puisque depuis 15 années j'y travaille. Cette loi, rapportée par M. Cornudet, ne me donne pas satisfaction. A l'époque où elle fut rapportée, je n'ai pas protesté, parce qu'il fallait, avant tout, avoir d'abord la loi.

Dans cette loi on a oublié deux choses essentielles. La première c'est un organisme technique pour renseigner, vous l'avez dit vous-même tout à l'heure, Monsieur le Maire. C'est le manque d'analyse qui nous fait tort ; il n'y a pas de problème terrible quand on veut regarder la chose en face. La mer est agitée ; si on ne perd pas la boussole on arrive, c'est certain. Ce qui a influencé ma vie, c'est d'avoir vu jouer *Michel Strogoff* au Châtelet, lorsque j'étais jeune. Je fus frappé de voir dans le naufrage du navire un héros de la pièce garder tout son calme. Il nous appartient à nous aussi de garder notre sang-froid. On a oublié, dis-je, dans cette loi de créer cet office d'informations. On a créé une commission à Paris où les principaux artisans de tout ce mouvement en France se sont rencontrés. On a créé une commission qui élabore des règlements depuis un temps infini, règlements qu'on ne voit jamais arriver. Mais on n'a pas créé d'office. Cet office va être créé, nous dira-t-on. Il aurait dû l'être depuis longtemps, répondons-nous.

Le deuxième organisme qu'on a oublié, c'est l'organisme financier. Les sources de crédit pour la construction d'habitations sont multiples. Il serait préférable qu'il y eût une Caisse nationale du Crédit Foncier chargée de centraliser tous les fonds. Cette caisse aurait des succursales en province et l'on irait là comme on va à la Banque de France.

Rien n'a été fait et rien ne sera fait par le gouvernement dans ce sens. Aussi au lieu de critiquer le gouvernement, ce qui nous fait perdre notre temps, faisons les choses nous-mêmes. Ce dont je me félicite, c'est d'avoir été au cours de ce Congrès en contact avec des gens de cœur décidés à faire quelque chose. J'ai présenté ce vœu pour que l'action commencée continue. Il faut que cette commission crée ce bureau d'informations ; le pays tout entier en bénéficiera. Si vous êtes d'avis de l'adopter, nous aurons fait de la besogne utile.

M. LE MAIRE : Je pense que nous serons tous d'avis de l'adopter ?

M. BENOIT-LÉVY : Il nous manque quelque chose : la liaison. Elle nous est aussi nécessaire qu'elle l'était à la guerre.

M. LE MAIRE : Je vous consulte, Messieurs, sur la question de savoir si vous entendez qu'il sorte de ce Congrès un organisme permanent chargé d'étudier la question de réorganisation du bâtiment après la guerre et de provoquer telles études, telles démarches qui seront jugées nécessaires.

Il serait vraiment dommage, en effet, que ce Congrès reste sans lendemain.

(Mise aux voix, cette proposition est adoptée).

M. LE MAIRE : A l'unanimité, le Congrès de l'habitation désire qu'il soit créé un organisme permanent chargé d'étudier avec méthode, suivant l'esprit d'analyse, les problèmes de l'habitation.

M. JACOTON : Je demande qu'indépendamment de cet organisme, il y ait un comité par région. D'un pays à l'autre les moyens de construction diffèrent. Ces comités régionaux pourraient se tenir en relation avec le comité central.

M. le Maire : Nous allons constituer une commission d'organisation qui fera des propositions à un prochain Congrès, qui pourrait se tenir l'année prochaine par exemple. On pourrait à ce moment-là reprendre le problème et voir s'il est nécessaire de créer un comité dans chaque région. Cette année il faut un comité qui étudie la question.

Voyons comment constituer cette commission. A tout seigneur tout honneur ; M. Benoit-Lévy en fera partie. M. Villemin pourrait la présider.

M. Villemin : A mon avis, cette commission devrait être purement lyonnaise.

M. le Maire : Ce n'est pas nécessaire.

M. Villemin : Il ne peut s'agir que d'une commission permanente chargée de continuer l'œuvre du Congrès actuel. Cette commission fera ses études et ses travaux à Lyon. Si ses membres sont étrangers à la ville, il vous sera difficile de les réunir.

M. le Maire : Je voyais la chose autrement. Il n'est pas possible de faire sortir de Lyon une commission nationale présidée par M. Villemin. La commission que je conçois pourrait se réunir à Paris deux ou trois fois dans l'année et faire un programme de travail. Nous pourrions, si vous le désirez, avoir un comité à Lyon correspondant du comité central. J'imagine que vous auriez le temps de préparer un congrès pour l'année 1920.

Si vous voulez revenir à Lyon l'année prochaine, nous serions infiniment heureux de vous recevoir.

M. Benoit-Lévy : Nous serions certainement charmés de revenir dans une ville qui a donné des preuves si manifestes de son activité pratique.

M. le Maire : Si M. Villemin accepte, je veux bien.

M. Villemin : Votre question m'embarrasse, Monsieur le Maire. Aurons-nous les éléments nécessaires pour organiser un congrès l'année prochaine ? Je ne m'y oppose pas, en principe, mais il me semble que les études pourraient mieux être poursuivies, si le comité à créer était lyonnais.

Si vous croyez, Monsieur le Maire, étant données les difficultés du moment, qu'il y ait lieu d'aller vite et de constituer ce comité, je ne m'y oppose pas.

M. LE MAIRE : C'était par une sorte de discrétion que je n'osais pas insister. Si vous le désirez ainsi, jusqu'à ce que l'affaire soit lancée, nous conserverons l'organisation à Lyon. Je ne demande pas mieux.

M. JACOTON : Je demande la permission de vous faire remarquer qu'il existe une Fédération des sociétés d'habitations à bon marché qui a son siège à Paris.

Ce serait faire double emploi de nommer une commission nationale. Il est préférable de créer une commission régionale.

M. LE MAIRE : Je crois comprendre que le vœu du Congrès est qu'il soit créé à Lyon une commission permanente chargée de préparer pour une date que nous fixerons, dans six mois par exemple, un autre congrès de l'habitation.

Dans ces conditions, acceptez-vous, Monsieur Villemin, d'être notre président d'honneur ?

M. VILLEMIN : Oui, Monsieur le Maire.

M. LE MAIRE : Vous serez le président du nouveau congrès de mars.

M. VILLEMIN : Si je ne suis pas mort.

M. LE MAIRE : Je fais la même réserve pour ce qui me concerne. *(Sourires.)*

Nous organiserons donc pour mars un nouveau congrès de l'habitation sur l'expérience que nous avons faite ces jours derniers.

M. Villemin en sera le président d'honneur, en même temps que le président du congrès.

M. VILLEMIN : Puisque le principe en est admis, je vous demande la permission de vous faire une proposition.

J'avais fait voter, par l'Office du bâtiment et des travaux publics, il y a six mois, le principe d'une exposition à Paris, en septembre, de machines relatives à la construction. Ce vote n'a pas été suivi d'effet parce que cette exposition se serait tenue en même temps que l'exposition de Strasbourg. Par amitié pour les autorités de nos provinces retrouvées, nous avons abandonné notre idée de créer ce concours à Paris, mais nous n'avons pas abandonné l'idée de le créer quelque part.

Voici *grosso modo* comment j'avais conçu l'organisation de ce concours.

Il était convenu que rien ne serait exposé qui ne soit un progrès, soit en matière de matériaux ou de machines, sur ce qui existait avant la guerre.

Il ne devait pas s'agir d'une exposition au sens propre du mot, mais d'un concours de fabrication. C'est-à-dire que les machines des maisons concurrentes françaises ou alliées devaient être installées sur des terrains assez vastes leur permettant de fonctionner devant le jury. De cette façon leur travail étant chronométré, leur coût étant établi, il aurait été facile de déterminer d'une façon pratique, nette, quelles étaient celles qui auraient été les plus susceptibles d'être retenues pour aider à la reconstitution rapide de nos pays dévastés et à la réalisation des programmes de construction élaborés par les villes.

En somme, il ne s'agit que d'un retard de six mois. Ce retard ne nous sera pas très préjudiciable au fond, puisque beaucoup d'entre nous estiment que la construction ne reprendra pas avant 1921.

Je vous demande donc, si, profitant de cette nouvelle réunion du Congrès, vous ne croyez pas qu'il serait intéressant, dans un milieu industriel comme Lyon, d'organiser ce concours de fabrication. En six mois, nous aurons tout le temps de prévenir les constructeurs français. Si vous acceptez ma proposition, nous ferons une œuvre éminemment pratique et utile.

M. le Maire : Je reconnais la largeur d'esprit de

M. Villemin et je le remercie de ce qu'il vient de nous dire.
il a tout de suite éclairé notre idée et notre programme, en
nous faisant une proposition extrêmement intéressante. J'ai
cette réserve à faire cependant: j'ai sur lui cette supériorité,
je peux mourir deux fois, comme homme et comme maire.
(*Sourires.*) Sous cette réserve, j'accepte ; je crois pouvoir
dire que l'administration de la Foire et la ville de Lyon
accorderont de grandes facilités pour la tenue à Lyon d'un
nouveau congrès, au mois de mars prochain.

Dans ces conditions ce qu'il y aurait de plus pratique à
mon avis, ce serait de maintenir en fonctions votre comité
d'organisation actuel. D'autre part, je tiens essentiellement
à ce que les organisations ouvrières soient représentées à ce
congrès. Acceptez-vous, Monsieur Charial ?

M. Charial : Les camarades de la Fédération du bâtiment
n'étant pas représentés ici, je ne veux pas prendre d'engagement pour eux.

M. le Maire : Sous la réserve de leur autorisation, acceptez-vous ?

M. Charial : Je voudrais d'abord être sûr que ce congrès
ne sera ni un congrès ouvrier ni un congrès patronal. Au
cours du congrès d'aujourd'hui, les questions ont roulé
uniquement sur les organisations patronales.

Je ne veux pas dire que le congrès n'a pas travaillé. Je
veux dire seulement que demain le travail reprendra sans
que rien n'aura été changé.

M. le Maire : Je ne vois pas à quel incident vous faites
allusion.

M. Charial : Nous avions demandé à intervenir dans le
débat au sujet d'une organisation nouvelle par des méthodes
rationnelles de travail. On s'en est tenu aux méthodes péri-
mées, passées.

A notre point de vue, ce qui se fait le plus sentir à l'heure
actuelle, c'est un besoin d'organisation non seulement pour
la classe ouvrière, mais pour les patrons aussi.

M. LE MAIRE : Pourvu que la question reste dans l'ordre technique, j'accepte que vous vous expliquiez.

M. VILLEMIN : Je regrette ce qui vient d'être dit. J'avais été informé par M. Rambaud que les ouvriers demanderaient à prendre la parole. J'ai cherché où ils étaient. J'aurais été heureux de les entendre. La parole a été donnée à tous ceux qui l'ont demandée. Je proteste contre cette accusation d'ostracisme.

Quant aux organisations que nous avons préconisées ce soir, j'estime encore qu'elles sont les seules qui, à l'heure actuelle, peuvent nous permettre de faire des progrès. On ne retourne pas comme avec une baguette de fée, du jour au lendemain, une organisation de l'industrie comme celle du bâtiment. Il y a des mesures préliminaires à prendre, elles ont été prises. Notre idéal était d'organiser la main-d'œuvre par la machine, de façon que l'application de cet idéal diminue considérablement la durée de la journée, dans un temps déterminé.

Les ouvriers auraient pu intervenir. Ils n'ont pas demandé la parole.

M. LE MAIRE : Je demande à chacun de vouloir bien comprendre que, lorsqu'on organise quelque chose de nouveau, il y a des malentendus. Pourvu que l'on reste dans le cadre technique de la construction du bâtiment, j'estime que chacun doit avoir le droit d'exposer sa conception. La seule limite, c'est le cadre technique. Dans cette limite, je ne vois pas d'inconvénient que l'on prenne la parole et si vous voulez la prendre maintenant, Monsieur Charial, je vous la donne.

M. CHARIAL : Les délégués de la Fédération du bâtiment se sont retirés ; je ne peux pas prendre la parole hors de leur présence.

Au cours des discussions, lorsqu'un sujet était épuisé, on passait à un autre sans demander si nous désirions prendre la parole. *(Protestations.)*

M. Rambaud : Après chaque question, j'ai demandé si quelqu'un désirait prendre la parole avant de passer à la question suivante. Vous ne m'avez rien demandé.

M. Charial : Je vous ai dit hier, Monsieur Rambaud, que je désirais prendre la parole. Vous m'avez répondu, demain. Je n'ai pas entendu aujourd'hui appeler mon nom, peut-être étais-je absent à ce moment-là.

M. le Maire : Nous sommes tous parfaitement loyaux. M. Charial a été surpris par la discussion. Toute liberté de discussion vous sera donnée si vous acceptez d'entrer dans cette commission. Si vous le voulez bien, nous allons résoudre cette petite difficulté. Nous vous maintenons au comité d'organisation sous la réserve que vous porterez ces explications à la connaissance de votre organisation. Je ne veux pas que l'on puisse dire que l'on a essayé de résoudre le problème de l'habitation sans le concours des ouvriers.

M. Benoit-Lévy a parlé tout à l'heure de l'analyse. Il a raison. Cela s'appelle aujourd'hui : taylorisme. Le taylorisme anglais et américain n'est pas autre chose que notre vieille analyse française. Le plus grand professeur que je connaisse c'est Descartes, auteur du *Discours sur la Méthode*.

Je lisais dernièrement un petit livre anglais : *Les dix commandements de l'homme d'affaires*. Ce sont des axiomes qui paraissent très simples au premier abord. En réalité ils renferment beaucoup de sens. Dans ce livre on pouvait lire ceci entre autres : « Rappelez-vous qu'il faut être deux pour faire une affaire. » Là-dessus l'auteur développait des considérations tout à fait intéressantes. Pour résoudre la question du bâtiment il faut être deux aussi. Le problème se pose du côté patronal comme du côté ouvrier. Si on voulait résoudre le problème d'un seul côté, on n'y arriverait pas.

C'est au nom de l'intérêt général que je vous demande de vous associer à ces discussions. Toute liberté de parole vous sera donnée.

La commission que je vous propose de nommer se réunira sous la présidence de M. Rambaud et conservera le contact avec M. Villemin.

M. Villemin : Je vous enverrai le programme du concours dont je vous ai entretenu.

Un Congressiste : Ne craignez-vous pas que la saison ne se prête guère à un tel concours ?

M. Villemin : Vous parlez en praticien. Il est évident que les matériaux qui serviront au concours ne sècheront pas aussi vite qu'au mois de juillet. Il faudra faire la part du feu.

M. le Maire : Le mois de mars est très beau à Lyon, Messieurs. (*Sourires.*)

M. Gleize : Je demanderai que les adhérents au Congrès d'aujourd'hui soient prévenus à temps de la date exacte de la tenue de ce nouveau Congrès.

M. le Maire : Il sera tenu du 1ᵉʳ au 15 mars, en même temps que la Foire.

VŒUX PRÉSENTÉS PAR M. BENOIT-LÉVY

Le Congrès,

Considérant qu'une des causes de la crise actuelle de l'habitation provient de la congestion excessive de nos agglomérations urbaines;

Considérant que loin de souhaiter l'extension des villes, il y a lieu de souhaiter, au contraire, leur limitation.

Considérant que l'expérience tentée en Angleterre par des gens pratiques de constituer des villes nouvelles de toutes pièces avec limitation des surfaces construites, limitation des prix des terrains, réserve d'espaces libres, a donné des résultats concluants;

Emet le vœu de grouper les industries pour construire soit en pleine campagne, soit à une certaine distance des grandes villes, des villes nouvelles sur des terrains bon marché, bien situés au point de vue des moyens de communications ferroviaires ou fluviales, chacune de ces villes nouvelles étant entourée d'une zone rurale isolatrice et nourricière.

(*Adopté.*)

Le Congrès,

Considérant qu'il est absolument impossible de construire à bon marché sur du terrain cher;

Considérant, d'autre part, que les propriétaires de terrains ne doivent l'accroissement de la valeur de ceux-ci qu'à l'entreprise de la communauté; que, par conséquent, la communauté a un droit de contrôle sur la valeur de ces terrains dont elle a contribué à augmenter le prix;

Considérant les résultats décisifs obtenus dans les pays où une taxation de la plus-value des terrains a été opérée;

Considérant, d'autre part, que de nombreux spéculateurs ont, pendant la guerre, acheté aux environs de grandes villes, dans un périmètre très étendu, tous les terrains disponibles, afin d'en faire la raréfaction sur le marché; qu'ils ont, de ce fait, réalisé des bénéfices comparables à ceux des industries de guerre;

Emet le vœu :

Qu'une loi permette la fixation du prix des terrains à leur valeur vénale d'avant-guerre, en tenant compte d'une majoration équitable à moins de justification des travaux des propriétaires pour leur donner une plus-value réelle provenant de leurs faits.

(Adopté.)

VŒU PRÉSENTÉ PAR M. GERMANI

Le Congrès,

Après avoir entendu tous les orateurs développer les moyens à employer pour organiser l'industrie du bâtiment sur des bases modernes au point de vue de l'outillage et d'une entente de tous les intéressés qui devra être mise exclusivement au service de la nation;

Considérant que les initiatives les plus courageuses se heurtent à l'apathie de l'Administration routinière et arriérée;

Considérant qu'il y a urgence à reconstruire les pays dévastés;

Considérant qu'il faut absolument que le taudis disparaisse pour conserver à la nation les 300.000 personnes qui meurent chaque année de la tuberculose;

Vu la date prochaine des élections administratives et législatives;

Invite les électeurs à ne voter que pour les candidats qui ne veulent plus de routine et qui feront de l'habitation hygiénique un facteur de bien-être général, moral et matériel.

(Adopté.)

CLOTURE DU CONGRÈS

ALLOCUTION DE M. LE MAIRE

M. LE MAIRE : Messieurs, avant de prononcer la clôture de ce Congrès, je tiens à vous remercier une fois de plus et à vous demander de ne considérer cette réunion que comme un début.

Comme je le disais tout à l'heure, on a essayé durant ces trois journées de définir les principaux problèmes qui nous préoccupent. Peut-être n'a-t-on pas abordé les grosses difficultés. Je demande que l'œuvre soit continuée. Je demande qu'elle soit perfectionnée. Je n'ai pas la prétention d'avoir réussi du premier coup, d'avoir trouvé la solution du problème de l'habitation. Nous aurons eu au moins cette supériorité sur les autres de nous être occupés de la question.

Vous avez décidé que la commission d'organisation serait permanente. M. Rambaud s'en occupera, et je vous demande de bien vouloir, lorsque le moment sera venu, revenir ici. Le deuxième Congrès, instruit des expériences du premier, sera plus précis. J'espère qu'il pourra pousser le travail plus loin que celui-ci n'a pu le faire. Celui-ci a donné cependant des résultats, ne serait-ce que celui de vous rapprocher et de vous montrer l'urgence des problèmes examinés.

Il ne faut pas tout attendre des pouvoirs publics. Il y a des problèmes essentiels que les citoyens français doivent essayer de résoudre par eux-mêmes.

Je remercie M. Villemin de l'excellente idée qu'il a eue. d'organiser un concours de machines à construction. Je le remercie de tout ce qu'il a dit, et que j'ai fort apprécié. Quoique ce Congrès ait été un Congrès de l'industrie du bâtiment, il n'a pas été un Congrès de telle ou telle organisation. Nous n'avons pas cherché spécialement à faire vivre l'industrie du bâtiment. Nous ne nous sommes pas placés au point de vue de qui que ce soit, c'est d'une façon large que nous avons traité le problème.

Avec l'espoir de vous revoir tous au mois de mars, je déclare clos le Congrès de 1919.

La séance est levée à 22 h. 35.

BANQUET

OFFERT PAR LA SOCIÉTÉ DE LA FOIRE DE LYON

Le dimanche 12 octobre, la Société de la Foire de Lyon offrait, dans les salons de l'Hôtel de Ville, sous la présidence du Maire de Lyon, un banquet aux délégués des organisations représentées au Congrès.

A la table d'honneur, autour du Maire, avaient pris place :

M. le Ministre de Suède ;

M. le Ministre des Pays-Bas ;

M. le Préfet du Rhône ;

M. le Gouverneur Militaire de Lyon ;

MM. Lignon, président du Conseil d'administration de la Société de la Foire ;

Villemin, président de la Fédération Nationale du Bâtiment et des Travaux publics ;

Kemp, délégué du Gouvernement du Grand-Duché de Luxembourg ;

Jonkeer A. H. Op. Ven Noort, vice-président du Conseil directeur de la Foire d'échantillons d'Utrecht ;

Graadt Van Roggen, secrétaire général de la Foire Néerlandaise d'échantillons ;

Evervyn, président de la Commission Néerlandaise pour la participation des Pays-Bas à la Foire de Lyon ;

MM. Rambaud, adjoint au maire de Lyon, président du
Comité d'organisation du Congrès d'Habitation ;

Brizon, délégué de la Chambre de Commerce ;

Berlie, ancien député ;

Clet, président de la Fédération des Chambres syndicales patronales de Lyon et du Sud-Est ;

Tallins, secrétaire général du Comité d'organisation ;

Biron, conseiller général ;

Fougère, conseiller général ;

Jourdain, adjoint au maire de Saint-Quentin ;

Tribolet, adjoint au maire de Lyon ;

Muller, président de la Société des Architectes des
Bouches-du-Rhône ;

Thoubillon, président du Syndicat des Architectes du
Rhône ;

Simonet, président de l'Union Mutualiste ;

Colomb, vice-président de la Fédération des Chambres
syndicales des Fabricants de chaux et ciments de
France.

Au dessert, les allocutions suivantes furent prononcées :

ALLOCUTION DE M. LE MAIRE DE LYON

Messieurs,

Vous me permettrez de vous remercier d'avoir si aimable-
ment répondu, ce soir, à notre simple mais cordiale invitation. Il y a quelques jours à peine, dans un salon voisin, nous
étions réunis pour recevoir un certain nombre de nos amis
de France et du dehors. Aujourd'hui, voici que de nouveau
nous sommes assemblés. Je serais un peu plus mélancolique,
puisque c'est à l'occasion de la clôture de la Foire que nous
sommes réunis, si la bonne grâce avec laquelle vous avez
répondu à mon appel ne compensait pas la peine que

j'éprouve à voir cette Foire toucher à sa fin. Je vous remercie de tout mon cœur.

Mes remerciements s'adressent aux autorités qui sont venues m'assister et me prêter leur concours. A ce propos, je demande à M. le Préfet et à M. le Gouverneur la permission de leur dire que, lorsqu'ils sont à mes côtés, à la même table que moi, je les considère beaucoup moins comme des hôtes que comme des amis.

A nos invités de la Foire, je leur dis que Lyon leur sait gré de leurs efforts, et je remercie spécialement ceux d'entre eux qui nous ont aidé à organiser ce premier Congrès de l'Habitation.

Je ne sais pas ce qui se passe à l'étranger. Je sais cependant que le problème du logement est un problème mondial en ce moment-ci, et je crois que la solidarité des peuples s'établit d'abord et surtout dans le malheur. Eh bien ! la crise du logement est partout. Elle est chez nous. Pour nous, le moment est venu de réfléchir et de nous demander si nous ne serons pas obligés de chercher asile dans quelque forêt ou quelque caverne. Or, les cavernes sont plutôt rares de nos jours et les forêts sont un peu dégarnies — on en a tant usé pour la défense du territoire. Nous n'avons donc, en France, ni la ressource des forêts ni celle des cavernes. Il ne nous reste donc qu'une solution. C'est dans l'intention de la rechercher que nous avons réuni ce Congrès, que M. Villemin a bien voulu présider avec la largeur de vues que nous lui connaissons et avec l'autorité qu'il s'est acquise par de si longs services. Déjà la solution commence à s'entrevoir. Les bonnes volontés se sont rassemblées, au cours de ce Congrès ; nous avons créé une commission permanente pour étudier les questions à l'ordre du jour. M. Villemin, hier soir, a pris un engagement que je veux rendre public afin qu'il soit complètement compromis. M. Villemin, dis-je, nous a promis de revenir à Lyon au moment de la Foire de printemps pour y organiser une grande exposition de machines-outils, exposition qui permettra de tirer partie des méthodes nouvelles. Je me réjouis de cette décision. Ce sera une raison de plus de désirer le printemps, de l'attendre avec impatience. Cette exhibition sera, pour la Foire prochaine, un ornement de plus.

On ne résout pas, dans un seul Congrès, une crise de l'importance de celle qui nous préoccupe en ce moment. Le deuxième Congrès fera, j'en suis sûr, un nouveau et grand pas vers la solution que nous cherchons. Il faut que notre pays se débarrasse de cette crise ; il s'en débarrassera.

Ayant remercié nos collègues du Congrès de l'Habitation, ayant remercié tous ceux d'entre eux qui nous ont aidé, je vous demande la permission de me tourner vers ceux de nos hôtes étrangers, que je n'ai pas encore eu l'occasion de saluer. Nous en avons beaucoup à cette table. Nous avons M. Kemp, délégué du Luxembourg ; M. Alois Sasek, représentant de la presse tchéco-slovaque à Paris et des journaux tchèque à Prague.

Je vous demande la permission de me tourner vers M. le Ministre de Suède pour lui adresser et mes hommages et l'expression de notre gratitude. L'année dernière, Monsieur le Ministre, vous avez bien voulu venir en visiteur, vous m'avez fait l'honneur de venir me voir et de m'accorder un entretien. Je n'ai pas eu de peine à constater combien votre esprit était ouvert à toutes les questions qui pouvaient vous intéresser et vous m'avez promis de m'aider dans la voie que je m'étais tracée. Vous avez tenu votre promesse. La Suède est représentée parmi nous avec beaucoup d'éclat ;vous êtes venus nombreux ; nous vous en sommes profondément reconnaissants. Nous connaissons votre pays. Nous savons ce qu'il vaut. On dit qu'il a le minerai le plus pur du monde, le caractère le plus droit. Nous envions beaucoup de choses à votre pays, le téléphone par exemple. (*Sourires.*) Si vous pouviez exposer à notre Foire, si vous pouviez nous apporter quelques modèles d'appareils de ceux dont vous vous servez dans votre pays, vous nous feriez le plus grand plaisir. Ces appareils nous seraient précieux, croyez-le. Mais il y a aussi la manière de s'en servir et même d'empêcher de s'en servir. (*Sourires.*) C'est un beau sujet de discussion.

La Suède a aussi autre chose de particulier. C'est un grand
pays généreux qui, certainement, a dû être sensible aux
efforts que la France a fait ces temps derniers pour lui faire
rendre justice et l'aider à accroître ou plutôt à conserver son
patrimoine. (*Applaudissements.*)

Se tournant du côté du Ministre des Pays-Bas, M. le Maire
dit :

Monsieur le Ministre des Pays-Bas, je vous suis tout à fait
reconnaissant d'avoir bien voulu, quittant pour un instant
Paris qui a tant de charmes, venir jusqu'à nous.

Monsieur le Ministre, vous avez été, pendant longtemps,
placé à la tête des affaires de votre pays et pendant cette guerre
même. Je sais, et je suis heureux de vous en remercier ici
publiquement, que votre influence s'est toujours exercée dans
le sens de vos sympathies personnelles qui sont, nous en
avons eu la preuve, en faveur de notre grand pays qui, d'ailleurs, n'exige pas beaucoup, qui demande simplement qu'on
consente à l'aimer.

La France ne s'est jamais montrée tracassière pendant la
guerre, pour la Hollande. Dans certaines circonstances, —
j'en connais quelques-unes — la France aurait pu désirer ceci
ou cela, elle savait que la victoire était au bout. Et bien elle
aima mieux supporter une souffrance de plus que de satisfaire ses désirs.

Il peut arriver à un de vos voisins de la campagne qu'un
voyageur indiscret entre chez lui et demande une place à
table. Cela peut arriver, n'est-ce pas, non seulement à un
voisin de la campagne, mais aussi à un Etat. Monsieur le
Ministre, nous avons assez de sang-froid, d'indépendance
d'esprit, nous restons encore assez Français pour ne pas juger
un peuple sur ses obligations de voisinage et savoir gré à la
Hollande de ce qu'il y a dans son pays.

Monsieur le Ministre, vous êtes venu chez nous, nous vous
y recevons de tout notre cœur.

Nous sommes victorieux, voyez que nous n'en sommes pas

trop orgueilleux. Nous avons près de nous des hommes qui, comme le général Marjoulet, ont été des plus grands héros et qui sont aujourd'hui nos plus modestes citoyens. (*Applaudissements.*)

La France est rentrée chez elle pour y pratiquer les vertus qu'elle aime. Elle ne demande que la permission de travailler pour elle et aussi pour les autres. Travaillons donc ensemble, travaillons à développer ce commerce auquel cette ville est si attachée. Quelques esprits arriérés disent qu'il ne représente qu'une des formes médiocres de l'activité humaine. C'est par le commerce, au contraire, que la civilisation s'est raffinée, s'est éclairée, s'est répandue. C'est lui qui a été l'agent de ces transformations.

J'ai l'obligation de défendre le commerce de l'art et vous savez, vous en particulier, Monsieur le Ministre, qu'il y a dans un pays que vous connaissez, une ville, Amsterdam, où le développement du commerce n'a rien fait qui pût nuire aux arts, au contraire.

Vous savez que le commerce est le grand instrument de libération des peuples, de la civilisation, de la culture morale et même intellectuelle. Travaillons donc ensemble à développer les relations qu'ici nous avons commencées.

Je ne sais pas quelle impression vous emporterez de notre ville, mais j'ai senti cependant que c'était votre cœur qui vous avait amené parmi nous et je suis rassuré.

Je vous demande de nous aider à la grandeur de cette œuvre qui porte en elle toutes les espérances.

Au début de tous les actes, il faut un acte de foi. Il faut avoir confiance dans cet avenir qui appartient toujours à ceux qui sont fortement convaincus.

C'est cet acte de foi que nous vous demandons d'accomplir avec nous, et nous savons, mes chers amis étrangers, qui êtes ici, que vous essaierez volontiers de vous associer à nous. Ensemble nous contribuerons à développer, parmi les hommes, ces richesses matérielles qui sont l'élément indispensable ou tout au moins le support des nations et leur bonheur. Cette entreprise purement commerciale, en apparence, aura aussi à nos yeux le charme et le mérite, à l'occasion de réunions comme celles de ce soir, de nous procurer le plaisir de recevoir des hommes tels que vous. (*Applaudissements.*)

ALLOCUTION DE M. LE MINISTRE DE SUÈDE

M. LE COMTE EHRENSWARD, *ministre de Suède* : Monsieur le Maire, Messieurs, je suis honoré et un peu confus de prendre la parole après le discours si spirituel du sympathique maire de Lyon, M. HERRIOT.

Après un tel discours, dont seul M. Herriot possède le secret, il m'est doublement difficile de vous parler. Je ne puis pas m'exprimer dans ma langue maternelle, vous ne me comprendriez pas et, en parlant une langue qui n'est pas la mienne, je suis, comme nos amis les Anglais disent quelquefois, doublement handicapé. On s'expose parfois, en effet, en parlant une autre langue que la sienne à de petites aventures du genre de celle que je vais vous dire. Cette aventure est arrivée, en France, à un de mes compatriotes, homme politique. Ce compatriote fut invité avec d'autres membres du Parlement suédois, certain jour, à un grand banquet. Il devait faire un discours. Bien entendu, il l'avait préparé avec le plus grand soin. Il le prononça comme il l'avait espéré, c'est-à-dire bien. Il s'exprima dans le plus pur français, celui de l'Académie française. Un Français qui se trouvait non loin de lui écoutait attentivement. A un moment donné, se tournant vers un autre de mes compatriotes, il lui dit : mais c'est curieux comme votre langue ressemble à la mienne. (*Rires.*)

C'est bien en français, n'est-ce pas, et non en suédois, que je parle aujourd'hui. Je le dis toutefois pour plus de sûreté. (*Sourires.*)

Et bien, Messieurs, savez-vous ce qui m'a le plus frappé à la Foire de Lyon ? Ce ne sont pas les stands, comme vous pourriez le croire, ce ne sont pas les machines non plus, car, à vrai dire, je ne comprends pas grand chose à la mécanique. Ce qui m'a le plus frappé, ce sont les paroles de M. Herriot, lorsqu'il m'a dit que la première Foire de Lyon avait été ouverte le jour où la bataille de Verdun commençait. Je l'ignorais.

Cette nouvelle me produisit, je vous assure, une profonde impression. Elle me fit comprendre, mieux que je ne l'avais fait jusque-là, la grandeur de votre entreprise et la forte volonté française. Ces deux événements : l'ouverture d'une Foire, œuvre de travail et de vie, le déclenchement de cette lutte horrible, œuvre de mort, où tant de sang français devait se répandre, ont démontré toute la force de la volonté que vous avez déployée au cours de ces années difficiles. J'ai déjà eu, d'ailleurs, l'occasion d'admirer le calme et la forte volonté qui caractérisent le peuple français.

Monsieur le Maire, vous avez prononcé quelques mots qui me concernaient particulièrement. Vous avez fait allusion à certains événements. Grâce, en effet, à l'aide généreuse de votre pays, l'injustice que nous subissions depuis un siècle a été réparée. La France a toujours eu le noble rôle. Et c'est vraiment une cruelle ironie du sort de penser que cette nation, champion du principe des nationalités, a souffert plus que toute autre de ces injustices.

Et c'est peut-être précisément parce que vous en avez souffert, que vous êtes toujours prêts à ouvrir votre cœur aux autres.

En adressant à vous, Monsieur le Maire et à vos concitoyens qui sont ici, dans la salle, les remerciements émus du représentant de la Suède qui a tressailli de joie et de reconnaissance aux nobles paroles de votre excellent président, je m'adresse, en même temps, à quelque chose de plus haut, de plus grand, je m'adresse à la France toute entière. *(Applaudissements.)*

C'est à une fête du travail que vous nous avez conviés. Je sais que les Suédois se sont rendus avec empressement à votre appel. Un grand nombre d'entre eux sont représentés à cette Foire. Je suis sûr qu'ils seront plus nombreux encore à la prochaine. Dès aujourd'hui, nous allons mettre en pratique votre formule, Monsieur le Maire, « Agir, Créer, Vouloir. » (*Applaudissements.*)

Ces trois mots sont tout notre programme. Nous pourrons agir sans cesse et nous savons ce que nous voulons. Quant à créer, c'est ensemble et avec vous que nous le ferons.

Ce que nous voulons, dès maintenant, c'est entrer en contact avec l'industrie et le commerce français. Dans le passé nous nous sommes bien souvent servis d'intermédiaires ; nous ayons le sentiment que nous pouvons nous en passer aujourd'hui.

Monsieur le Maire, permettez-moi de lever mon verre en votre honneur, à vous qui êtes placé à la tête de cette grande entreprise utile à la France et à tant d'autres nations, en l'honneur de cette grande et noble cité, foyer de travail et de liberté et en l'honneur de la noble France. (*Applaudissements.*)

ALLOCUTION DE M. LE MINISTRE DE HOLLANDE

Monsieur le Maire, laissez-moi d'abord vous remercier d'avoir bien voulu me convier au banquet qui nous réunit ce soir. Il y a quelques temps déjà vous m'aviez fait l'honneur de me convier à celui organisé à l'occasion de l'ouverture de la Foire. Malheureusement, des engagements antérieurs m'ayant mis dans l'impossibilité de répondre à votre invitation, je dus m'excuser en vous informant cependant qu'à la première occasion je me rendrai au milieu de vous. Aussi, je n'ai pas hésité à répondre à votre appel. Je vous remercie de votre invitation et je me félicite d'être des vôtres aujourd'hui.

A vrai dire, il me tardait de venir ici. Les Hollandais connaissent Londres, Paris et bien d'autres grands centres de la France. Ils connaîtront aussi Lyon. Nombreux sont mes compatriotes qui sont déjà venus participer à cette superbe

Foire que vous avez ouverte, la première fois — mon collègue de Suède nous l'a dit — dans des circonstances héroïques. Je suis venu personnellement aux trois Foires qui ont déjà été tenues et à chacune de mes visites, j'ai constaté les progrès réalisés. Mieux que je ne l'avais fait jusque-là, je comprends aujourd'hui la valeur de vos mots : agir et créer. Je me rends mieux compte de la valeur de ces mots parce que j'ai vu ce que vous avez fait, parce que je connais votre idéal et les résultats acquis ne m'étonnent pas. Je connais la France depuis longtemps, il y a longtemps que je l'aime, je sais de quoi elle est capable.

Ainsi que vous l'avez dit, Monsieur le Maire, j'ai été pendant la guerre chargé de la direction des affaires étrangères de mon pays. De là, j'ai suivi le douloureux martyre de la France à laquelle allaient mes sympathies et celles de mon pays. Dès le début de la guerre, nous avons tous compris en Hollande ce que signifiait cette lutte ; nous avons compris et admiré l'héroïsme, l'idéalisme, la grandeur de votre pays. Nous sentions que jamais la France ne consentirait à se soumettre au joug d'une autre nation et nous nous sommes félicités de l'issue finale de cette terrible épreuve.

Les Français ont lutté bien souvent pour la justice et la liberté. Les Hollandais, qui savent ce que c'est que la lutte pour la liberté et la justice, les félicitent et les remercient.

Les Hollandais ont lutté contre les éléments, — vous le savez, vous, Monsieur le Maire, qui avez visité notre pays — ils ont lutté aussi contre un ennemi, pendant 80 ans. Nous savons donc ce que c'est que se battre ; nous savons ce que c'est qu'une victoire ; nous savons aussi qu'après la victoire des armes il en est une autre victoire qu'il faut remporter : la victoire économique. Nous avons aujourd'hui une immense lutte à engager. La victoire des armes est acquise, la lutte pour la victoire économique commence. C'est au succès de cette dernière que nous voulons vous aider. Nous voyons ce que vous faites et ce que vous avez l'intention de faire. Nous savons qu'il s'agit d'agir avec intelligence. Mais vous avez, vous Français, cette faculté de réussir sans être préparés ; vous avez ce don magnifique de l'improvisation. Nous, Hollandais, ne sommes pas des improvisateurs. Nous n'agissons qu'à la suite d'étude, de recherche. Cette méthode, nous voulons l'appliquer au commerce et à l'industrie. Nous avons beaucoup de sympathie pour votre œuvre ; nous reviendrons aux Foires prochaines, nous vous donnerons la main, nous marcherons d'accord avec vous pour le même idéal.

La France a tant de sympathies en Hollande que je verrais avec plaisir ses représentants se mettre en contact plus étroit avec nous dans tous les domaines. Le terrain est fertile chez nous, et à mon avis la France ne se donne pas assez de peine pour se faire connaître ; elle devrait faire plus de propagande. A ce sujet je vous signale quelque chose qui m'a beaucoup attristé. Pendant la guerre un Office français avait été institué à La Haye. Pour des raisons budgétaires cet office a été supprimé. C'est tout à fait regrettable. Je serais heureux que les Français viennent se faire connaître chez nous. Ils y verront combien est grande notre sympathie pour eux. D'une union plus étroite, notre commerce commun peut en retirer un développement considérable.

Les commerçants hollandais peuvent par exemple vous livrer des matières premières, comme celles que vous avez pu voir dans notre pavillon de la Foire. Vous pourriez, vous Français, si vous veniez chez nous, nouer des relations commerciales directes avec nos colonies. Vos colonies et les nôtres pourraient faire des échanges. Il y a 36.000 manières de se rapprocher. En ce qui concerne particulièrement nos relations avec Lyon, nous chercherons tous les moyens de nous mieux connaître mutuellement et je me féliciterai le jour où nos relations donneront à notre commerce un essor nouveau important.

Monsieur le Maire, cette réunion me donne l'occasion de dire quelques paroles que je voudrais avoir l'occasion de répéter plus souvent en France : « Tout cœur bien pensant a deux patries : la sienne et la France. »

Permettez-moi de vous exprimer à vous, Monsieur le Maire, et à vous tous, Messieurs, toute ma gratitude. Je me félicite de l'occasion qui m'a été donnée de connaître M. le Maire de Lyon que je ne connaissais jusque là que par les livres. Je suis heureux et honoré d'avoir pu lui serrer la main.

Je vous propose Messieurs, et vous comprendrez tous mon sentiment, de lever nos verres à la santé de M. Herriot, maire de Lyon, sénateur, et grand Français. *(Applaudissements.)*

Sténographie de G. ROYET, 13, Rue Vendôme, LYON

ADHÉRENTS AU CONGRÈS

Aix-en-Provence ...... (B.-du-R.).	MM. Arniaud Fernand, entrepreneur. Bert Emile, négociant en bois. Jourdan Joseph, négociant en bois. Michaud Emile, électricien. Pichotin Fils, entrepr. de maçonnerie.
Aix-les-Bains	MM. Léon Grosse & Cie, entrepreneurs de travaux publics.
Alais (Gard)	M. Achard Louis, entrepreneur.
Albi (Tarn)	M. Gouyaud Gabriel, ingénieur des Arts et Manufactures.
Ambert (P.-de-D.)	M. Faure Claude, agent voyer d'arrondissement.
Auxonne (Côte-d'Or) ..	MM. Defaut, entrepreneur de charpente. Roy Isidore, entrepreneur de charpente.
Avignon (Vaucluse) ...	M. Souvet H., entrepr. de travaux publics.
Bellegarde-s/-Valserine.. (Ain).	M. Detraz, entrepreneur de travaux publics.
Belleville-s/-Saône ..... (Rhône).	MM. Roux & Fils, fabricants de parquets.
Belley (Ain)	M. Penet Marc, président de la Chambre syndicale des entrepreneurs de Belley.
Bourg (Ain)	MM. Chavant César, entrep. de menuiserie. Montpeyroux, président du Syndicat des entrepreneurs de Bourg.
Bourges	Lyonnet Albert, ingénieur, entrepreneur.

Bourgoin (Isère) .... MM. PONCET, entrepreneur de travaux publics.
RAGOMY Jean, entrepreneur.

Cannes (A.-M.) .... M. ASSIMON Paul, entrepreneur de travaux publics.

Châlon-s/-Saône .... M. PROTHEAU Joseph, architecte.
(S.-et-L.).

Chambéry (Savoie) .... MM. BOURGEOIS Alexis, architecte.
CHIRON Lucien, fabricant de ciments.

Clermont-en-Argonne .. M. BOSSAN-FAURE, conducteur de travaux.
(Meuse).

Clermont-Ferrand ..... MM. ANDRÉ, entrepreneur de chauffage.
AUTISSIER, entrepreneur de plâtrerie.
DEFRETIN, ingénieur civil, agent général de la maison Hennebique.
FLEURTON, fabricant de ciments, délégué du Syndicat du bâtiment de Clermont-Ferrand.
FOURNIER, entrepreneur de plomberie.
GENDRE, entrepreneur de maçonnerie.
HOUSTING Pierre, délégué du Syndicat général du bâtiment de Clermont-Ferrand.
MOULIN Charles, ciments.
REBEROLLES, entrepreneur de maçonnerie.
ROUGANNE, entrepreneur menuisier, président du Syndicat général du bâtiment.
SERVE François, constructeur.

Coligny (Ain) .... M. GUILLOT Charles, entrepreneur.

Condorcet par les Pilles M. DE VITRY D'AVAUCOURT.
(Drôme).

Cormeilles-en-Parisis .. M. LAMBERT Frères, industriels.
(S.-et-O.).

Le Creusot (S.-et-L.) ... M. TERRADE Pierre, entrepreneur de travaux publics.

Derbières-de-Savasse... M. HENNI-FREYDIER Eugène, fabricant de chaux et ciments.

Ecully (Rhône) .... MM. BERGER, architecte.
BARNAY Denis, entrepreneur de charpente.
CHANRION Léon, entrepreneur.

Evian-les-Bains (H.-S.).	M.	DAZZA Emile, entrepr. de travaux publics.
Fontainebleau	M.	DUFFIEUX Antoine, ingénieur.
Grenoble	MM.	BLANCHARD Raoul, profess. à l'Université. FRANCOZ Jean-Baptiste. MINOT, entrepreneur. PELLOUX Augustin, fabricant de ciments.
Hauterive (Allier)	M.	RIVAL Paul, entrepr. de travaux publics.
Havre (Le)	M.	MOMEAUX Georges, administrateur-délégué des Entreprises Momeaux.
Isle-s/-Sorgue (Vaucl.)..	M.	BEZOL Benoît, entrepreneur de travaux de peinture.
Jallieu (Isère)	M.	NORGOUD, entrepreneur en bâtiments.
La Tour-du-Pin (Isère).	M.	PIN Joseph, entrepr. de travaux publics.
La Tronche (Isère)	M.	PATUREL Armand, entrepreneur.
Le Cateau (Nord)	M.	DELOFFE Auguste, ingénieur-constructeur.
Lorette (Loire)	M.	CHARTIER André, entrepreneur de plomberie et de zinguerie.
Lur Saint-Sauveur	M.	FOURNOU Jean-Marie, entrepreneur de travaux publics.
Lyon	MM.	ARDIN Joseph, entrepreneur de plomberie et zinguerie. AUBURTIN Jacques-Emile, administrateur-délégué de la Société française de construction de fours. BAUDUIN Alfred, ingénieur, inspecteur du travail. BELLEMAIN Maurice, secrétaire général de la Caisse d'épargne. BERCHET Emmanuel, matériaux de construction. BERTHIER Jean-Louis, entrepreneur de peinture. BERTICAT Frères. BORNE-BONNET Alfred, ingénieur E. C. P. BORY Paul, ingénieur. BOULENGER & Cie, entrepr. de carrelages. BRIZON Joseph, constructeur, membre de la Chambre de commerce.

Lyon (suite) .... MM. BROSSARD & LACROIX, entrepreneurs de carrelages.

BRUNARD Marius, entrepr. de serrurerie.

BUCHOY Jean, entrepreneur de peinture et plâtrerie.

CAYROL Henri - Guillaume, employé au Journal du Bâtiment et des Travaux publics.

CHABOUD Eugène, entrepreneur de travaux publics.

CHAPON Hubert, entrepreneur de plomberie et zinguerie.

CHARVET Henri, caissier-comptable.

CLERMONT Charles, entrepr. de menuiserie.

COQUARE & MAZOYER, entrepreneurs de menuiserie.

COMBRET Baptiste, entrepreneur de maçonnerie.

COMPAGNIE DE CHAUX ET CIMENTS, MATÉRIAUX DE CONSTRUCTION.

CORDIER Albert, ingénieur, directeur des Carrières du Midi.

COUIBES Emile, vice-président de la Chambre de commerce de Bourg.

DAUPHIN Pierre, directeur de la Société « Albinite Whit ».

DAYDÉ Francisque, ingénieur, Service technique des Eaux.

DEFOURNEAU Alexandre, entrepreneur de travaux publics.

DELANGLE, entrepreneur.

DELORD Anatole, fabricant de chaux.

DUBOIN Jean, entrepreneur tailleur de pierres.

DUBOIS Joanny, entrepreneur de travaux publics.

DUMAINE (Vve), Miroiterie.

DURAFOUR, entrepr. de travaux publics.

EMIEL Gabriel, entrepr. de maçonnerie.

EMIEL Emile, entrepr. de maçonnerie.

FAURE Germain, entrepreneur.

FLACHAT Eugène, sculpteur-décorateur.

GACHET Albin, entrepreneur de plomberie et zinguerie.

GASCHON Jean, entrepreneur de charpente.

GARNIER Henri, entrepreneur.

GAUTHIER Pierre, entrepr. de serrurerie.

Lyon (suite)............ MM. Gaydon Jean-Ernest.

Gehriq Robert.

Gorini Jean, entrepreneur de carrelages.

Grepat & Fils, entrepr. de charpente.

Grimonet Alexis-Marius, entrepreneur de menuiserie.

Guillot J., géomètre expert.

Guinet Léon, entrepreneur de marbrerie, président du Groupe 28 à la Foire de Lyon.

Heckly Louis, ingénieur E. P.

Jacoton Pierre-Eugène, administrateur de la Société des Habitations à bon marché de Lyon-Vaise et de la Société de Crédit immobilier.

Jeune J., géomètre expert.

Joly Emmanuel, représentant et concessionnaire régional de plusieurs maisons de constructions.

Jullien Eugène, entrepreneur de plâtrerie et peinture.

Labasse François.

Lacroix Emile, entrepreneur de travaux publics.

Lacroix Paul.

Lafosse Joseph, entrepreneur de travaux publics.

Lagarde Maximin, entrepreneur de taille et ravalement de pierre tendre.

Lagarde Frères entrepreneurs de plâtrerie et peinture.

Larbaud Pierre, directeur régional de la Société d'Epargne des retraites.

Lavanturier Antoine, scierie mécanique.

Leblois Rambert, menuisier.

Ludt Christian, ingénieur civil.

Maire J., entrepreneur de charpente.

Mazier & Plazanet, entrepreneurs de maçonnerie.

Megoeuil Emile, directeur de la succursale de Lyon de la Société auxiliaire des distributions d'eau.

Milamant François, entrepreneur de travaux publics.

Millet Joseph, menuisier.

Mistral G., entrepreneur de menuiserie.

Mouton J., carrelages.

Paillet J., fabr. de produits céramiques.

Lyon (suite)............ MM. Palais Jean-Baptiste, géomètre vérificat.
Pallordet Léon, ingénieur.
Pansu André, entrepr. de menuiserie.
Patriarca Charles, entrepreneur de carrelages et revêtement.
Penelle Maurice, sculpteur.
Penelon Auguste, entrepreneur.
Perol Pierre, entrepr. de travaux publics.
Perret Jean, papiers peints.
Pic Paul, profess. à la Faculté de droit.
Place Gabriel, entrepreneur de location de baraquements.
Poulin Louis-Philippe.
Poulier Joseph, entrepr. de chauffage et fumisterie.
Ribayron Pierre, menuiserie mécanique.
Roche, membre de la Chambre syndicale des entreprises de bâtiment.
Roche Pierre, entrepreneur.
Rodenbourg F., directeur de la maison René de Veyle.
Sautour Edouard, entrepreneur de travaux publics.
Serieux Jean.
Soly François.
Seigne Stanislas, administrat. de l'Union industrielle.
Syrieix François & Cie, entrepreneurs de carrelages et revêtement.
Tardy Jules, ingénieur honoraire de la Ville.
Thiébault Alphonse, ingénieur construct.
Vial-Dim, entrepreneur.
Vincent Léon, ingénieur, « Journal du Bâtiment et des Travaux publics ».
Vitet Pierre, sculpteur décorateur.
Ytidrat Gustave.

ARCHITECTES

MM. Bagneux Louis.
Bailly.
Bault François.
Bellemain Paul.
Bernard Joseph.
Bernard Louis.

Lyon (suite)............ MM. Bianco.
Bissuel Joseph.
Bonnetin Victor.
Bourdon Jean-Marie.
Bruyas Paul.
Cadet Alexandre.
Cateland Emmanuel.
Chabanne Francisque.
Charbon Henri.
Charvet Louis-Auguste.
Chollat Auguste.
Chomel Antonin.
Clapot Jean.
Collet Michel.
Cottraux.
Curieux Emile.
Curny.
Danthon Louis.
Denard Marius.
Desjardin Paul.
Desplagnes Marc.
Deveraux Gabriel.
Donneaud Louis.
Duclos Claude.
Duranson Joseph.
Flahant Ernest.
Fort Henri-Louis.
Frangen Félix.
Garnier Tony.
Giroud Frédéric, président de la Société
    académique d'architecture de Lyon.
Gonnet Georges.
Grangier Paul.
Grenouillet.
Guérin Barthélemy.
Hamm.
Heinzelmann.
Holstaine.
In Albon Emile.
Ite Prat Gustave.
Jacquet Marius.
Lacroix Henri.
Lambert Laurent.
Lemonon & Vernet, ingénieurs.
Martin Eugène, architecte diplômé.

Lyon (suite et fin).....

MM. MAZEIRAT Marius.

MICHEL Eugène, ingénieur.

MICHEL Louis, président du syndicat des architectes du Rhône.

NAQUIN DE LIPPENS Jean.

NOYER Jean-Baptiste.

PAYET Louis.

PENIER Valère.

PERRIN Louis.

PIVEAU Lucien.

POIGNANT Emile, représentant des Etablissements Maljournal & Bouron.

PORTE Paul.

PRATIQUE.

RIGARD Louis.

RIOTTON Louis.

ROGNIAT Louis, architecte divisionnaire du département du Rhône.

ROSSET Ange, expert.

ROUSSILLON F.

ROUX-SPITZ.

SANTU Alexis.

SCHAEFFER Adolphe.

SERIGNAT.

SIBILAT Marius.

THEVENET Pierre.

VERMOREL Alexandre.

Mâcon ....

MM. AUTHELIN, architecte.

BICHET Raymond, entrepreneur.

MICHEL François, entrepreneur de travaux publics.

Marseille ....

MM. BOET Jean, architecte.

CAILLOL Marius, entrepreneur de travaux publics.

DALLEST Marius, architecte.

GUIRAMAND, vice-président du Syndicat des entrepreneurs de maçonnerie et de travaux publics de Marseille.

LAMBERT Jean, président du Syndicat des entrepreneurs de maçonnerie et de travaux publics de Marseille.

LISBONIS, industriel, président de la Fédération du Midi, président de la Chambre syndicale des Industries du bâtiment des Bouches-du-Rhône.

Marseille (suite).......	MM. MULLER Léonce, ancien architecte en chef de la ville de Marseille. OFFICE PUBLIC DES HABITATIONS A BON MARCHÉ DE MARSEILLE. POURRIÈRE Louis, trésorier du Syndicat des entrepreneurs de maçonnerie et de travaux publics de Marseille.
Montbrison (Loire)	CHAMBRE SYNDICALE DES ENTREPRENEURS DE L'ARRONDISSEMENT DE MONTBRISON.
Montmorot (Jura)	MM. CARLE, représentant de la Société des chaux et ciments de Montmorot. CARLE Emile, industriel, membre de la Chambre syndicale des entrepreneurs et industriels de Lons-le-Saunier.
Moulins (Allier)........	M. STEMER Antoine, entrepreneur de travaux en ciment.
Nancy	M. CAYOTTE Edmond, président de la Fédération des Syndicats patronaux de l'Est.
Nantes	M. BEGARIE E., président de la Fédération des Syndicats patronaux de l'Ouest de la France.
Nantua (Ain)	M. VERNÈDE Eugène, architecte.
Neuilly-s/-Seine (Seine).	M. BERTIN Pierre, fabricant de peinture.
Nîmes	M. MESSILLIER David, délégué de la Coopérative des agents P.-L.-M. pour la construction des habitations à bon marché de Nîmes.
Noves (B.-du-Rh.)	M. BIASINI Eugène, entrepreneur de travaux publics.
Oullins (Rhône)	MM. COCHET Fleury, entrepreneur. COCHET Geoffroy, entrepreneur.
Ouroux (Rhône)	M. GOBET, entrepreneur de charpente.
Oyonnax (Ain)	MM. AUGOYAT Louis, entrepreneur. BLANCHI Louis, entrepreneur. BURRET Louis, mécanicien. VERNIEY, entrepreneur. CHIRADE Jean, entrepreneur.

Oyonnax (suite)........	MM. Dedieu Joseph, entrepreneur. Germani Ferdinand, fabricant de peignes. Gibert Léon, entrepreneur. Meunier Charles, architecte. Roussin Pierre, architecte expert.
Paris	MM. Foa Emile, fabricant de cuivrerie. Gleize, délégué de la Caisse foncière de Crédit. Hildgen, directeur des Etablissements céramiques de Dijon, Vitry, Paris. Martin-Pulvermann & Cie. Morin Célestin, architecte. Moulin Marcel, industriel. Sasek Aldis, représentant du bureau de la presse tchéco-slovaque. Société nationale des Architectes de France, représentée par M. Breasson, président, et M. Barillet, membre du conseil. Albert Jean-Maurice, directeur du journal « Le Constructeur ». Allavène Robert, ingénieur, secrétaire général de la Fédération des Chambres syndicales des chaux et ciments de France. Borderel Ernest, trésorier des Chambres syndicales du Bâtiment. Bombois André, industriel. Chadenier & Cie. toitures Rubéroïd. Collin Pierre, ingénieur-architecte, Société générale d'entreprise. Comte Théobald, entrepreneur de travaux publics. Entreprise générale d'Etudes. Entreprise générale des Planchers, représentée par M. Chevallier-Bertheville Ernest, administrateur-délégué, et M. Longaud Paul, directeur commercial. Feron & Cie, fabricants de vitrages. Ferrier Paul, ingénieur, administrateur délégué de la Société des procédés Ferrier. Fini Gustave, ingénieur. Etablissements R. Quennessen, représentés à la Foire de Lyon par M. Charles de Rumford. Trélat, architecte, directeur de l'Ecole spéciale d'Architecture.

Plaisance (Gers)	M. LABADIE Auguste, entrepreneur de travaux publics.
Pontarlier (Doubs)	M. LAPORTE Armand, entrepreneur de travaux publics.
Reims (Marne)	M. DRUARD Emile, négociant, entrepreneur de matériaux de construction.
Rillieux (Ain)	M. SAVY Eugène, entrepreneur de travaux publics.
Roanne (Loire)	MM. BORÉ Charles, entrepreneur, président de l'Union des Chambres syndicales. FRUHAUF Adolphe, menuisier.
Saint-Chamond (Loire).	M. SEIGNOL, négociant en bois.
Saint-Cyr-au-Mont-d'Or. (Rhône).	M. CHRÉTIEN Pierre, entrepreneur.
Saint-Etienne (Loire) ..	MM. ROCHE Claudius, entrepreneur de travaux publics. THEVÉNET Claudius, entrepreneur.
Saint-Fons (Rhône)	MM. POMMEROL & Fils, entrepreneurs.
Saint-Gulle	M. BANIÈRE Antoine, entrepreneur de travaux publics.
Saint-Martin-en-Haut .. (Rhône).	M. COURBIÈRE Jean, entrepreneur.
Saint-Romain-au-Mont-d'Or (Rhône)	M. DESCŒUR Laurent, entrepr. de dragages.
Tarare (Rhône)	M. ROYER François, architecte voyer.
Toulouse (Hte-Garonne)	M. BESSE François, entrepreneur de travaux publics.
Valence (Drôme)	M. COLLOT Ernest, entrepr. de serrurerie.
Versailles	M. MAGNARD Auguste, entrepreneur de travaux publics.
Vichy (Allier)	MM. LABAYE & TEISSIÈRE, ingénieurs, entrepr.
Vienne (Isère)	MM. ARNAUD Eugène, scierie mécanique. BERRUYER Adrien, entrepr. de chauffage. GILODI Charles, entrepr de menuiserie. GOLSON Guillaume, entrepreneur.

Vienne (suite)	MM. Gondin Charles, géomètre expert, secrétaire de la Chambre syndicale des entrepreneurs en bâtiment de Vienne. Lagnier Auguste, entrepr. de maçonnerie. Marignand Auguste, entrepr. de serrurerie. Michalon Paul, industriel.
Villefranche-sur-Saône.. (Rhône).	MM. Curis, géomètre. Jacquet Claudius, architecte. Richard Noël, architecte. Sambardier Pierre, entrepreneur.
Viviers (Ardèche)	Société J.-A. Pavin de Lafarge.
Voiron (Isère)	MM. le docteur Perret, maire de Voiron. Roché Zéphirin, sous-ingénieur des Ponts et Chaussées de Voiron.
Voreppe (Isère)	MM. Allard, Nicolet & Cie, fabricants de ciments.
ETRANGER	Gouvernement du Grand-Duché du Luxembourg. Délégué, M. Alphonse Kemp, ingénieur E. C. P., Luxembourg. MM. J. Dambrenez André, propriétaire des verreries Etablissements de la Réunion, à Jumet, près Charleroi (Belgique). A. H. Opten Noort, à Utrecht, Willem de Zuezgersts, 7.

Imp. Noirclere et Pénétrier, 3, rue Stella, Lyon.